RISO E MELANCOLIA

SERGIO PAULO ROUANET

Riso e melancolia

*A forma shandiana em Sterne, Diderot,
Xavier de Maistre, Almeida Garrett
e Machado de Assis*

Companhia Das Letras

Copyright © 2007 by Sergio Paulo Rouanet

Capa
Angelo Venosa

Índice onomástico
Renata Simões

Preparação
Carlos Alberto Bárbaro

Revisão
Ana Maria Barbosa
Marise S. Leal

Dados Internacionais de Catalogação na Publicação (CIP)
(Câmara Brasileira do Livro, SP, Brasil)

Rouanet, Sergio Paulo, 1934-
  Riso e melancolia : a forma shandiana em Sterne, Diderot, Xavier de Maistre, Almeida Garrett e Machado de Assis / Sergio Paulo Rouanet — São Paulo : Companhia das Letras, 2007.

ISBN 978-85-359-0993-7

1. Assis, Machado de, 1839-1908 - Crítica e interpretação 2. Crítica literária 3. Diderot, Denis, 1713-1784 - Crítica e interpretação 4. Garret, Almeida, 1799-1854 - Crítica e interpretação 5. Maistre, Xavier de, 1763-1852 - Crítica e interpretação 6. Sterne, Laurence, 1713-1768 - Crítica e interpretação I. Título.

07-1054   CDD-801.95

Índice para catálogo sistemático:
1. Crítica literária 801-905

[2007]
Todos os direitos desta edição reservados à
EDITORA SCHWARCZ LTDA.
Rua Bandeira Paulista 702 cj. 32
04532-002 — São Paulo — SP
Telefone (11) 3707-3500
Fax (11) 3707-3501
www.companhiadasletras.com.br

Para Barbara

"*Meine unsterbliche Geliebte*"

Sumário

Prefácio de Eduardo Portella 11

1. A forma shandiana 17
2. Hipertrofia da subjetividade 34
3. Digressividade e fragmentação 60
4. Subjetivação do tempo e do espaço 120
5. Riso e melancolia 202
6. A taça e o vinho 224

Agradecimentos 247
Índice onomástico 249

Convenções

JF — *Jacques le fataliste* [*Jacques o fatalista*], de Denis Diderot, em "Œuvres", edição da Pléiade (Paris, Gallimard, 1951), anotado por André Billy. Nas citações, o número em algarismos arábicos depois de JF designa a página.

MP — *Memórias póstumas de Brás Cubas*, de Machado de Assis, em "Obra completa" (Rio de Janeiro, Nova Aguilar, 1979) vol. I. Nas citações, o número em algarismos romanos depois de MP designa o capítulo, e os algarismos arábicos, a seguir, a página.

TS — *The Life and Opinions of Tristram Shandy, Gentleman* [Vida e opiniões de Tristram Shandy, cavalheiro] de Laurence Sterne (Londres, Penguin, 1985), com introdução de Christopher Hicks. Nas citações, o número em algarismos romanos que vem depois de TS designa o volume, o número seguinte, em algarismos arábicos, o capítulo, e o seguinte, também em algarismos arábicos, a página.

vc — *Voyage autour de ma chambre* [Viagem em torno do meu quarto], em "Œuvres complètes" (Paris, Garnier, s.d.), com introdução de Sainte-Beuve. Nas citações, o número em algarismos romanos que vem depois de vc designa o capítulo e o número em algarismos arábicos, a seguir, a página.

vt — *Viagens na minha terra*, de Almeida Garrett (Lisboa, Livraria Sá da Costa, 1974), introdução de José Pereira Tavares. Nas citações, o número em algarismos romanos que vem depois de vt designa o capítulo, e o número seguinte, em algarismos arábicos, a página.

As citações desses cinco livros são indicadas entre parênteses no próprio texto. Todas as demais citações são identificadas por notas de pé de página.*

* Os trechos de jf, ts e vc foram traduzidos diretamente das edições indicadas acima por Sergio Paulo Rouanet. (N. E.)

Prefácio
Entre a melancolia e o riso

Eduardo Portella

Sergio Paulo Rouanet traz para a fortuna crítica de Machado de Assis a interpretação inovadora: sábia e vibrante. A sabedoria e a vibração não costumam andar juntas. Mas esta é uma exceção. A consistência teórica de Rouanet abre novas janelas, perspectivas inéditas de compreensão. Leva a efeito o deslinde esperto da "forma shandiana", apontando diretamente para a família Sterne/Burton. Denis Diderot (*Jacques le fataliste*), Xavier de Maistre (*Voyage autour de ma chambre*), Almeida Garret (*Viagens na minha terra*), Machado de Assis (*Memórias póstumas de Brás Cubas*), todos transitam por uma larga avenida aberta por Laurence Sterne (*The Life and Opinions of Tristram Shandy, Gentleman*). Cada qual, viajante opcional, recolhe, a seu modo, os altos e baixos da vida nossa de cada dia. Machado, talvez o mais astucioso, recorre ao personagem defunto, diante do qual a existência é mais livre.

Todos esses companheiros de viagem conduzem os seus equipamentos de bordo pelo reino do imaginário, imune às demarcações geográficas e aos limites territoriais. Verifica-se o alargamento simbólico ou alegórico. As interfaces narrativas e interpretativas dos diferentes autores registram evidente ganho hermenêutico. Machado não ignora essa movimentação, nem recusa o seu apreço. Apenas guarda a distância regulamentar. O que não fica difícil de entender, porque o seu protagonista é o único que começa a viver depois de morto. Como se morresse para livrar-se dessa vida melancólica e usurpadora. A viagem do Bruxo do Cosme Velho foi a mais interminável de todas: "à roda da vida". Este *Riso e melancolia* é livro de pensamento no mais rigoroso sentido do termo. Sem nenhum sinal do espectro reducionista. Os *shandianos* são realistas, provavelmente pragmáticos, sem se deixarem subjugar por qualquer pressão: psicológica, social, religiosa, moral. O puritanismo da época não silenciou as suas restrições ao vigário irlandês excessivamente generoso de coração e de ação. Pouco ou nada resistente à "libertinagem erudita". Mesmo assim, o efeito dominó Tristram Shandy espalhouse por todas as partes. Sobretudo o fascínio da estrutura ancorada no relógio do tempo romanesco, batendo pontualmente as técnicas shandianas de *imobilização, inversão, retardamento* e *aceleração*. A mobilização de qualquer dessas peças da engrenagem ficcional se processa em função dessa duração soberana e ardilosa. Atende-se no interior de cada uma dessas opções aos conselhos da "filosofia humanitista", nas suas extensões estéticas ou estilísticas.

Com o severo John Locke, antes racionalista que sentimental, todo voltado para o entendimento do "espírito humano", e o minucioso e abundante Robert Burton (*The Anatomy Of Melancholy* by Democritus Junior), Sterne recolheu preciosas lições. Do primeiro, certa desconfiança na experiência. Do segundo, algumas convenções retóricas e, por oposição, a recusa do excesso. Não a desmedida valorização dos humores e das conseqüências psicossomáticas.

Laurence Sterne acrescenta, naqueles dias matinais do romance moderno, ainda não de todo configurado — se é que alguma vez veio a ser —, a percepção insólita, ou pelo menos inesperada, de personagens e objetos. O especialista dedicado Henri Fluchère nunca lhe regateia o reconhecimento também da inovação. "Do ponto de vista da técnica do romance", diz Fluchère no seu livro referencial (*Laurence Sterne: de l'homme à l'œuvre*. Paris, Gallimard, 1961, p. 649), "Sterne, nós o vimos, inovou consideravelmente. Ação, temporalidade, personagens, matéria tratada, retórica: tudo era novo, sem contar o mais importante, talvez, esta centralidade do narrador que assuma, uma vez por todas, e sem nenhuma hipocrisia, todas as responsabilidades de sua obra. Nova, também, sua maneira de comprometer o leitor." Diria eu, de corpo e alma. Há instantes em que o narrador e o leitor se misturam, geram interlocuções produtivas. Mesmo os narradores intrusos, que se metem em tudo sem nenhum desconfiômetro. Afinal de contas, e agora recorro a Rouanet — aliás, agora e sempre —, o narrador é "o verdadeiro senhor do tempo". O mandachuva. Aquele que acelera ou desacelera a marcha narrativa conforme as indicações do tempo e, mais que tudo, de acordo com os caprichos do narrador prepotente. O voluntarismo, os deslocamentos, os entrelaçamentos, a reprogramação das experiências subjetivas, a fragmentação sensorial, a rica tipologia das digressões, obedecem às ordens supremas do superior contador de histórias. Até nas horas mais difíceis. O processo de subjetivação devolve ao narrador a soberania ameaçada. E ele repõe as coisas nos seus devidos lugares. Segundo Sergio Paulo Rouanet, "Machado de Assis leva à perfeição as características da subjetividade shandiana". Para acrescentar depois: "o capricho assume a máscara da objetividade". Partida, fragmentada, em meio a interseções e cruzamentos, entre a melancolia e o riso, até encontrar a ironia como fiel da balança existencial. Beda Alleman já nos havia chamado a atenção para o alto teor moderno da ironia.

O receituário francês de padrões narrativos, simultaneamente voluntarista e obediente, irrompe com Denis Diderot. Embora Jacques, o narrador invasivo, se finja de liberador. Mesmo quando ele explora a metonímia da bala perdida que o atingiu em Fontenoy, não fica muito claro se estamos falando da história. Serão digressões compensatórias embaladas pela economia do texto. Os fatalistas costumam comprar antecipadamente as ações do tempo. E Jacques não foge à regra. Não é preciso nenhum esforço especial para notar-se a sombra benfazeja dos precursores da forma shandiana: Cervantes, Rabelais, Montaigne.

Xavier de Maistre, ao que tudo indica, é o menos possessivo de todos os membros dessa família. Sem as digressões, Maistre estaria territorialmente confinado no seu "quarto". Com elas, e muito ao modo de Machado, o homem se vê reduplicado. A forma shandiana abriga, dissimula e reprograma a melancolia, sob os auspícios da comicidade. O mesmo já observáramos em Tristram e Jacques. Essas viagens efusivas e reveladoras encontram no riso, na burla, no ridículo, o amortecedor da melancolia.

Com Almeida Garret não é muito diferente. Também aí é "a trama digressiva que a retalha, dando-lhe colorido e relevo". E acrescenta Rouanet: "Encontramos no livro todos os tipos de digressão usados por Sterne". As digressões auto-reflexivas e as digressões extratextuais. O autor de *Viagens na minha terra* jamais evita o desencantamento embutido na luta premonitória do declínio irreversível.

O recurso das digressões também explicita, é verdade que às vezes tão-somente implicita, como no jogo de esconde-esconde, a tirania do narrador. A relação de distância e cumplicidade entre o narrador e o leitor, dentro do figurino politicamente correto, não passa de mais uma artimanha da prepotência narrativa do príncipe e do alegorista. Os mesmos que expulsaram a História da cena principal, promoveram a subversão das datas, a desobediência ficcional do calendário, para dar lugar à duração romanesca, ou deixar que viva livremente "a Babel do tempo", de que fala Rouanet.

Em Denis de Diderot fica bem clara essa ligação de senhor-servo, narrador-leitor. É quando a imaginação se torna a depositária da liberdade e perturba a onisciência do voluntarismo. As oscilações de Jacques, entre a sua condição de ator e a sua obrigação de narrador, expõem a complexidade romanesca.

O nosso Machado de Assis, poupado da moldura classista, ou sociológica, instaura a poética da digressão como estratégia narrativa destinada à intensificação da fábula. Predomina o entendimento da complexidade do real. Sterne responde que "o real é inesgotável, todos os pormenores contam". Como os demais autores shandianos — ainda na análise de Rouanet —, "é na esfera estética que o narrador manifesta mais claramente sua soberania".

Sergio Paulo Rouanet, neste seu *Riso e melancolia*, reprograma a uma só vez a teoria literária e a literatura comparada, rompendo as grades curriculares, a esta altura pelo menos estressadas. As digressões e os fragmentos configuram o mapa da mina romanesca. Para além do repertório temático da academia. Porque este livro está "dedicado mais à unidade da forma que à diferenciação dos conteúdos". A própria "dialética riso-melancolia" faz parte do processo construtivo. A deriva cômica da melancolia vem a ser o mecanismo de autodefesa em que se cruzam Rabelais e Burton. Observem que entre o riso e o desencanto sobressai a ironia bem calibrada que, não raro, inclui o cinismo, evitando o encaminhamento dicotômico ou binário. O riso ajuda a melancolia a ultrapassar os acidentes da estrada.

Há no discurso ensaístico de Sergio Paulo Rouanet uma ondulação, um ziguezague — semelhante ao dos autores por ele estudados. Como se houvessem combinado antes. Não terá o próprio Rouanet se transformado em um ensaísta shandiano? Esta ligeira impressão fica para uma discussão mais oportuna. Por enquanto nos cabe recolher a superior lição crítica, que decifrou e iluminou o mundo do Bruxo do Cosme Velho e o de nós todos.

1. A forma shandiana

A forma livre de um Sterne ou de um Xavier de Maistre.

Machado de Assis

Em 1759, um obscuro pastor de Yorkshire, chamado Laurence Sterne (1713-68), que até então só tinha publicado alguns sermões e um panfleto satírico, lançou as duas primeiras partes de um livro com o título *A vida e as opiniões de Tristram Shandy, cavalheiro*. O livro deliciou e enfureceu o público, transformando-se num imenso sucesso. Sterne foi publicando o resto do livro regularmente, até a conclusão, em 1767. O título da obra é singularmente inadequado. O autor quase não diz nada sobre a vida do personagem-narrador, Tristram, com exceção de certas circunstâncias pré-natais (o fato de que sua concepção fora perturbada porque no momento decisivo sua mãe fizera uma pergunta frívola); de alguns pormenores relativos ao seu nascimento (seu nariz é achatado por incompetência do médico, o dr. Slop, e a criança é batizada, para desespero do pai, com um nome que Walter considerava detestável, quando seu verdadeiro nome deveria ser Trismegistus); e de alguns episódios esparsos sobre duas viagens ao continente feitas por Tristram. Quanto às opiniões, Tristram as expõe sem se fazer de rogado, mas não são essencialmente as do narrador, como sugere o título, e sim sobretudo as do pai, Walter, do tio, Toby, e do criado deste, Trim. Na verdade, não há enredo, e do romance convencional Sterne retém apenas a descrição psicológica dos personagens principais, como Walter, erudito extravagante que tem opiniões excêntricas sobre praticamente tudo, desde formas de governo e economia política até a influência dos narizes e dos nomes próprios no destino individual; o irmão de Walter, "meu tio Toby", ex-militar, bondoso e sensível, com uma idéia fixa, um *hobby-horse* —, a ciência das fortificações, obsessão que o leva a reproduzir em seu parque, com ajuda de fortes e cidades em miniatura, todas as etapas da Guerra de Sucessão da Espanha; Trim, honesto e leal, que coopera com seu amo na concretização, em escala liliputiana, de suas fantasias guerreiras; o pastor Yorick, *alter ego* de Sterne, descendente remoto do bobo da corte da Dinamarca, tolerante e bem-humorado; o dr. Slop, charlatão papista, fascinado por novos instrumentos obstétricos, como o fórceps; e a viúva Wadman, cortejada por Toby com todos os refinamentos de um cerco militar, e que por sua vez recorre a todos os princípios da estratégia para conquistar o coração de Toby. Em 1768, Sterne publica outro livro, *Uma viagem sentimental*, assinado por Yorick. O pastor sai de *Tristram Shandy* e descreve, num tom pré-romântico muito diferente do humor rabelaiseano e robustamente obsceno do livro anterior de Sterne, sua viagem a Paris, Versalhes, Amiens e Lyon, e seus encontros sentimentais com *grisettes*, camareiras e damas da alta sociedade.

Em 1771, Denis Diderot (1713-84) começa a escrever uma novela, *Jacques o fatalista*, cuja redação se estendeu por vários anos. Divulgada pela primeira vez na *Correspondência literária*, de Grimm, ela foi lida por Goethe e parcialmente traduzida por Schiller. Como tantas outras obras de Diderot, a novela só veio a ser publicada postumamente. O livro descreve uma viagem pela França de dois personagens, o criado Jacques e seu amo, e contém algumas peripécias vagamente aparentadas às da novela picaresca, entremeadas por diálogos filosóficos sobre o livre-arbítrio e o determinismo e por contos como o que trata dos amores de Jacques, que atravessam o livro inteiro, e o episódio de Madame de la Pommeraye.

Um dia, o jovem oficial saboiano Xavier de Maistre (1763-1852), a serviço do Exército sardo, bate-se em duelo e é punido por seus superiores com uma pena de prisão domiciliar em sua residência em Turim. Os 42 dias de sua detenção forneceram o assunto para a novela *Viagem em torno do meu quarto*. O narrador-personagem decide aproveitar o tempo para viajar em seu quarto, da parede à cama, e desta à escrivaninha. Publicado em 1795, o livro contém reflexões sobre a natureza humana, composta de duas metades, a alma e a *outra*; sobre o amor e a amizade desinteressada de seres humildes, como seu criado Joannetti e sua cachorrinha Rosine; e sobre a ambição dos homens e a vaidade das mulheres. Em 1820, publica uma continuação da obra, *Expedição noturna em torno do meu quarto*, com o mesmo tom e uma temática semelhante, embora, talvez, sem a mesma verve.

Em 1843, o bacharel João Baptista da Silva Leitão de Almeida Garrett (1799-1854), já célebre como autor de poemas e dramas históricos, fez uma viagem de Lisboa a Santarém. No mesmo ano, começa a relatar esse passeio. Os primeiros capítulos, com o nome de *Viagens na minha terra*, apareceram numa revista ainda em 1843. A obra completa foi publicada em livro três anos depois. O livro descreve o trajeto de Garrett pelo Ribatejo, de Lisboa ao Cartaxo, dali a Azambuja, até a chegada em Santarém. Esse percurso de navio, de carruagem e em lombo de mula não contém grandes aventuras. O livro é mais rico em reflexões sobre a decadência de Portugal que em episódios de viagem, e seu miolo é constituído pela história dos amores de Carlos, soldado da causa liberal durante a guerra civil de 1831-34, com sua prima Joaninha, a "menina dos rouxinóis".

Em 1881, o mestiço carioca Joaquim Maria Machado de Assis (1839-1908), até então conhecido por suas poesias românticas, por suas crônicas ligeiras, e por quatro romances relativamente inofensivos, revoluciona o mundo literário brasileiro com a publicação de *Memórias póstumas de Brás Cubas*. É a autobiografia de um autor defunto, a narrativa, no Brasil provinciano do Segundo Reinado, de suas ambições, sempre frustradas, e dos seus amores, sempre desiludidos, o que não impede o autor de achar que sua vida tivera um saldo positivo: sem filhos, não deixara a nenhuma criatura o legado de nossa miséria.

A enumeração seca desses autores tem algo de provocador, e a irritação não diminui com o tom lacônico com que resumi suas obras, limitando-me a alguns fatos e datas que obviamente nada dizem de importante sobre os livros nem acrescentam nada ao que qualquer colegial sabia desde o início. O que quis salientar foi a aparente heterogeneidade de todo esse grupo de autores e publicações.

Biograficamente, não há nada em comum entre um pastor anglicano (Sterne), um filósofo sob permanente ameaça de encarceramento (Diderot), um militar (Xavier de Maistre), um futuro ministro dos Negócios Estrangeiros (Garrett) e um funcionário público brasileiro (Machado de Assis). Tematicamente, não há grandes afinidades entre a viagem sentimental de Sterne, a filosófica de Diderot, a imaginária de Xavier de Maistre, a real de Garrett e a simbólica de Machado de Assis. Teoricamente, não há nenhuma semelhança aparente entre o empirismo lockiano de Sterne, o materialismo de Diderot, a espiritualidade meio-cristã e meio-deísta de Xavier de Maistre, a religiosidade patriótica de Garrett e o agnosticismo de Machado de Assis. Politicamente, há poucos pontos de contato entre o conformismo *whig* de Sterne, a militância subversiva de Diderot, o legitimismo de Xavier de Maistre e o aparente apolitismo de Machado.

Mas existe uma afinidade literária, facilmente perceptível para quem lê esses livros sem espírito preconcebido.

Em primeiro lugar, há semelhanças de conteúdo. Tem-se a impressão de uma influência em cascata, uma corrente em que cada elo tem algum vínculo com os anteriores. Assim, Diderot deve algo a Sterne; Xavier de Maistre deve algo a Sterne e a Diderot; Almeida Garrett deve algo a Sterne, Diderot e a Xavier de Maistre; e Machado de Assis deve algo a Sterne, Diderot, Xavier de Maistre e Almeida Garrett.

Começando com Sterne, vejamos os traços que ele deixou em Diderot, Xavier de Maistre, Almeida Garret e Machado de Assis.

Sterne conheceu Diderot quando passou por Paris em 1762 e não parece ter ficado particularmente impressionado com o enciclopedista. Numa de suas cartas, o inglês critica os dramas escritos pelos *philosophes*, entre os quais um certo "M. Did...". Num trecho da *Viagem sentimental* há um "Monsieur D", citado, sem nenhuma ênfase especial, entre os membros da *coterie* filosófica.[1] Já Diderot ficou profundamente seduzido pelo brilho de Sterne. Para o filósofo, Sterne era o "Rabelais inglês", e *Tristram Shandy* "uma sátira universal".[2] Diderot levou seu entusiasmo ao ponto de parodiar, em *Jacques o fatalista*, inúmeros fragmentos de *Tristram Shandy*. A paródia inclui personagens (a dupla amo-Jacques é, evidentemente modelada sobre a dupla Toby-Trim), situações (Jacques é ferido numa batalha, no joelho, exatamente como Trim, e, como este, Jacques explica as razões anatômicas pelas quais um ferimento no joelho é mais doloroso que em outras partes do corpo) e até a filosofia subjacente (o "fatalismo" defendido por Jacques tem analogias com a causalidade psíquica de Sterne, baseada no processo associativo). Há um episódio em que o "plágio" é confessado. Como Trim, Jacques narra os seus amores, que culminam numa cena decisiva em que tanto Jacques como Trim são tratados por uma bonita enfermeira, que leva sua solicitude ao ponto de massagear não somente o joelho ferido, como lugares mais sensíveis, acima do joelho. Diderot introduz esse episódio dizendo que ele tinha sido "copiado da vida de Tristram Shandy, a menos que a conversa de Jacques o fatalista com seu amo seja anterior a essa obra e que o pastor Sterne seja o plagiário" (JF, 709).

Em *Viagem em torno do meu quarto*, Xavier de Maistre faz uma alusão explícita a Sterne, na qual o narrador se compara com o tio Toby: um e outro tinham o seu *hobby-horse*, o seu *dada*. O de Toby era a mania das fortificações, o dele, o de dissertar sobre a pintura (VC, XXIV, 51). A relação sentimental entre o narrador e seu criado Joannetti é visivelmente modelada na relação igualmente sentimental do tio Toby com seu criado Trim. Há também um pastiche da invocação de Sterne à misteriosa figura de Jenny, que nem Sterne nem Xavier de Maistre se dignaram explicar quem fosse. Em Sterne, a referência a essa Jenny fantasmagórica aparece, entre outras passagens, na seguinte frase: "O tempo foge depressa demais; cada letra que escrevo me diz com que rapidez a vida segue a minha pena; os dias e horas da vida, mais preciosos, minha querida Jenny, que os rubis que rodeiam tua garganta, voam sobre nossas cabeças, como leves nuvens num dia de vento, para nunca mais voltarem" (TS, IX, 8, 582). Eis o pastiche de Xavier de Maistre, a propósito de um capítulo não apreciado pelos críticos: "Basta-me que tu o consideres bom, minha querida Jenny, tu, a melhor e mais amada das mulheres [...]" (VC, XXII, 48).

A presença de Sterne em Garrett é muito clara. Além das referências ao estilo de composição de *Tristram Shandy*, que discutirei mais adiante, o autor de *Viagens na minha terra* cita o Yorick de *Viagem sentimental*, o "ajuizadíssimo bobo de el-Rei da Dinamarca, o que alguns anos depois ressuscitou em Sterne com tão elegante pena" (VT, XI, 80). É uma passagem em que Yorick diz que sempre estivera apaixonado, e que só cometera ações mesquinhas no intervalo entre dois amores.

Em Machado de Assis, as reminiscências de Sterne são abundantes. Elas já foram rastreadas, entre outros, por Eugênio Gomes,[3] Helen Cauldwell[4] e Marta de Senna.[5] Notem-se, por exemplo: a semelhança entre o pai de Brás Cubas e o de Tristram Shandy, ambos com um sistema próprio de educação e convencidos da importância dos nomes de família; ou o episódio em que Brás quer libertar uma mosca e uma formiga engalfinhadas, comparável à cena de *Tristram Shandy* em que Toby, em sua bondade universal com relação a todos os seres criados, deixa que uma mosca escape pela janela; ou as afinidades entre o famoso capítulo das negativas e a frase de Trim: "Não tenho nem esposa nem filho — não posso ter nenhuma dor neste mundo" (TS, IV, 4, 277); ou o paralelismo entre a advertência de Brás contra as idéias fixas — "Deus te livre, leitor, de uma idéia fixa"(MP, IV, 516) — e a reflexão de Tristram sobre os perigos de um *hobby-horse*— "Quando um homem se abandona ao governo de uma paixão dominante, ou, em outras palavras, quando seu *hobby* se torna teimoso, adeus à fria razão e à discreção equilibrada!"(L, II, 5, 113).

As marcas de Diderot em Xavier de Maistre, Garrett e Machado de Assis são menos evidentes, mas podem ser reconstituídas.

Elas são discretas em Xavier de Maistre porque, afinal, *Jacques o fatalista*, embora escrito em 1773, só foi publicado em 1796, um ano depois de *Viagem em torno do meu quarto*. Mas isso não impede que Xavier de Maistre tivesse lido o texto divulgado por Grimm, vinte anos antes. Se foi esse o caso, há pelo menos uma passagem que poderia aludir ao livro de Diderot: uma crítica do fatalismo, ou do acaso, interpretado como ausência de uma causalidade divina. "Não acredito no acaso, esse triste sistema — essa palavra que não significa nada. Acreditaria antes no magnetismo — acreditaria antes no martinismo — não, não acreditaria nunca nele" (VC, XVI, 35).

Quanto a Garrett, acho provável que a passagem em que o narrador-personagem diz que o homem tem uma natureza dual, uma vinda da natureza, e outra da sociedade, uma pura e divina e outra corrupta e material (VT, XXIV, 167), não seja uma simples paráfrase de lugares-comuns rousseauistas, mas provenha de outro texto de Diderot, *Suplemento à viagem de Bougainville*, em que o filósofo diz que a desgraça do homem civilizado vinha da coexistência, dentro do mesmo invólucro, de um homem natural e de um homem artificial, ambos em antagonismo permanente.[6]

No que diz respeito a Machado de Assis, note-se que todos os personagens de *Memórias póstumas*, de Brás Cubas a Virgília e d. Plácida, são joguetes de forças que eles não controlam — paixões e interesses materiais —, e nesse sentido são desprovidos de liberdade, segundo a filosofia de Jacques. A rica atmosfera de ambigüidade moral em que estão envoltos os homens e as mulheres machadianos é análoga à de *Jacques o fatalista*, cujos personagens podem ser considerados bons ou maus, à escolha do leitor. A biblioteca pessoal de Machado contém uma coletânea das obras de Diderot, na qual figura um longo episódio de *Jacques o fatalista* (números 521 e 522 do catálogo de Massa). A faceta de Diderot que mais aparece em Machado é a do contista. É ao contista que Machado alude em *Papéis avulsos*, dizendo que ninguém ignorava que Diderot escrevia contos, e até aconselhava a um amigo que os escrevesse também.[7] A epígrafe de *Várias histórias*[8] diz em que consistia esse conselho: "Meu amigo, façamos sempre contos. [...] O tempo passa, e o conto da vida se acaba, sem que o percebamos".[9]

Há muitas ressonâncias de Xavier de Maistre tanto em Garrett como em Machado de Assis.

Xavier de Maistre é mencionado na epígrafe de *Viagens na minha terra*, de Garrett, o que de certo modo coloca o livro inteiro sob o patrocínio do autor saboiano. É o seguinte trecho: "Como é glorioso abrir uma nova carreira e aparecer de repente no mundo científico, como um cometa inesperado cintilando no espaço!" (VT, I, 5). A epígrafe vem da primeira frase do livro de Xavier de Maistre (VC, I, 3). A primeira linha de *Viagens na minha terra* contém também uma alusão a Xavier de Maistre. "Que viaje à roda do seu quarto quem está à beira dos Alpes, no inverno, em Turim, que é quase tão frio como S. Petersburgo, entende-se. Mas com esse clima... o próprio Xavier de Maistre, se aqui escrevesse, ao menos ia até o quintal" (VT, I, 5-6). Numa nova alusão, Garrett diz que no trecho entre Cartaxo e Azambuja teve que abandonar sua diligência, e ficou como o "bom Xavier de Maistre, quando, a meia jornada do seu quarto, lhe perdeu a cadeira o equilíbrio e ele caiu" (VT, V, 39).

Quanto à presença de Xavier de Maistre em Machado de Assis, já se tem mencionado a insistência com que Machado usa a metáfora do ateniense que achava que todos os navios que aportavam no Pireu eram seus, metáfora sem nenhuma dúvida pilhada em *Viagem em torno do meu quarto* (VC, XVII, 83). Pergunto-me se a idéia da indiferença da natureza ao destino do indivíduo, formulada tanto no delírio de Brás Cubas quanto no humanitismo de Quincas Borba, não teria algo a ver com a passagem em que Xavier de Maistre diz que "a destruição insensível dos seres e todos os infortúnios da humanidade nada importam para o grande todo. A morte de um homem sensível que expira no meio dos seus amigos desolados, e a de uma borboleta, que o ar frio da manhã faz perecer no cálice de uma flor, são duas épocas semelhantes no curso da natureza" (VC, XXI, 46). Além disso, creio ter sido pela mediação de Xavier de Maistre que Machado se apropriou do tema pascaliano da natureza dupla do homem, meio angélico, meio bestial. Vimos que para Xavier de Maistre o homem é composto de duas pessoas, a alma e outra, a *bête*. Para ele, "o homem é duplo. Mas é, como se diz, porque é composto de alma e corpo; e acusam esse corpo de não sei quantas coisas, todavia seguramente de modo bem inapropriado, porque ele é tão incapaz de sentir quanto de pensar. É com a *bête* que é preciso lidar, esse ser sensível perfeitamente distinto da alma, verdadeiro indivíduo, que tem sua existência separada, seus gostos, suas inclinações, sua vontade" (VC, VI, 14). A *bête* leva uma vida própria, quando a alma se distrai ou quando ela passeia em mundos imaginários durante o sonho ou o devaneio, e é capaz de dialogar com a alma, muitas vezes impondo sua vontade. Ora, o tema é aflorado em *Memórias póstumas*, quando Brás admira o ar casto de Nhã-Lolô, mas se perturba com sua nudez adivinhada. "Ao pé da graciosa donzela, parecia-me tomado de uma sensação dupla e indefinível. Ela exprimia inteiramente a dualidade de Pascal, *l'ange et la bête*, com a diferença de que o jansenista não admitia a simultaneidade das duas naturezas, ao passo que elas aí estavam bem juntinhas — *l'ange*, que dizia algumas cousas do céu, — e *la bête*, que..." (MP, XCVIII, 603-4). Mas toda dúvida quanto à influência do autor da *Viagem* no tratamento desse tema cessa no conto "Viagem à roda de mim mesmo", em que a semelhança com de Maistre vai além da intenção parodística do título. Segundo determinados sábios, diz Machado, "há no homem duas pessoas iguais, que se separam às vezes, como acontece durante o sono, em que uma dorme e outra sai a caçar e passear. [...] Criam os egípcios que há no homem, além de várias almas espirituais, uma totalmente física, reprodução das feições e dos contornos do corpo, um perfeito fac-símile".[10] No conto, a *bête* assume o papel de um verdadeiro superego. É essa instância que censura o personagem do conto, quando ele deixa por pusilanimidade de declarar seu amor a Henriqueta: "Senti-me dous, um que argüia, outro que se desculpava. [...] De noite, para distrair-me, fui ao teatro; mas nos intervalos o duelo era o mesmo, um pouco menos furioso. No fim da noite, estava reconciliado comigo".[11]

Finalmente, há uma inequívoca presença de Almeida Garrett em Machado de Assis. É pena, nesse sentido, que não tenha sido conservada na correspondência de Machado a carta que segundo ele lhe teria sido dirigida por Macedo Soares a propósito das afinidades entre *Viagens na minha terra* e *Memórias póstumas*. Chamo apenas a atenção para a frase de Garrett sobre "aquelas aldeias que se criaram à sombra dos castelos feudais e que libertas, depois, da opressora proteção, cresceram e engrossaram em substância e força. [...] O castelo, esse, está vazio e em ruínas" (VT, XXXVIII, 256-7). O leitor de Machado de Assis reconhecerá facilmente nessa frase a fonte da comparação que figura no final do capítulo IV de *Memórias póstumas*: "Mal comparando, é como a arraia-miúda, que se acolhia à sombra do castelo feudal; caiu este e a arraia ficou. Verdade é que se fez graúda e castelã..." (MP, IV, 517-8).

Essa busca de influências é um passatempo fascinante, mescla de ciência e bisbilhotice, mas não vai ao essencial. Pois nada do que se disse acima consegue demonstrar a existência de uma verdadeira afinidade interna entre esses autores. Há alusões superficiais, reminiscências de leitura e pouco mais que isso.

Mas começamos a suspeitar que as afinidades vão além da superfície quando reparamos nas excentricidades gráficas dos diferentes livros. *Tristram Shandy* está cheio de linhas pontilhadas, de páginas em branco ou em negro, de rabiscos, de floreios. O capítulo IV de *Viagem em torno do meu quarto* consta de seis linhas pontilhadas, no meio das quais há uma única palavra, *tertre*, outeiro. Garrett multiplica as linhas pontilhadas, em geral separando passagens digressivas dos trechos especificamente narrativos. Machado de Assis se diverte enchendo o livro de linhas pontilhadas: elas substituem o título do capítulo LIII, um diálogo entre Brás Cubas e Virgília, no capítulo LV, e o conteúdo inteiro do capítulo CXXXIX, sobre como Brás não foi ministro de Estado.

Essas peculiaridades apontam para convergências bem mais profundas. São manifestações externas (cujo sentido tentarei investigar no capítulo 4) de afinidades essenciais, e são estas que se trata de examinar agora. Em que consistem?

Almeida Garrett já havia entrevisto uma resposta quando escreveu, no prefácio de sua obra, que nela os leitores achariam "fundidos os admiráveis *estilos* de [...] Sterne e Xavier de Maistre" (VT, XXIV). E no pórtico de *Memórias póstumas*, Brás Cubas explica que adotara a *forma* de um Sterne ou de um Xavier de Maistre (MP, 513). A chave do enigma está nas palavras que destaquei: estilo, para Garrett, mas sobretudo forma, para Machado.

Foi a forma criada por Laurence Sterne, em *Tristram Shandy*: a forma shandiana.

"Não consultes dicionários": foi assim que Bentinho chamou a atenção, em *Dom Casmurro*, para o uso especial que ele fazia da palavra *casmurro*, diferente do que aparecia nos dicionários de língua portuguesa. Do mesmo modo, recomendo que não consultem os dicionários de inglês para entender o título deste capítulo. A palavra "*shandean*", no *Webster's International Dictionary*, significa "alguém que tem o espírito de Tristram Shandy", e "*shandysm*" é definido como "a filosofia de Tristram Shandy". Para essa acepção, o shandismo é uma atitude diante da vida, uma concepção do mundo, um modo de enfrentar a vida e seus absurdos. Esse uso é atestado pelo próprio Sterne. "O verdadeiro shandismo", diz ele, "abre os corações e os pulmões, força o sangue e outros fluidos vitais do corpo a circular livremente através dos seus canais, e faz a roda da vida girar longa e alegremente" (TS, IV, 32, 333). A palavra tem às vezes um conteúdo um tanto repreensível, como quando Sterne afirma, virtuosamente, ser menos shandiano do que as pessoas acreditam. Ela designa uma atitude entre libertina e sentimental, um sensualismo risonho, um humor afável e tolerante, capaz de perdoar transgressões próprias e alheias, mas também de zombar, sem excessiva malícia, dos grandes e pequenos ridículos do mundo. Nessa significação, o shandismo é uma maneira de ver e sentir, no fundo uma questão de temperamento, e nesse sentido podemos falar em personalidades shandianas sem pensar em Sterne, do mesmo modo que aludimos a personalidades pantagruélicas ou quixotescas sem em nenhum momento pensar nem em Rabelais nem em Cervantes.

Em vez disso, proponho usar o termo para designar uma forma literária — a forma shandiana. Sterne a criou, mas não a definiu. Quem a definiu, dando-lhe contornos conceituais, foi um dos mais perfeitos cultores da forma shandiana, nascido 126 anos depois de Sterne e a muitos milhares de quilômetros de sua Irlanda natal: Machado de Assis.

Releiamos as primeiras páginas de *Memórias póstumas*, na versão definitiva. No prefácio "Ao leitor", diz Brás Cubas: "Trata-se, na verdade, de uma obra difusa, na qual eu, Brás Cubas, se adotei a forma livre de um Sterne, ou de um Xavier de Maistre, não sei se lhe meti algumas rabugens de pessimismo. Pode ser. Obra de finado. Escrevi-a com a pena da galhofa e a tinta da melancolia, e não é difícil antever o que poderá sair desse conúbio" (MP, 514). No prólogo da terceira edição, o próprio Machado de Assis toma a palavra, agregando um terceiro nome, o de Almeida Garrett, e prossegue:

Toda essa gente viajou: Xavier de Maistre à roda do quarto, Garrett na terra dele, Sterne na terra dos outros. De Brás Cubas se pode talvez dizer que viajou à roda da vida. O que faz do meu Brás Cubas um autor particular é o que ele chama "rabugens de pessimismo". Há na alma deste livro, por mais risonho que pareça, um sentimento amargo e áspero, que está longe de vir dos seus modelos. É taça que pode ter lavores de igual escola, mas leva outro vinho. (MP, 513)

Finalmente, nas primeiras linhas do capítulo I, Brás Cubas alerta para as liberdades tomadas com a cronologia: em vez de contar em primeiro lugar seu nascimento, começa pela narração de sua morte. Com isso, seu relato fica mais galante e mais novo, superando, nisso, o Pentateuco, cujo autor, Moisés, embora também tenha narrado sua morte, "não a pôs no intróito, mas no cabo" (MP, I, 513).

Nessas linhas, Machado faz duas coisas: define uma forma e enumera os que a adotaram.

Ele dá todos os elementos para definir a forma do *seu* livro. Ao fazê-lo, contribui de modo decisivo para definir uma forma genérica a que se filia esse livro e que ele diz ter "adotado". É o que estou chamando de "forma shandiana". Seguindo as indicações de Machado, diríamos que é uma forma caracterizada (1) pela presença constante e caprichosa do narrador, ilustrada enfaticamente pelo pronome de primeira pessoa ("eu, Brás Cubas"); (2) pela digressividade e pela fragmentação (obra difusa, não-linear); (3) pelo tratamento especial, fortemente subjetivo, dado ao tempo (os paradoxos da cronologia) e ao espaço (as viagens); e (4) pela interpenetração do riso e da melancolia. Só essa última característica (pena da galhofa, tinta de melancolia) não encontraria o endosso expresso de Machado de Assis, porque para ele os outros livros eram "risonhos", e apenas o dele conteria "rabugens de pessimismo". Veremos mais tarde que a dialética riso-melancolia está presente em todos os autores shandianos.

No mesmo movimento com que define uma forma, Machado de Assis circunscreve uma linhagem — a dos autores, entre os quais ele se inclui, que cultivaram essa forma. Ele nomeia expressamente alguns elos dessa linhagem: Sterne, Xavier de Maistre e Almeida Garrett. Subentende-se que nem ele nem seus "modelos" são shandianos sempre, mas somente em obras muito específicas, e era a elas que Machado estava comparando *Memórias póstumas*.

Em seu prefácio "Ao leitor", na primeira edição de *Memórias póstumas*, Brás Cubas menciona ainda outro nome, o de Charles Lamb. Nesse prefácio, ele diz ter adotado "a forma livre de um Sterne, de um Lamb, ou de um de Maistre". A referência a Lamb desapareceu nas edições seguintes. A julgar pela data do livro de Lamb que Machado tinha em sua biblioteca pessoal (1880),[12] ele deve ter lido essa obra imediatamente antes da primeira edição de *Memórias póstumas*, em 1881. Foi sob a impressão causada por essa leitura recente que ele aludiu a Lamb. Por quê? Certamente porque chamara a atenção de Machado o lado humorístico do escritor inglês, e afinal o humor era um dos ingredientes principais de *Memórias póstumas*. Se a referência a Lamb desaparece nas outras edições, essa omissão talvez se deva ao fato de que Machado de Assis acabou por dar-se conta de que não bastava o humor para enquadrar um autor na forma shandiana. Para convencer-nos disso, vale a pena folhear os *Ensaios de Elia*, obra mais conhecida de Lamb, dos quais o livro que Machado conservava em sua biblioteca continha alguns excertos. São textos deliciosos, cheios de verve e fantasia, mas que, sendo crônicas de revista, não pertencem ao gênero shandiano por excelência, o ficcional (puro ou misto, como *Viagens na minha terra*), e não possuem nenhuma das características estruturais da forma shandiana. Não há neles uma influência especial de Sterne; o que existe, sim, é uma influência genérica da grande tradição do humorismo inglês, à qual pertence Sterne, mas sem que ele detenha qualquer privilégio com relação aos outros representantes da mesma tradição, como Swift, Fielding e Addison. Do seu ponto de vista, portanto, Machado teve razão em excluir Lamb, exemplo a ser seguido por quem quer que deseje estudar os autores shandianos em seu conjunto.

Tentarei realizar aqui esse estudo de conjunto, abrangendo os três autores indicados a partir da terceira edição de *Memórias póstumas* e o próprio Machado de Assis. Permiti-me acrescentar a esse elenco um quinto nome, o de Diderot, que Machado conhecia bem, embora não o tivesse incluído entre seus modelos. Com efeito, *Jacques o fatalista* pertence inequivocamente à linhagem shandiana, e sua inclusão permitiria pôr à prova o alcance genérico do conceito de forma shandiana, testando sua aplicabilidade a outros autores, e não somente aos enumerados por Machado de Assis.

Se bem-sucedida, essa tentativa mostraria que Machado de Assis fez algo de extremamente interessante. Por um lado, acenou para os críticos, sugerindo-lhes tacitamente que seu livro fosse interpretado à luz das categorias que ele tinha formulado. Por outro lado, deixou entrever a possibilidade de que, num movimento de retorno, essas mesmas categorias servissem para iluminar também a obra dos seus modelos. É algo de inédito na história das influências literárias, que em boa lógica se limita a estudar o impacto das obras mais antigas nas mais recentes. Aqui, tudo se passa como se além desse movimento para a frente Machado estivesse sugestionando o crítico para que empreendesse também um movimento retroativo, remontando a correnteza em direção à origem, com vistas a um melhor entendimento de Sterne, Xavier de Maistre e Almeida Garrett. É o caso pouco banal de um influenciado que influencia a compreensão crítica de quem o influenciou.

É dentro desse espírito que examinarei em *Tristram Shandy, Jacques o fatalista, Viagem em torno do meu quarto, Viagens na minha terra* e *Memórias póstumas de Brás Cubas* o funcionamento das quatro características estruturais da forma shandiana: hipertrofia da subjetividade, digressividade e fragmentação, subjetivação do tempo e do espaço e interpenetração do riso e da melancolia.

2. Hipertrofia da subjetividade

Eu, Brás Cubas.

Machado de Assis

A primeira característica estrutural da forma shandiana — a hipertrofia da subjetividade — é evidentemente um atributo do narrador, e não do autor. Não é supérfluo dizer essa obviedade, porque muitos críticos confundem sistematicamente os dois planos. Quem fala usando o nome de Tristram Shandy não é o autor Sterne, e sim um narrador inventado por Sterne. O narrador shandiano deve sempre ser visto como diferente do autor, por mais que este ocasionalmente projete nele alguns aspectos de sua vida e personalidade. Essa diferença é fácil de perceber quando o próprio autor cria um narrador fictício, como Tristram Shandy ou Brás Cubas. Mas é igualmente necessária quando o autor aparentemente escreve em seu próprio nome, como Diderot em *Jacques o fatalista* e Almeida Garrett em *Viagens na minha terra*. Na verdade, esses narradores, falando na primeira pessoa como todos os narradores shandianos, são criaturas dos respectivos autores, são partes integrantes do livro, mesmo que não sejam personagens, e a esse título não se distinguem de Tristram Shandy e Brás Cubas. Por conseguinte, usarei tão consistentemente quanto possível os termos "narrador" ou "autor shandiano" para me referir aos autores ficcionais, em oposição aos autores reais, de cada um dos cinco livros.

A hipertrofia da subjetividade se manifesta na soberania do capricho, na volubilidade, no constante rodízio de posições e pontos de vista. E se manifesta na relação arrogante com o leitor, às vezes mascarada por uma deferência aparente.

Tristram Shandy é o protótipo de todos os narradores volúveis. É um *self-conscious narrator*, que intervém constantemente na narrativa, como Fielding, Furetière ou Scarron, mas distingue-se dos outros pelo caráter caprichoso e imprevisível dessa intervenção. Tem opiniões sobre tudo, inclusive sobre as casas de botão — afinal, o livro é a respeito da vida e das opiniões de Tristram Shandy. E disserta sobre tudo, como seu pai Walter, que tem idéias sobre a psicologia de Locke, a influência dos nomes no destino dos indivíduos (se não fosse por um mal-entendido doméstico, o menino teria recebido um nome soberbo, Trismegistus, em vez do nome medíocre de Tristram), o tamanho dos narizes e a educação (Walter decide escrever uma *Tristapoedia* para a educação do seu filho). Walter e Tristram são os *nouveaux-riches* da literatura mundial. O livro é uma vitrine da cultura de todos os séculos, de Cícero e Quintiliano a Montaigne, Cervantes, Montesquieu e Voltaire, abrangendo todas as áreas do saber, da teologia à obstetrícia e à ciência das fortificações. É o reino do capricho, que assume às vezes um aspecto benevolente e às vezes um aspecto cruel. São a benevolência e a crueldade de um déspota oriental, mais que as de um monarca europeu, ainda que absoluto, porque um rei ocidental está sujeito pelo menos aos limites impostos pela tradição. Ao contrário, Tristram desconhece todas as normas — *omne lege soluto*, mesmo as da boa educação, mesmo as da estética: "Gostaria de pedir o perdão do sr. Horácio, pois, ao escrever o que me propus, não vou me confinar nem às suas regras, nem às regras de qualquer homem que jamais tenha vivido" (TS, I, 4, 38).

Tanto a benevolência como a crueldade transparecem na relação do autor com o leitor.

A benevolência está em expressões como "Por isso, meu querido amigo e companheiro... Tem paciência comigo" (TS, I, 6, 41). Muitas vezes Tristram adula o leitor, fazendo-lhe cumprimentos extravagantes. "És uma pessoa tão livre de preconceitos estreitos quanto a maior parte dos homens: e de uma liberalidade de gênio que te impede de atacar uma opinião apenas porque ela carece de adeptos" (TS, I, 19, 78). Outras vezes, ele simula uma relação igualitária com o leitor, permitindo que este tome a palavra e até colabore com a obra. "A escrita, quando organizada devidamente [...] é apenas outro nome para a conversa. [...] O respeito mais verdadeiro que possas demonstrar para com a inteligência do leitor é dividir esse assunto amigavelmente pela metade, deixando-lhe, por sua vez, algo para imaginar, assim como para ti" (TS, II, 11, 127). E assim como numa conversa nenhum dos interlocutores deve falar todo o tempo sem transgredir os limites da boa educação, assim num livro o leitor deveria ser autorizado a contribuir com pelo menos metade da narrativa. Tristram é tão delicado que chega a prometer sua amizade ao pobre-diabo: "À medida que continuares comigo, o conhecimento ligeiro que agora está se desenvolvendo entre nós se transformará em familiaridade, e esta, a menos que haja culpa por parte de um de nós, terminará em amizade" (TS, I, 6, 41). Às vezes ele dá aos leitores a ilusão de serem livres. Eles podem, por exemplo, pular um capítulo. É o conselho que ele oferece aos que não querem saber as circunstâncias em que ele fora concebido: "Para aqueles, contudo, que preferem não recuar tão longe nesses assuntos, não posso dar melhor conselho que o de pularem o resto deste capítulo" (TS, I, 4, 38). Em outro exemplo de tolerância democrática, em vez de traçar o retrato da viúva Wadman, Tristram põe à disposição do leitor uma página em branco, para que este possa desenhar a dama. Mas essa tolerância é aparente. De repente, Tristram estarrece o leitor com uma frase: "Aposto cinqüenta contra um que você é um grande asno e um cabeçudo" (TS, I, 11, 54). Mais adiante, ele critica severamente a desatenção de uma leitora: "Como pode a senhora, madame, ter sido tão desatenta ao ler o último capítulo?" (TS, I, 20, 82). Em meu último capítulo eu lhe disse, minha senhora, que minha mãe não era papista. O sr. não me disse nada disso, responde ela. Leia de novo, diz Tristram. Já li, responde sua vítima. Então a sra. não soube deduzir o que eu tinha escrito nas entrelinhas, fulmina Tristram, concluindo que os leitores deveriam aprender a pensar. E deveriam ser menos ignorantes: se estudassem mais, não fariam perguntas idiotas. "Lê, lê, lê, meu leitor ignaro!" (TS, III, 36, 232). E seria melhor que o leitor não levasse muito a sério o convite de Tristram para que imaginasse com ele a seqüência do livro. Assim, tendo descrito um tombo do parteiro, dr. Slop, Tristram convida o leitor a imaginar o resto. Mas antes que o leitor tenha tempo de se valer dessa permissão, Tristram frustra a expectativa que ele mesmo criara, dando instruções exatas sobre o que o leitor deveria imaginar. "Que ele imagine o doutor lavado — esfregado — vestido com um par de calças de Obadiah..." (TS, II, 11, 127). Enfim, eis como Sterne autoriza o leitor a desenhar o retrato da viúva Wadman: "Sente-se, senhor, pinte-a como quiser — tão parecida com sua amante quanto puder, tão diferente de sua esposa quanto sua consciência permitir" (TS, VI, 38, 450). O leitor, que parecia livre para usar a página como bem entendesse, é advertido por Tristram de que seu arbítrio está sujeito aos limites da moralidade pública: ele não é livre de macular a castidade do livro introduzindo em seu desenho, mais do que seria conveniente, os traços de sua amante. Tristram sabe que os leitores estão à sua mercê. Descrevendo sua viagem a Calais, diz que vai dedicar cinqüenta páginas a um episódio, mas começa o capítulo seguinte dizendo que tinha compaixão dos leitores, embora os tivesse em seu poder, e que dispensaria as cinqüenta páginas. "Para mim basta ter-te em meu poder — mas fazer uso da vantagem que a fortuna da pena conquistou sobre ti seria demais" (TS, VII, 6, 465). A expressão "fortuna da pena", pastiche da expressão militar, "fortuna das armas", segundo a qual o inimigo vencido pode legitimamente ser feito prisioneiro ou escravizado, mostra claramente a natureza do "poder" que Sterne se arroga sobre o leitor, e que ele pode exercer ou não, conforme sua vontade.

O capricho caracteriza igualmente a atitude do narrador de *Jacques o fatalista*. Onipotente como um sultão das *Mil e uma noites*, ele é o único personagem verdadeiramente livre da obra. Essa liberdade se torna mais chocante quando levamos em conta que o livro inteiro é consagrado a provar a tese do "fatalismo", doutrina segundo a qual somos exaustivamente determinados em nossas ações e pensamentos por uma cadeia de causalidades incompreensíveis para o indivíduo. Ignorando a filosofia de Jacques, o narrador dispõe, sem dar satisfações a ninguém, sobre a vida dos personagens e sobre a seqüência narrativa, adiando por decisão própria a continuação da história, e interrompendo-a com reflexões morais e filosóficas, sem perguntar ao leitor se ele está disposto a escutar essas reflexões. Poderíamos objetar que nisso Diderot não se distingue de qualquer outro narrador, se não fosse o fato de que ele faz questão de reafirmar constantemente a sua liberdade de construir, reconstruir e desconstruir a história segundo sua fantasia. O capricho é acentuado por um sintagma recorrente: *il ne tiendrait qu'à moi*, só dependeria de mim conduzir a história, de uma ou outra maneira. Quando Jacques começa a contar a história dos seus amores, o narrador avisa: "só dependeria de mim fazer-te esperar um ano, dois anos, três anos, pelo relato dos amores de Jacques". Poderia separá-lo do seu amo, deportar Jacques para as ilhas, levar o amo para o mesmo local, trazê-los de volta no mesmo navio (JF, 476). Mais adiante, os dois viajantes encontram um cirurgião a cavalo e uma camponesa na garupa. Só dependeria de mim, diz o narrador, fazer dela a sobrinha de um cura, inspirar em Jacques e seu amo uma grande paixão pela moça, transformando-os em rivais (JF, 477-8). Os viajantes passam a noite num albergue sórdido, onde Jacques fecha num quarto alguns bandidos de má catadura. Ao partirem no dia seguinte, surge um tropel de homens armados, que pareciam persegui-los. "*Il ne tiendrait qu'à moi*", diz o narrador, que o bando fosse constituído pelos bandidos do albergue, que para vingar-se de Jacques teriam decidido persegui-lo, e só dependeria de mim que resultasse disso uma briga sangrenta, com pauladas e tiros — mas, se o narrador fizesse isso, como ficaria a história dos amores de Jacques? (JF, 484). Jacques continua a história dos seus amores e diz que ferido no joelho, durante uma batalha, fora recolhido por um casal de camponeses e recebera os cuidados de três cirurgiões. Só dependeria de mim, diz o narrador, introduzir entre eles um celerado, que o arrancaria da cama, arremessando-o a um pântano, do qual ele seria salvo por um soldado da companhia de Jacques, mas, se criasse esse episódio, o leitor diria que eu estava plagiando o romance *Cleveland*, de Prévost (JF, 503-4). A viagem prossegue, e Jacques e seu amo encontram um cortejo fúnebre, aparentemente transportando o corpo de um capitão, ex-patrão de Jacques. Mais tarde, essa hipótese se torna menos provável, porque o padre e o cocheiro são trazidos de volta pela polícia, algemados. Que se teria passado? *Il ne tiendrait qu'à moi,* leitor, satisfazer tua curiosidade, organizando numa estalagem um encontro entre os dois viajantes e todos os protagonistas da cena do cortejo, mas não o farei, porque para isso seria preciso mentir, e não gosto de mentir (JF, 524).

O patrão começa a contar a história dos seus próprios amores, antes que Jacques tenha oportunidade de terminar a dele. Mas eu, leitor, diz o narrador shandiano que comanda todos esses relatos (o próprio autor de *Jacques o fatalista*), sinto-me tentado a interromper a narrativa desses novos amores, mostrando ao longe um velho militar e fazendo dele o capitão de Jacques. Mas ele não está morto? Como sabes disso? Ou poderia mostrar uma jovem camponesa a pé. Só dependeria de mim fazer dela uma das mulheres amadas por Jacques. Mas não o farei, porque não estou escrevendo um romance. Pela mesma razão, não farei desse gordo prior que viaja num cabriolé o abade Hudson, personagem de uma das inúmeras historietas intercaladas por Jacques. Mas o abade Hudson não está morto? Achas mesmo? Assististe a seu enterro? (JF, 669)

Na melhor maneira shandiana, o narrador às vezes finge transferir para o leitor parte de sua soberania, e o autoriza a ser livre, usando sua imaginação. Certa vez, Jacques e seu amo são surpreendidos por uma tempestade e se refugiam em algum lugar. Onde? Não é de tua conta, mas se insistires direi que entraram num castelo com uma inscrição na porta. Bom, se não gostares dessa alegoria, leitor, não insistirei no castelo, e te darei a liberdade de escolha. Conforme queiras, os viajantes passaram a noite num bordel, no palácio de um nobre, no pobre presbitério de um cura de aldeia, na residência de um velho amigo do patrão. Vamos, usa teu livre-arbítrio. "Entre os diferentes alojamentos possíveis, que eu te enumerei antes, escolhe o que melhor convier à circunstância presente" (JF, 494).

Mas, páginas adiante, o narrador revela que na verdade os viajantes tinham passado a noite na casa de um velho amigo, numa cidade próxima, que finalmente se sabe ter sido Conches. Por que não expliquei isso antes? É que só me ocorreu agora. O arbítrio deixado ao leitor tinha sido fictício. Depois de ter encorajado o leitor a fantasiar locais alternativos, o autor destrói a ilusão de liberdade, eliminando as hipóteses incorretas (JF, 497). O manuscrito em que o narrador baseia sua história termina antes que Jacques conclua a história dos seus amores. Vejo que isso te irrita, leitor. Pois bem, continua tu mesmo — "retoma o relato onde ele o deixou e continua-o segundo tua fantasia" (JF, 708). Mas o leitor, gato escaldado, preferirá não confiar nessa generosidade, e fará bem, porque logo a seguir o narrador termina a história dos amores de Jacques, graças a alguns fragmentos mais ou menos autênticos.

Às vezes o narrador finge estabelecer com o leitor uma relação de igual para igual. Como eu e tu, leitor, Jacques agradecia os seus benfeitores, para receber novos benefícios, e encolerizava-se com o homem injusto; como eu e tu, era inconseqüente na aplicação dos seus princípios, e se afligia, como eu e tu, por não poder terminar a história dos seus amores (JF, 620). Mas o narrador não deixa nenhuma dúvida quanto à inferioridade intelectual e moral do leitor. Se este aventura uma opinião, é repelido com desprezo — és uma besta [*vous êtes une bête*] —, embora pareça sentir algum remorso logo em seguida: eu disse uma grosseria, continuemos (JF, 678). Quando diz uma palavra obscena ou descreve uma cena excessivamente realista, o narrador transforma imediatamente o leitor num tartufo, que pratica o ato, indignando-se contra a palavra. "Eu me divirto em escrever sob nomes supostos as tolices que tu fazes. [...] Feios hipócritas, deixai-me em paz. [...] Que mal vos fez o ato genital, tão natural, tão necessário e tão justo, para que o signo que o representa seja excluído de vossas conversas?" (JF, 656). Em suma, a relação entre o narrador e o leitor não é nem pode ser simétrica. "Leitor, para te falar com franqueza, acho que o pior de nós dois não sou eu" (JF, 656). Ironicamente, o narrador inverte às vezes a relação real, queixando-se de ser um mero autômato, maltratado pelo leitor. Mas essa reversibilidade não é típica da relação sadomasoquista? "Leitor, tu me tratas como um autômato, isso não é polido; conta os amores de Jacques, não contes os amores de Jacques. [...] Estou farto; é preciso, sem dúvida, que eu às vezes siga o teu capricho; mas é preciso também que às vezes sigas o meu" (JF, 528).

A relação amo-servo em *Jacques o fatalista* é muito diferente da mesma relação em *Tristram Shandy*. Trim só é inferior a Toby por força das convenções sociais. Humanamente, os dois são iguais em inocência e em pureza. Não há a mesma simetria no livro de Diderot. Aqui há uma personalidade dominante, a de Jacques. O amo concede a Jacques uma intimidade excessiva, oferecendo-lhe sua amizade. Mas Jacques abusa, na opinião do amo, e este decide restabelecer a verdade hierárquica: "Tu não sabes o que é o nome de amigo dado por um superior a seu subalterno" (JF, 613). Mas é inútil. Jacques é e será sempre, de fato se não de nome, o verdadeiro senhor. Os dois brigam e são reconciliados por uma estalajadeira. Depois o amo se joga nos braços do criado, dizendo que estava escrito que enquanto os dois vivessem seria ele, o amo, o verdadeiro servidor.

Essa curiosa relação amo-servidor, reflexo invertido da que prevalece no mundo social, não deixa de ter analogias com a dialética hegeliana do senhor e do escravo, na qual a relação de dominação acaba se invertendo, e o escravo assume a supremacia. Não é impossível que Hegel tenha se inspirado em *Jacques o fatalista*. Afinal, foi em outro texto de Diderot, *O sobrinho de Ra-*

meau, que Hegel foi buscar o modelo da inteligência "desintegrada", que para fazer espírito junta numa só unidade os pensamentos mais afastados entre si.

Mas, em nosso contexto atual, a relação senhor-servo adquire nova significação, porque é exatamente homóloga à relação narrador-leitor. O narrador controla o leitor do mesmo modo que Jacques controla o amo. No pólo dominante estão o narrador, que move todos os fios da intriga, e Jacques, que governa o amo; no pólo dominado estão o leitor, destinatário aturdido das agressões do narrador, e o amo, constantemente manipulado por Jacques. Quando, no final do livro, Jacques afirma que durante toda a viagem o amo tinha sido sua marionete (JF, 706), está dizendo a verdade sobre sua relação com o amo, mas também sobre a relação de dominação que o narrador estabelece com o leitor durante a leitura, "viagem" que os dois fizeram juntos.

Em Xavier de Maistre a visibilidade do narrador e sua soberania são também indiscutíveis.

Ele intervém a todo instante e opina sobre tudo, mudando de personalidade a cada passo. É o militar que se bate em duelo e que condena o duelo. É o petimetre frívolo que observa a *toilette* de sua amante. Mas sabe encontrar o tom profundo do Eclesiastes a propósito de uma cama. "Um leito nos viu nascer e nos vê morrer; é o teatro verdadeiro em que o gênero humano representa em rodízio dramas interessantes, farsas risíveis e tragédias espantosas" (VC, V, 12). Mas logo entra em cena o crítico de arte. Ele discute os méritos da música e da pintura e toma partido pela pintura. Há também o erudito, que tem um busto de Homero em seu quarto. Mas seu respeito pela Antiguidade clássica se manifesta sobretudo por um sonho em que Aspásia se queixa da decadência da moda feminina desde o período em que ela reinava na vida elegante de Atenas. E não pensem que ele é inferior a Pascal, com sua teoria sobre o anjo e o animal. Também ele pode ter sua teoria sobre a natureza humana: por exemplo, uma teoria, igualmente dualista, em que o homem é dividido em duas partes, a alma e a "outra", a *bête*. Não, o narrador volúvel não pode se fixar em nada, não pode recusar nada: "Minha alma é de tal modo aberta a todo tipo de idéias, de gostos, de sentimentos, ela recebe tão avidamente tudo o que se apresenta!" (VC, IV, 9). Não há limites à jurisdição da volubilidade. Pela imaginação, o narrador se move num espaço infinito e no tempo da eternidade. "Desde o mais fundo dos infernos até a última estrela fixa além da vialáctea, até os confins do universo, até as portas do caos, eis o vasto campo em que passeio à vontade, pois não me falta o tempo, nem o espaço... Tudo isso é meu" (VC, XXXVII, 83).

O diálogo com o leitor é mais gentil que o travado por Tristram e pelo narrador de *Jaques o fatalista*, porque o narrador precisa aliciar o leitor para que os dois possam delirar juntos, aceitando a realidade da viagem. As primeiras linhas são um apelo à cumplicidade. "Não, não guardarei mais meu livro *in petto*; ei-lo, senhores, lede. [...] Estou certo de que todos os homens sensatos adotarão o meu sistema, tenham o caráter que tiverem, qualquer que seja seu temperamento" (VC, I, 3). Por isso o leitor é tratado com amabilidade. Ele é chamado de "leitor razoável" e de "bom leitor", e é mesmo convidado para o almoço: "bom leitor, almoça comigo" (VC, XXXIX, 93). Em seu esforço de sedução, o narrador respeita as suscetibilidades morais que ele suspeita no leitor. Vou falar sobre a cama, mas não te assustes, leitor modesto, serei absolutamente casto. E vou te mostrar todo o resto, vem. Minha única ambição é "divertir e distrair o leitor ao longo de todo o caminho que precisamos percorrer ainda para chegarmos a meu escritório" (VC, XX, 43).

Mas, como bom autor shandiano, o narrador não consegue

manter-se amável durante muito tempo. Ele atribui ao leitor uma curiosidade malsã, a propósito, por exemplo, das razões pelas quais a viagem durou 42 dias, e não 43. Que te importa isso, leitor bisbilhoteiro? Além disso, teria o leitor sensibilidade suficiente para perceber a delicadeza de certos personagens, como o criado Joannetti? É duvidoso. "O céu lhe deu sem dúvida um coração de mármore" (VC, XVIII, 40). E terá ele discernimento para apreciar a coleção de quadros que o narrador condescendeu em mostrar-lhe? Certamente não. Todos os leitores são vaidosos, e por isso só apreciam realmente um quadro, o seu próprio rosto visto no espelho. "Que quadro, meus senhores, que espetáculo poderei pôr sob vossos olhos, minhas senhoras, com melhores perspectivas de obter vosso sufrágio, que a fiel representação de vós mesmos?" (VC, XXVII, 57). Em certas ocasiões, o autor do livro transparece atrás do narrador, e como conde de velha linhagem diz coisas tão desabridas quanto seus êmulos shandianos, sem usar sequer o tom arrogantemente polido dos salões do antigo regime. Alguma coisa no livro desagrada ao leitor? Quem não gostar de um capítulo que o rasgue ou jogue no fogo. Basta que sua querida Jenny, a melhor e mais pura das mulheres, aprove o capítulo, e ele estará justificado (VC, XXII, 48).

Diferenças de urbanidade à parte, a soberania literária do narrador não está em questão. Sua viagem é um capricho de grão-senhor. Ele segue o itinerário que bem entende e o faz segundo ritmos sobre os quais não consulta ninguém. Ele é senhor da ação, podendo fazer um mundo brotar de uma flor ou deixar de escrever um capítulo. Curiosamente, usa nessa passagem a mesma fórmula — *il ne tiendrait qu'à lui* — que tinha sido adotada por Diderot para proclamar sua onipotência de narrador shandiano. "Só dependeria de mim fazer um capítulo sobre a rosa seca que aí está, se esse assunto valesse a pena" (VC, XXXV, 76).

Como todo escritor shandiano, o narrador de *Viagens na minha terra* tem opiniões sobre tudo. Move-se com absoluta semcerimônia de um tema para outro. Ele acha que no mundo de hoje Sancho triunfou sobre d. Quixote (VT, II, 16). Não acredita no progresso, porque resultou no empobrecimento de milhões (VT, III, 24-5). Pondera os méritos comparativos da modéstia e da inocência na hierarquia das qualidades morais, e depois de ter citado a opinião de Dêmades (naturalmente em grego) de que a primeira é mais importante que a segunda, e a opinião oposta de Addison, toma partido, finalmente, pela modéstia (VT, IV, 29-30). Lamenta que os ingleses estejam agora importando vinhos franceses, em vez do porto tradicional, e diz que se Bacon e Shakespeare tivessem tomado esses vinhos teriam feito apenas "acídulos versinhos" e "destemperados raciocininhos" (VT, VII, 59). Concorda com Pascal e Xavier de Maistre quanto à dualidade da natureza humana, e afirma que há em cada homem um Adão natural e um Adão social (VT, XXIV, 167). E que achas da ciência? "A ciência deste século é uma grandíssima tola" (VT, III, 25). E os clássicos? Sim desde que sejam lidos na terra deles, Tito Lívio em Roma e dom Fernando em Santarém (VT, XXVI, 181). Arquitetura? Só a gótica, embora o estilo filipino tenha certa grandeza (VT, XXVII, 192). E a gramática? Gosta de certos galicismos (VT, XXXVIII, 262). Frades? Não, o narrador não gosta de frades, mas gosta menos ainda dos seus sucessores, os barões e agiotas que enriqueceram com a venda dos bens das ordens religiosas (VT, XIII, 94). Enfim, dos temas mais graves aos mais frívolos, não há nada que escape ao delírio opinativo desse exemplar narrador volúvel, que borboleteia entre o céu e a terra para pousar em tudo e reivindicar o mundo inteiro para a soberania do seu capricho.

Como os demais romances shandianos, *Viagens na minha terra* é um interminável diálogo com o leitor, amável ou severo, implícito e unilateral, quando só o narrador fala, ou simulando reciprocidade, quando o narrador faz o leitor intervir. Freqüentemente, o tom é polido, e o narrador quer seduzir o leitor, transformando-o em confidente. O livro, explica o narrador, é mais profundo do que parece. "Já agora rasgo o véu e declaro abertamente ao benévolo leitor a profunda idéia que está oculta debaixo desta ligeira aparência" (VT, II, 15). A viagem Tejo arriba, explica ele, é um símbolo da "marcha do nosso progresso social". Continuando suas confidências, o narrador revela ao leitor segredos de ofício. Não pensem que os escritores estudam *in loco* os lugares que descrevem ou se documentam antes de escrever romances ou peças históricas. Eles seguem receitas, baseadas em figurinos franceses, e limitam-se a combinar de forma diferente um estoque básico de situações e personagens, como uma ou duas damas, um pai nobre ou ignóbil, e um criado velho. "Sim, leitor benévolo... vou te explicar como nós hoje em dia fazemos literatura... Saberás, ó leitor, como nós outros fazemos o que te fazemos ler" (VT, V, 36). O narrador evita que o leitor se sinta excluído, e tenta ser gentil, levando-o a participar da viagem. "Não, minha senhora, a história não acabou; [...] vamos a Santarém, que lá se passa o segundo ato" (VT, XXVI, 188). O narrador leva sua solicitude ao ponto de imitar Xavier de Maistre, convidando o leitor a almoçarem juntos. "Lá voltaremos ao nosso vale, amigo leitor... Por agora almocemos, que é tarde" (VT, XXXIX, 264-5). Aflito, ele teme ter sido descortês, impondo ao leitor a obrigação de acompanhá-lo em suas divagações, e pede desculpas. "Benévolo e paciente leitor. [...] Bem vejo que te deixei parado à minha espera no meio da ponte de Assaca. Perdoa-me, por quem és; demos de espora às mulinhas, e vamos, que são horas" (VT, IX, 73). Compungido, promete emendar-se. "Entraremos, portanto, em novo capítulo, leitor amigo; e agora não tenhas medo das minhas digressões" (VT, XXXII, 217).

Mas, tendo adquirido experiência com outros autores shandianos, o leitor não terá confiança excessiva nessa amabilidade. E com razão, porque no fundo o narrador de *Viagens na minha terra* não tem mais paciência com o leitor que seus predecessores. "Não seja pateta, senhor leitor, nem cuide que nós o somos" (VT, V, 36). Garrett tira a máscara e revela sua truculência peninsular. O leitor muitas vezes é obtuso e desmemoriado, por isso algumas repetições são necessárias. "Espero que o leitor entendesse agora. Tomarei cuidado de lho lembrar de vez em quando, porque receio muito que se esqueça" (VT, II, 17). O leitor é assimilado explicitamente ao tipo humano que o narrador mais detesta, os "barões" gerados pelo governo liberal, que enriqueceram comprando os bens expropriados às ordens religiosas e hoje controlam o país pelo poder do dinheiro. O pinhal de Azambuja, por exemplo, desapareceu: foi "consolidado". "Mas onde está ele?", pergunta o leitor. Já disse,

> *está consolidado.* E se não sabe o que isto quer dizer, leia os orçamentos, veja a lista dos tributos, passe pelos olhos os votos de confiança; e se depois disso não souber aonde e como se consolidou o pinhal de Azambuja, abandone a geografia, que visivelmente não é sua especialidade, e deite-se à finança, que tem bossa. Fazemolo eleger aí por Arcozelo ou pela cidade eterna — é o mesmo — vai para a comissão da fazenda — depois Lord do Tesouro, Ministro. (VT, V, 38-9)

Nos diálogos que o narrador simula com os leitores, estes são quase sempre maltratados. O narrador diz que não pode contar nenhuma história de amor se ele próprio não tiver uma mulher amada, permanecendo fiel à memória de sua esposa. "Pode sim." "Não pode, não." "Estão divididos os sufrágios: peço votação." "Nominal?" "Não, não." "Por quê?" "Porque há muita coisa que a gente pensa e crê, e diz assim a conversar, mas que não ousa confessar publicamente" (VT, XI, 82). Perfeito, eu vos entendo, minhas senhoras, defendeis princípios austeros, mas vos reservais o direito de agir como vos parecer. "Reservemos sempre uma saída para os casos difíceis, para as circunstâncias extraordinárias. Não é assim?" (VT, XI, 82). Sim, há muitos tartufos entre os leitores, e por isso o narrador não se dirige a eles: "Aos hipócritas não falo eu" (VT, XXI, 157). Ou antes, às vezes o faz, mas é para chamá-los, desdenhosamente, de "Vossas Excelentíssimas Hipocrisias" (VT, XXXIX, 263). Além de hipócrita, o leitor é um preguiçoso, e precisa ser advertido, para que coopere com o narrador. "Escuta! Disse eu ao leitor benévolo, no fim do último capítulo. Mas não basta que me escute: é preciso que tenha a bondade de se recordar do que ouviu no capítulo XXV" (VT, XXXII, 217).

Em suma, o narrador não deixa a menor dúvida sobre quem comanda o espetáculo. Enquanto autor shandiano, ele é um déspota absoluto. Se alguém não estiver satisfeito, que não o leia. Sua viagem está sendo descrita deste modo e não de outro, e, se alguém estiver interessado em descrições minuciosas de cada palmo de terreno, que consulte os guias ou os especialistas. "Muito me pesa, leitor amigo, se outra coisa esperavas das minhas *Viagens*. [...] Querias talvez que te contasse, marco a marco, as léguas da estrada, palmo a palmo, as alturas e larguras dos edifícios? [...] Vai-te ao padre Vasconcelos. [...] Eu não sei compor desses livros; e quando soubesse, tenho mais o que fazer" (VT, XXIX, 201-2). Se o leitor não gostar de um capítulo, que o pule ou vire a página. "A minha opinião sincera e conscienciosa é que o leitor deve saltar essas folhas, e passar ao capítulo seguinte, que é outra casta de capítulo" (VT, IV, 34). Em outro trecho, faz reflexões contra a razão e a lógica, que certamente não serão aprovadas. Por isso, o narrador recomenda que se vire a página. "Dou-te o conselho que voltes a página obnóxia, porque essas reflexões do último capítulo são tão deslocadas no meu livro como tudo o mais neste mundo. Dorme, pois, e não despertes do belo ideal da tua lógica" (VT, XXXIX, 263). Como se recorda, é a fórmula com a qual o soberano shandiano mostra seu desprezo pelos súditos, dando aos leitores a liberdade aparente de lerem ou não lerem uma passagem (TS, I, 4, 38; VC, XXII, 48). Como os demais autores shandianos, é na esfera estética que o narrador manifesta mais claramente sua soberania. Tristram escrevera que não observaria nem as regras de Horácio, nem "as regras de qualquer homem que jamais tenha vivido". Essa soberania de direito divino é proclamada de modo quase idêntico pelo narrador de *Viagens na minha terra*: "Eu nem em princípios nem em fins tenho escola a que esteja sujeito" (VT, XXXI, 217).

Machado de Assis leva à perfeição as características da subjetividade shandiana.

Na vida real, Brás Cubas já é voluntarioso, como podia sê-lo um homem rico do Segundo Reinado, mas seu arbítrio ainda estava sujeito a muitos limites. Ele podia tudo o que pode um proprietário que vive de rendas, mas ainda estava preso às convenções do seu meio e ao tribunal da opinião, essa mesma opinião da qual o velho Cubas derivava o valor dos homens (MP, XXVIII, 550) e que o narrador tinha cortejado até a morte, por mais que procurasse às vezes fugir da multidão, buscando um refúgio em seus pensamentos (MP, XCIX, 604). Ele maltrata o moleque Prudêncio, cavalgando-o, mas sua ação podia se justificar pela irresponsabilidade da infância. Adulto, ele não tem mais essa desculpa, e precisa legitimar-se diante da opinião e de sua versão introjetada, a consciência moral. É cruel com Eugênia, mas afinal "a carreira política... [...] a constituição... [...] a minha noiva... [...] o meu cavalo..." (MP, XXXV, 555). Guarda para si um embrulho com dinheiro, mas a culpa era da negligência de quem o perdeu. Comete ações repreensíveis, mas tenta neutralizá-las praticando ou fingindo praticar ações louváveis, ou seja, abrindo uma janela, depois de ter fechado outra, para com isso "ventilar" sua consciência. Ama Virgília, mas não é livre de amá-la publicamente, e por isso precisa de uma casinha discreta na Gamboa e da cumplicidade de d. Plácida. Quer ser pai e não o consegue. Quer ser ministro, mas as linhas em branco do capítulo intitulado *De como não fui ministro d'Estado* ilustram o vazio de um episódio autobiográfico que não aconteceu. Foi califa, mas só na imaginação de um louco, pois é Quincas Borba quem o nomeia.

Ele estava sujeito ainda a limites de outra ordem, os cognitivos. O mundo e suas leis, o caráter das pessoas e suas contradições, só com a passagem do tempo vão ficando transparentes. É a teoria das edições humanas. Cada estação da vida é uma edição, com erratas que corrigem as anteriores, e com informações novas que permitem complementar as antigas. Reencontrando Marcela, rosto desfigurado e alma decrépita, o Brás Cubas da quarta edição consegue ver o que não vira quando adolescente, com seus olhos de primeira edição: que a cobiça era a mola propulsora da moça (MP, XXXVIII, 557-8). Limitado pelas coisas que não sabe e pelas que não pode, Brás Cubas é mais passivo que ativo, caprichoso, mas não despótico.

Tudo muda com a morte, que o transforma em memorialista. Como defunto autor, para quem a morte foi um segundo berço (MP, I, 513), Brás Cubas rompe com todos os grilhões. Pela primeira vez, é verdadeiramente livre. "Na morte, que diferença! que liberdade! que desabafo!" (MP, XXIV, 546). Na morte, ele se liberta do mais pesado dos fardos, o da opinião. "O olhar da opinião, esse olhar agudo e judicial, perde a virtude, logo que pisamos o território da morte; não digo que ele se não estenda para cá, e nos não examine e julgue; mas a nós é que não se nos dá do exame nem do julgamento. Senhores vivos, não há nada tão incomensurável como o desdém dos finados" (MP, XXIV, 546). A morte elimina também os limites cognitivos. Com a morte, Brás Cubas alcançou a edição definitiva, e com isso o conhecimento total, impossível aos mortais que devem ainda aguardar o saber contido nas edições futuras. Ele agora pode distinguir entre a verdade e a aparência, devassando em si mesmo e nos outros todas as motivações subalternas subjacentes às ações elevadas. É essa sabedoria póstuma que permite ao narrador ver em Virgília a mulher ignorante e vaidosa que ela sempre foi, e autodesmascarar-se com uma lucidez desabusada. Combinado com a outra dádiva da morte, o desprezo pela opinião, esse saber total leva à total transparência. O narrador não somente sabe tudo, como se permite dizer tudo.

> Talvez espante ao leitor a franqueza com que lhe exponho e realço a minha mediocridade; advirta que a franqueza é a primeira virtude de um defunto. Na vida, o olhar da opinião, o contraste dos interesses, a luta das cobiças obrigam a gente [...] a não estender ao mundo as revelações que faz à consciência; e o melhor [...] é quando, à força de embaçar os outros, embaça-se um homem a si mesmo, porque em tal caso poupa-se o vexame, que é uma sensação penosa, e a hipocrisia, que é um vício hediondo. (MP, XXIV, 545-6)

Em suma, renascendo em seu segundo berço, como narrador, Brás Cubas tem os atributos de uma soberania mais que humana, não somente a onipotência como a onisciência. O memorialista, na narrativa, passa a ser o ministro que ele não conseguiu ser em vida, torna-se tão poderoso quanto o mais tirânico dos califas, ou mais, porque tem um saber sem limites, que o mais perfeito dos sistemas de espionagem não podia oferecer a um sultão das *Mil e uma noites*.

Esse memorialista soberano é senhor absoluto do jogo narrativo. Tem seu método — "sem gravata nem suspensórios, [...] um pouco à fresca e à solta, como quem não se lhe dá da vizinha fronteira, nem do inspetor do quarteirão" (MP, IX, 525) — e não dá satisfações a ninguém sobre as razões que o levaram a escolher esse método. Ele dispõe sobre o tempo como lhe parece, começando a narrativa pelo fim, e dispõe sobre o tempo do leitor, impondo-lhe todas as reflexões que possam lhe ocorrer, mesmo as mais extravagantes. Às vezes hesita se deve escrever ou suprimir um capítulo, mas são diálogos do autor consigo mesmo, que confirmam a regra do arbítrio. Ele se pergunta se deve fazer um capítulo à parte para narrar as "conjeturas" nascidas do episódio do ex-moleque Prudêncio vergastando outro negro, e acaba decidindo que não, o que não o impede de mudar de idéia, pois o capítulo seguinte é todo dedicado a esse episódio (MP, LXVIII e LXIX, 581-2). Começa um capítulo dizendo que seria melhor suprimir o capítulo anterior, e não suprime nada (MP, LXXII, 584). Acha que a "geologia moral" de Lobo Neves mereceria um capítulo, mas decide não o escrever, e não o escreve mesmo (MP, LXXXVII, 595). Brás se excita imaginando a nudez de Nhã-Loló e se arrepende: "Estou com vontade de suprimir este capítulo". Suprime, não suprime? Eis a palavra final: "decididamente suprimo este capítulo" (MP, XCVIII, 604). E decididamente não o suprime. Veleidades de califa. São os caprichos de um déspota que negaceia, que brinca com alternativas e virtualidades — "*il ne tiendrait qu'à moi*" —, que poderia fazer o que não fez e abster-se do que acaba fazendo, e que ao fim e ao cabo só faz ou deixa de fazer o que bem entende.

Como nos outros romances shandianos, o fantasma da soberania aparece com especial clareza na relação com o leitor, percorrendo toda a gama de variações do sadismo, da amabilidade aparente à agressão aberta, na qual o vínculo senhor-escravo aparece sem disfarce.

A deferência irônica aflora em expressões como "fino leitor" (MP, 513), "amado leitor" (MP, XLIX, 565), "leitor pacato" (MP, XCVIII, 603). O narrador dá a impressão de respeitar o julgamento do leitor, de tratá-lo como adulto, capaz de ter opiniões próprias e descobrir sozinho coisas apenas insinuadas. "É possível que o leitor me não creia, e todavia é verdade. Vou expor-lhe sumariamente o caso. Julgue-o por si mesmo" (MP, I, 514). Um tio cônego de Brás contestava a legitimidade do amor à glória, um tio oficial de infantaria aprovava esse sentimento, e Brás oferece ao leitor o direito de escolher entre as duas opiniões: "Decida o leitor entre o militar e o cônego" (MP, II, 515). Brás não analisa o bilhete mandado por Virgília para dizer que o marido suspeitava de alguma coisa, porque "poderia [...] tirar ao leitor o gosto de notar por si mesmo a frieza, a perspicácia e o ânimo dessas poucas linhas escritas à pressa" (MP, CVIII, 609). Chega ao extremo de atribuir ao leitor reflexões inteligentes que ele não fez (MP, XCVII, 603). O leitor parece ter tanta autonomia que é convidado a cooperar com o autor, preenchendo as lacunas do texto. É esse em parte o sentido das reticências. O capítulo LIII não tem título, o capítulo LV não tem texto: tem a bondade, arguto leitor, de inventar o título e o texto (MP, LIII, 569; MP, LV, 570). O sestro shandiano de autorizar o leitor a pular um capítulo tem o mesmo aspecto respeitoso: és tão livre, leitor, que és livre até de não me ler. Há essa liberdade, por exemplo, no capítulo do delírio. "Se o leitor não é dado à contemplação destes fenômenos mentais, pode saltar o capítulo; vá direito à narração" (MP, VII, 520). Se o leitor nem gosta de um trecho nem quer ter o trabalho de inventar uma alternativa, não seja por isso. Gentilmente, Brás lhe propõe uma variante. "Se te não apraz o chapéu de três bicos, empregarei a locução de um velho marujo [...] 'cantar uma saudade'" (MP, CXVI, 614).

Vem em seguida o que poderíamos chamar a ilusão da consubstancialidade. Se pensas que só porque sou teu soberano sou superior a ti, enganaste-te, amigo leitor. Sou igual a ti, e a prova é que somos ambos leitores. E como leitor me pareço contigo, porque somos superficiais os dois. "Capítulos compridos quadram melhor a leitores pesadões; e nós não somos um público *in-folio*, mas *in-12*, pouco texto, larga margem, tipo elegante, corte dourado e vinhetas..." (MP, XXII, 544). O Barroco tinha concebido o mundo como um livro, *liber mundi*. Mais retorcido que qualquer *concettista*, Brás Cubas cria a metáfora do livro que lê, a mesma que ele tinha usado em sua teoria das edições humanas: em cada momento de nossa vida, somos um livro capaz de ler em nossa própria alma e na dos outros, com uma exatidão que não tínhamos nas edições anteriores. Com essa metáfora, Brás derruba a barreira que o separa, como narrador, dos seus leitores: não faço só livros, leio-os, como tu, e sou eu próprio um livro, como tu, um livro que lê outros livros e que lê a alma dos homens. Multiplicam-se as alusões a essa natureza comum: nem eu nem tu, mas nós. O leitor é convidado a espantar-se com as mesmas coisas que espantaram Brás — "eu fiquei como há de estar o leitor, — um pouco assombrado com esse sacrifício a um número" (MP, LXXXIII, 593) —, a confessar sua perplexidade diante das mesmas situações — "tudo isso dava uma combinação assaz complexa e vaga, uma cousa que não podereis entender, como eu não entendi" (MP, CVIII, 609) — e a manifestar as mesmas curiosidades — "a curiosidade estava aguçada, como deve estar a do leitor" (MP, LII, 568). Afinal, apesar dos símbolos externos de minha soberania, perecíveis como tudo neste mundo, temos uma substância humana comum, além de todas as vãs distinções. Por exemplo, amei aos dezoito anos, como tu. "Pois foi a mesma cousa, leitor amigo, e se alguma vez contaste dezoito anos deves lembrar-te que foi assim mesmo" (MP, XV, 534). E confessa, leitor, somos interesseiros ambos, e se praticamos alguma boa ação é porque ela nos renderá algum benefício. "Não te arrependas de ser generoso; a pratinha rendeu-me uma confidência de d. Plácida, e conseguintemente este capítulo" (MP, LXXIV, 585). Nossa personalidade moral é constituída por uma rocha recoberta por camadas de caráter, que a vida leva, como um enxurro. Essa geologia moral é "provavelmente a do cavalheiro, que me está lendo" (MP, LXXXVII, 595). Se somos tão iguais, ajuda-me a desfazer-me de uma ligação que me incomoda, como incomodaria a ti. "Acabemos de uma vez com esta flor da moita" (MP, XXXIV, 555).

É evidente que nem a reciprocidade é real nem Brás imagina que sua natureza e a do leitor sejam verdadeiramente idênticas.

Não há reciprocidade, porque Brás não trata o leitor como um verdadeiro adulto, apesar das fórmulas irônicas com que ele parece seguir o preceito kantiano de reconhecer no outro a capacidade de pensar e decidir por si mesmo. Na verdade, a atitude é inversa. O leitor é infantilizado, e, se parece às vezes ser livre de fazer o que quiser, é o mesmo tipo de liberdade que o velho Cubas concedia ao menino mimado: o de comer um doce. O leitor é às vezes adulado, mas é a adulação com que o pai brindava o filho insuportável: "Ah! brejeiro! ah! brejeiro!" (MP, XII, 531). Mais freqüentemente, o leitor recebe ordens do narrador, como se faz com uma criança indisciplinada. "Veja o leitor a comparação que melhor lhe quadrar [...] e não esteja daí a torcer-me o nariz, só porque não chegamos à parte narrativa destas memórias" (MP, IV, 516). É a mesma atitude do narrador com a "alma sensível" tão malcriada que chama de cínica uma pessoa mais velha. "Retira, pois, a expressão, alma sensível, castiga os nervos, limpa os óculos" (MP, XXXIV, 555). Não torças o nariz, não digas nomes feios, não faças cenas, limpa os óculos — o narrador não nos deixa outro recurso senão o de ficarmos amuados num canto, chupando o dedo.

A reciprocidade é falsa, também, na aparente simetria estabelecida entre um narrador que se reserva o direito de suprimir um capítulo e um leitor que recebe a liberdade de pular o capítulo que não lhe convém. De fato, não há equivalência, porque, se a liberdade do narrador é original, a do leitor é outorgada. É claro que um leitor de carne e osso não precisa pedir licença para deixar de ler um capítulo ou mesmo um livro inteiro. Mas, enquanto parte integrante do livro, o leitor é uma criatura do autor, é um personagem, como Marcela e Virgília, indispensável ao efeito estético do todo. Há uma decalagem, uma diferença de nível, entre o leitor que mora no Rio e o que mora no livro. É evidente que é desse leitor textual que estamos falando, e neste a liberdade, quando existe, é ilusória, concessão caprichosa de um tirano que no momento seguinte retira essa liberdade, ameaçando com sanções quem quiser utilizá-la. A pena para quem salte um capítulo é não compreender todo o resto. "Podendo acontecer que algum dos meus leitores tenha pulado o capítulo anterior, observo que é preciso lê-lo para entender o que eu disse comigo, logo depois que d. Plácida saiu da sala" (MP, LXXV, 586). Pode acontecer, também, que "se alguma dama tem seguido estas páginas, fecha o livro e não lê as restantes. Para ela extinguiu-se o interesse da minha vida, que era o amor" (MP, CXXXV, 625). A punição, no caso dessa dama frívola, é não compreender o essencial do livro, o poder desse personagem chamado OBLIVION, que afeta diretamente aquela mesma dama. Lendo o resto, pelo contrário, ela será recompensada aprendendo a ter uma atitude de resignação diante de sua inevitável decadência. "Compreende que este turbilhão é assim mesmo, leva as folhas do mato e os farrapos do caminho, [...] e se tiver um pouco de filosofia, não inveja, mas lastima as que lhe tomaram o carro, porque também elas hão de ser apeadas pelo estribeiro OBLIVION" (MP, CXXXV, 625).

Do mesmo modo, Brás cria uma relação de conivência com

o leitor, sabendo perfeitamente que qualquer cumplicidade é impossível. É a igualdade retórica do pregador sacro, cujas orações fúnebres amortalham príncipes e súditos numa idêntica mortalidade. Não somente essa igualdade dos cemitérios não elimina as desigualdades reais, como ela nem sequer é verdadeira para Brás Cubas, porque para ele a morte, em vez de humilhá-lo com a consciência de uma corruptibilidade física partilhada por todos, elevou-o à soberania, criando uma diferença de natureza entre ele e os outros. Era o Brás vivo que podia partilhar com o leitor interesses e perplexidades. Agora, na morte, em sua verdadeira vida, a do narrador, a barreira é intransponível. Esse Brás imortal porque morto pode ser tão afável com seus inferiores como um rei-cidadão, mas atrás da bonomia existe a arrogância: "Senhores vivos, não há nada tão incomensurável como o desdém dos finados!" (MP, XXIV, 546).

Quando decide despir seus disfarces, Brás tem uma truculência que não recua diante da agressão física. Ele pode castigar o leitor com um simples piparote — "se [a obra] não te agradar, pago-te com um piparote" (MP, 513) — ou ameaçá-lo de morte, com um humorismo de carroceiro que não esconde a intenção homicida. "Eu cínico, alma sensível? [...] Esta injúria merecia ser lavada com sangue" (MP, XXXIV, 555). Brás se permite todos os insultos. Desenvolve uma teoria sobre a importância da ponta do nariz para o equilíbrio cósmico, e como o leitor se atreve a fazer uma objeção, ele o pulveriza: "Leitor obtuso, isso prova que nunca entraste no cérebro de um chapeleiro" (MP, XLIX, 565). Explica sua teoria sobre a equivalência das janelas, e de novo o leitor não entende, porque tem uma paupérrima capacidade de abstração. "Talvez não entendas o que aí fica; talvez queiras uma cousa mais concreta, um embrulho, por exemplo, um embrulho misterioso. Pois toma lá o embrulho misterioso" (MP, LI, 567). Mas o leitor não é somente burro, é também desatento. "Se esse mundo não fosse uma região de espíritos desatentos, era escusado lembrar ao leitor que eu só afirmo certas leis, quando as possuo deveras" (MP, C, 604). E não é só burro e desatento, é também ignorante. "Leitor ignaro, se não guardas as cartas da juventude, não conhecerás um dia a filosofia das folhas velhas" (MP, CXVI, 614). Com leitores tão incompetentes, como se pode querer que o livro seja bom? Eles não percebem que a grandeza da obra está no método escolhido pelo autor e ficam exigindo uma narrativa fluente, prejudicando com isso a integridade estética das *Memórias*. "Creio que [o leitor] prefere a anedota à reflexão, como os outros leitores, seus confrades" (MP, IV, 516). Por isso, Brás lava as mãos, transferindo ao leitor a responsabilidade pelas deficiências da obra: "O maior defeito deste livro és tu, leitor" (MP, LXXI, 583).

3. Digressividade e fragmentação

Trata-se de uma obra difusa.

Este livro e o meu estilo são como os ébrios, guinam à direita e à esquerda, andam e param.

Machado de Assis

Onde as características de capricho e volubilidade da subjetividade shandiana se manifestam mais claramente é no método da digressão: sujeitos absolutos, os autores shandianos desdenham submeter-se aos imperativos da linha reta e preferem quebrar a linearidade da narrativa com ziguezagues sobre os quais não prestam contas a ninguém.

Sterne não inventou o método digressivo, porque há muitas digressões em Swift, que em *Tale of the Tub* fez uma coisa absolutamente shandiana, uma digressão sobre a digressão.[1] Mas ninguém como Sterne usou essa técnica com uma veia cômica tão refinada.

O modo mais óbvio de estudar as digressões em *Tristram*

Shandy seria isolar a narrativa principal — a vida e as opiniões do narrador — e decidir que o resto seria digressão. O problema com esse procedimento é que a narrativa principal é extremamente lacônica. Terminamos o livro sem saber quase nada sobre o herói, exceto, como vimos, alguns episódios de sua vida prénatal, do seu nascimento e do seu batismo; sua circuncisão acidental, por culpa de uma janela-guilhotina; a decisão do pai, para deixar claro que a virilidade do menino não fora afetada, de fazê-lo usar calças antes do tempo; um único episódio de adolescência, a *grand tour* no Continente, em companhia do pai, do tio Toby e de dois criados; e dois episódios de maturidade, uma nova viagem à França, sozinho, por razões de saúde, e o episódio responsável pelo livro, o projeto do homem de meia-idade de escrever sua autobiografia. Ficamos também sabendo que ele tinha uma obscura amiga chamada Jenny, e um não menos obscuro amigo chamado Eugenius. Quanto às suas opiniões, ocupam um modesto segundo lugar no livro, comparadas com as opiniões do seu pai, Walter. Tudo isso cabe em algumas poucas linhas, e como a edição Penguin comporta mais de seiscentas páginas, força é convir que a matéria digressiva é mais copiosa que a matéria narrativa.

Encontramos vários tipos de digressão, conforme a natureza do material intercalado.

Há digressões compostas de materiais já prontos, externos ao texto, e nele incorporados em bloco, sem alterações significativas. Podemos chamá-las de digressões "extratextuais." É o caso do parecer de três doutores em teologia da Sorbonne, em francês antigo, sobre se seria ou não lícito batizar fazendo uso de uma injeção — *une petite canule* — uma criança ainda não nascida (TS, I, 20, 84-6). Em outro momento, Trim é convidado a ler em voz alta um sermão que tinha caído das páginas de um livro. É o texto integral de um sermão que o próprio Sterne havia pronunciado pouco antes na catedral de York, em sua qualidade de pastor anglicano, e que tinha sido publicado em 1750. No livro, a autoria é atribuída a Yorick, *alter ego* do autor (TS, II, 17, 139 ss.). É típico de Sterne que depois do fabuloso sucesso de *Tristram Shandy* ele tenha aproveitado a celebridade adquirida por seu personagem para publicar, em 1760, uma coletânea de sermões, inatacáveis em sua ortodoxia, mas com o título provocador de *The Sermons of Mr. Yorick*. Outro exemplo de digressão extratextual é o texto latino de uma excomunhão redigida no século XI pelo bispo Ernulphus: "*Maledectus sit vivendo, moriendo* [...] *maledectus sit in capellis, maledectus sit in cerebro*" (TS, III, 10, 184 ss.), excomunhão muito admirada por Tristram, que a considera a mais abrangente e mais bem-feita de todas que ele conhece.

As digressões mais características têm como objeto o próprio livro — comentários sobre sua qualidade estética, seu estilo, sua forma de composição. São as digressões "auto-reflexivas". Sterne desdenha apagar-se atrás do livro para criar uma ilusão de objetividade. Estamos longe do *moi haïssable* e do programa naturalista de transformar o autor numa instância neutra por intermédio da qual a realidade se auto-representa. Ao contrário, Sterne faz questão de dizer que sua obra é uma construção subjetiva, uma bela máquina cujas engrenagens ele se orgulha de mostrar ao leitor.

Dentre as digressões auto-reflexivas, as mais típicas são as digressões sobre as digressões. Desde as primeiras páginas do livro, Tristram pede a indulgência do leitor. "Se de vez em quando te parecer que estou vadiando pelo caminho, não te zangues" (TS, I, 6, 41). Pois como pode alguém dotado de um mínimo de imaginação continuar sua viagem em linha reta, em vez de seguir todos os desvios possíveis? Como cavalgar de Roma a Loretto, por exemplo, sem inserir histórias, decifrar inscrições, convocar personagens? Em cada etapa da jornada, "há arquivos [...] a serem examinados, e rolos, e registros, e documentos e intermináveis genealogias. [...] Em suma, é um nunca acabar (TS, I, 14, 65). As digressões com que ele costuma justificar seu hábito de fazer digressões são às vezes expressas em frases tão cheias de digressões que ele se confunde, e não sabe como terminar seu pensamento. "E agora, como você está vendo, eu me perdi" (TS, VI, 33, 444). Desesperando de se explicar pela linguagem, ele recorre a diagramas e figuras geométricas, cada uma mais complicada que a outra. Ele promete que doravante evitará a digressão, mas logo em seguida decide que "uma boa quantidade de matéria heterogênea pode ser incluída para manter um justo equilíbrio entre a sabedoria e a insensatez, sem o qual nenhum livro poderia sustentar-se por um só ano. E já que uma digressão é necessária, deveria ser uma digressão 'alegre, sobre um assunto também alegre'" (TS, IX, 12, 585). Mas Tristram decide só inserir sua digressão três capítulos adiante, e aproveita os capítulos intermediários para prepará-la, o que faz escrevendo novas digressões, inclusive uma sobre seu hábito de barbear-se quando se sente particularmente estúpido. Mas ai, "que estranha criatura é o homem mortal!". Chegando ao capítulo em que tinha planejado fazer sua digressão alegre, observa com tristeza que já a fizera (TS, IX, 15, 589).

A digressão canônica em que Tristram explica seu método digressivo é uma passagem em que diz que, assim como a Terra tem um movimento de rotação e translação, sua obra tem um movimento de progressão e digressão.

> As digressões, incontestavelmente, são a luz do sol, a vida, a alma da leitura. Tira-as deste livro, por exemplo, e podes levar também o livro junto com elas. [...] Por isso, desde o começo deste trabalho, como vês, construí a obra principal e suas partes adventícias por meio de interseções, e compliquei de tal modo os movimen-

tos digressivos e progressivos, uma roda dentro da outra, que a máquina inteira, em geral, continuou a mover-se. (TS, I, 22, 73-4)

Em grande parte o material digressivo é composto de opiniões, como seria de esperar a partir do título. São as opiniões do narrador, mas também as do seu pai Walter e as do seu tio Toby. Chamemos de "opinativas" essas digressões. Elas abrangem, como vimos, uma variedade surpreendente de assuntos, pois a família Shandy tem opiniões sobre tudo e disserta sobre tudo, sem nenhum compromisso com as fontes e a exatidão documental. É nessas digressões, em que as opiniões se revezam sem nenhuma preocupação com a coerência, que se patenteia o caráter "volúvel" da subjetividade shandiana.

Outro tipo de digressão é constituído pelas histórias paralelas. São as digressões "narrativas". Essas histórias são exuberantes, contrastando com a pobreza da história principal. Há relatos isolados, como um conto atribuído ao erudito Slawkenbergius, parcialmente escrito em latim e destinado a ilustrar a importância dos narizes (?) grandes, uma das manias do pai do herói, ou uma historieta sobre os bigodes, cheia de subentendidos obscenos, passada na corte da rainha de Navarra, ou a anedota de uma abadessa que viaja num coche e que, confrontada com a necessidade de dizer um palavrão, indispensável para que as mulas empacadas prossigam seu caminho, combina com uma noviça, sua companheira de viagem, que cada uma delas pronunciará uma sílaba do termo proibido, dividindo assim pelo meio a gravidade do pecado.

Mas, além dessas histórias isoladas, podemos distinguir dois ciclos narrativos, um sobre a vida do tio Toby e outro sobre as histórias contadas por Trim, o criado do tio Toby.

O ciclo de Toby contém três episódios. Em primeiro lugar, a história de sua vida, desde o momento em que foi ferido nos Países Baixos até sua decisão de reproduzir com modelos em miniatura todos os episódios da guerra. Segundo, há a narrativa de Le Fever, oficial que adoece quando tentava juntar-se a seu regimento, e que fica até a morte sob os cuidados de Toby. Terceiro, o episódio mais famoso do livro, Toby faz a corte à viúva Wadman, o que tem um final abrupto quando a esta escandaliza Toby com sua suspeita de que a ferida na virilha do tio de Tristram pudesse ter afetado órgãos mais delicados.

O ciclo de Trim inclui a história de sua relação com uma freira, que trata dele quando é ferido e faz-lhe massagens no joelho e mesmo acima do joelho. Inclui também a história do irmão de Trim, encarcerado pela Inquisição de Lisboa depois de casar-se com a viúva de um judeu fabricante de salsichas. E inclui até um conto que nunca foi contado, a história do rei da Boêmia e seus sete castelos, que Trim tenta narrar, em vão, repetidas vezes.

Podemos agora entender a complexidade diabólica do procedimento de composição de Sterne. A narrativa principal é cortada em segmentos por cada uma dessas digressões. Por sua vez, as digressões são cortadas pela narrativa principal e por outras digressões. Cada corte gera dois fragmentos, e como os cortes são múltiplos, o processo de segmentação é virtualmente ilimitado.

Podemos ilustrar esse padrão selecionando ao acaso qualquer passagem mais ou menos extensa, como a seqüência que se estende do capítulo 19 do volume I ao capítulo 6 do volume II. Formalizando um pouco, chamemos de N1 a narrativa principal. O resto é digressão. As digressões extratextuais serão chamadas E, as digressões auto-reflexivas A, as digressões opinativas O, e as digressões narrativas N2, N3, N4, e assim por diante.

A seqüência começa no momento que precede imediatamente o nascimento de Tristram, e que expõe uma das excentricidades de Walter, a convicção de que o prenome influencia o destino das pessoas. O episódio é parte da narrativa principal N1.

Ele se transforma no fragmento N1-a quando a discussão sobre o nome, que Walter está mantendo com o irmão Toby, é interrompida por uma digressão extratextual E, o parecer, já mencionado, dos teólogos da Sorbonne. A narrativa principal continua em N1-b. Os dois irmãos ouvem um barulho no quarto da mãe, Walter pergunta que barulho era aquele, e Toby começa a dar sua opinião: "Eu penso...". Entre a oração principal e a subordinada inserem-se várias digressões. Vem uma digressão narrativa, N2, o início da história do tio Toby, contando o ferimento recebido em Namour. Esse episódio se converte no fragmento N2-a com o advento da digressão auto-reflexiva A, aquela em que Tristram expõe seu método progressivo-digressivo. Vem uma digressão O1 em que Tristram diz que o caráter das pessoas pode ser deduzido de sua paixão predominante, seu *hobby-horse*. Surge um novo episódio da história do tio Toby, N2-b, explicando como ele começou a adquirir seu *hobby-horse* de acompanhar por fortificações de brinquedo as vicissitudes da guerra nos Países Baixos. Aparece uma nova digressão opinativa, O2, sobre a teoria de Locke relativa à aquisição das idéias por intermédio dos sentidos. Depois vem em N1-c a continuação da narrativa principal, que nos traz de volta à casa dos Shandy, no momento em que o pai indagava as razões do barulho. Esse segmento contém o fim da frase de tio Toby, que começara com "Eu penso...", dez capítulos antes. O que o tio Toby pensava era que se devia tocar a campainha para que os criados chamassem o médico obstetra. Em suma, a narrativa principal é cortada por digressões extratextuais, auto-reflexivas, opinativas e narrativas, e a digressão narrativa sobre o tio Toby, que cortara a narrativa principal, é por sua vez cortada por esta (TS, I, 19-25, 77-101; TS, II, 1-6, 104-20).

O efeito de todos esses cortes é produzir um grande número de fragmentos. Esquematicamente, teríamos: N1-a / E / N1-b / N2-a / A / O1 / N2-b / O2 / N1-c. Cada digressão é um fragmento que gera outros fragmentos, no momento em que fraciona seja a narrativa principal, seja outra digressão. *Tristram Shandy* é a montagem supremamente bem-sucedida de todos esses fragmentos.

O mesmo acontece com *Jacques o fatalista*, de Diderot. Podemos distinguir no livro, com efeito, uma narrativa principal e grande número de digressões que a cortam e se cortam entre si.

Como em *Tristram Shandy*, a narrativa principal é insignificante. Jacques e seu patrão viajam a cavalo pela França, vindos não se sabe de onde e indo para um local não especificado. Para entreter-se, contam histórias um para o outro, e Jacques filosofa — ele é partidário do "fatalismo", acreditando que tudo que nos acontece já foi predeterminado pelo destino, o que não o impede de agir como se fosse livre. Encontram um cirurgião com uma moça na garupa, que cai numa posição indecorosa. Passam a noite num albergue miserável, onde depararam com tipos de má catadura, que Jacques tranca num quarto. Na noite seguinte, pousam na casa de um magistrado amigo do patrão, onde este esquece seu relógio, e Jacques, a bolsa. Jacques vai recuperar os objetos perdidos, encontrando nas mãos de um mascate o relógio, que ele toma pela força, sendo perseguido como ladrão. Levado à presença do magistrado, Jacques esclarece tudo e volta com o relógio e a bolsa. Encontra o patrão adormecido e descobre que o cavalo deste tinha sido roubado. O patrão compra outro cavalo, Jacques o monta e cede o seu ao patrão. O novo cavalo de Jacques tem o mau hábito de disparar, afastando-se da estrada principal, em direção a um morro com forcas patibulares cravadas no chão. Aparece um cortejo fúnebre, com as armas de um capitão, ex-patrão de Jacques, espetáculo triste que aflige o bom servidor. Mas logo volta o carro fúnebre, escoltado pela polícia, o que faz supor que a morte do capitão talvez tenha sido fictícia e que a carruagem estivesse sendo usada para fins ilegais. Jacques é arrastado por seu estranho cavalo, dessa vez em direção a uma cidade próxima, onde ele bate a cabeça na soleira da porta, caindo desacordado. O patrão vai à procura do criado e descobre que ele tinha sido tratado com grande solicitude pelo dono da casa, que não era outro que o carrasco local, explicando-se assim a preferência do animal pelas forcas. Adquirem outro cavalo, prosseguem a viagem e entram num albergue, com uma simpática estalajadeira que entretém os dois viajantes com uma das histórias mais importantes do livro, a vingança de Madame de la Pommeraye contra seu amante inconstante. Patrão e criado brigam e se reconciliam. A viagem continua. A caminho, encontram um camponês com o primeiro cavalo do patrão, que tinha sido roubado e que eles recuperam. Passam quinze dias numa cidade em que o patrão tinha negócios a tratar. Reiniciam a viagem e chegam em outra cidade, onde o patrão ia visitar a criança que passava por ser seu filho e que na verdade era filho de um aventureiro. O patrão encontra esse personagem e o mata em duelo, fugindo em seguida. Jacques é preso e depois de alguns meses é libertado por um grupo de bandidos, unindo-se à quadrilha. No final, o bando assalta um castelo, onde estava o patrão de Jacques. Graças à intercessão de Jacques, o castelo e seus habitantes são poupados. Jacques volta a conviver com o patrão, casa-se com sua antiga namorada e vive feliz para sempre, apesar de suspeitar que o patrão dorme com sua mulher. Filosoficamente, ele sabe que se o destino quisesse que ele fosse enganado, ele o seria, e se tivesse decidido o contrário, não o seria.

Assim termina a história do criado fatalista e do seu patrão. É uma história tão banal quanto a de Sterne, banalidade insolente cuja única função parece ser ilustrar a máxima de Tristram: tirem-se as digressões e não sobra nada. Como em Sterne, elas são "a luz do sol, a alma e a vida do livro".

Aparecem os quatro tipos de digressão shandiana.

O melhor exemplo de digressão extratextual é a oração fúnebre que o patrão tira do bolso e lê a seu criado, supostamente para consolá-lo pela perda do capitão. Como gênero, é uma *consolatio*, um exercício retórico cheio de lugares-comuns, que Jacques considera sumamente ridículos. O patrão explica que tinha sido essa a sua intenção: despertando a indignação de Jacques, ele o distraíra de sua dor (JF, 513-4). Mas, na estética da obra, essa oração fúnebre cumpre um papel estrutural: é um artifício shandiano típico, absolutamente equivalente ao sermão de Yorick, lido por Trim nos momentos que precederam o nascimento de Tristram.

Não faltam, tampouco, as digressões auto-reflexivas. Não há traços de digressões sobre as digressões, como em Sterne. O narrador multiplica ao infinito as digressões, mas não defende expressamente o método digressivo. Em compensação, são inúmeras as reflexões sobre o livro em si. A que gênero pertenceria ele? Seria um conto? Não, é uma história, por mais censuráveis que sejam alguns episódios, e nesse sentido tem um estatuto comparável ao das histórias contadas por Suetônio quando descreve a devassidão de Tibério (JF, 655). Seria um romance? Não, porque os romances contêm em geral episódios inverossímeis, enquanto em seu livro ele nunca se afasta conscientemente da verdade. Se quisesse, ele poderia inventar que um bando de camponeses armados com foice se puseram a perseguir os dois viajantes, ou que o capitão, ex-patrão de Jacques, não estava inteiramente morto, mas abstém-se de dizer essas coisas sensacionalistas. Só dependeria dele, *il ne tiendrait qu'à lui*, fabricar tais ficções. "É bem evidente que não faço um romance, pois negligencio o que um bom romancista não deixaria de usar" (JF, 484-5). Mais adiante, ele escreve: "Desdenho todos esses recursos; vejo apenas que com um pouco de imaginação e de estilo nada é mais fácil que construir um romance" (JF, 670). Seria, então, um relato verdadeiro? Não inteiramente: algumas cenas são verdadeiras, mas outras são imaginárias, e muitas pessoas são designadas por nomes de empréstimo (JF, 655-6). Em todo caso, o livro nunca perde a verdade de vista: "Quem tomasse o que escrevo pela verdade, estaria talvez menos equivocado que aquele que o tomasse por uma fábula" (JF, 484-5). Mas qual é o gênero que visando à verdade se permite introduzir cenas imaginárias e personagens com nomes supostos? Podemos encontrar uma resposta na passagem em que Diderot diz que sua obra era a "mais importante que tenha aparecido desde o *Pantagruel*, do mestre Rabelais, e a vida e aventuras do compadre Mathieu" (JF, 708). É uma digressão auto-reflexiva típica da tradição shandiana, em que o livro é objeto de elogios irônicos feitos por seu próprio autor. Mas é também uma passagem muito elucidativa, porque dá uma pista para a forma pela qual Diderot encarava seu livro: não era nem um romance nem um relato verdadeiro, mas uma narrativa satírica, como tal misturando ingredientes verdadeiros e ficcionais, do mesmo gênero que as obras de Rabelais, *Gargantua* e *Pantagruel*, e a do cônego Henri-Joseph Dulaurens, autor de *O compadre Mathieu*, narrativa picaresca, publicada entre 1766 e 1773, que valeu a seu autor um mês de prisão na Bastilha.

    É nas digressões opinativas que o narrador manifesta mais soberanamente a sua presença. É uma presença mais impertinente que em *Tristram Shandy*, porque neste quem intervém é um autor ficcional, personagem de si mesmo, que como tal está autorizado a aparecer na história, ao passo que em *Jacques o fatalista* quem intervém é o próprio Diderot, em seu papel de autor shandiano, que literalmente se intromete numa história que não lhe diz respeito. Nos dois casos o leitor é interpelado, mas no primeiro o interpelante é interno ao texto, e no outro se situa numa posição ambivalente de exterioridade (porque é ele que produz o texto) e interioridade (porque se infiltra no texto produzido). Já vimos, no capítulo anterior, alguns exemplos de digressões opinativas, mas aqui quero concentrar-me naquelas que têm mais a ver com o Diderot real, narrador shandiano mas também personalidade extratextual, filósofo iluminista e enciclopedista. Assim, ele ridiculariza os costumes feudais, que atribuíam importância excessiva à honra militar, como o costume do duelo, e faz reflexões relativistas sobre o caráter historicamente situado de todos os valores. "Cada virtude e cada vício", diz ele, "se mostra e passa de moda" (JF, 529). Comenta as narrativas dos seus personagens, como a de Madame de la Pommeraye, feita pela estalajadeira, em que a protagonista é mostrada como um monstro de cálculo e de frieza, montando um plano diabólico com o único objetivo de vingar-se de seu amante. Diderot toma com veemência a defesa de Madame de la Pommeraye e, por meio dela, de todas as mulheres. É uma passagem exemplarmente feminista, em que Diderot afirma que o comportamento indigno tinha sido o do amante infiel (JF, 605-7). Em outra digressão ele defende o povo da acusação de crueldade feita pelos que censuram o interesse deste pelo espetáculo das execuções públicas. "O povo é terrível em sua cólera", escreve Diderot, "mas ela não dura. Sua miséria própria o tornou compassivo. Desvia os olhos do espetáculo de horror que foi procurar; ele se enternece, e regressa chorando" (JF, 620). Em outra passagem, ele critica o puritanismo dos que condenam a sexualidade e faz um verdadeiro *plaidoyer* pela inocência dos sentidos e pelo direito do autor de introduzir em seus livros cenas de erotismo e de chamar por seu verdadeiro nome as ações correspondentes. Num trecho que antecipa Baudelaire ("*hypocrites lecteurs...*"), Diderot exclama: "Leitor, para falar-te com franqueza, acho que não sou eu o pior de nós dois. [...] Miseráveis hipócritas, deixai-me em paz. [...] Permiti-me que use a palavra f.... [...] Vis hipócritas, deixai-me em paz. [...] Que mal vos fez o ato genital, tão natural, tão necessário e tão justo, para que o signo que o representa seja excluído de vossas conversas?" (JF, 656). "A palavra *futuo* não é menos familiar que a palavra *pão*; nenhuma época a ignora, todos os idiomas a conhecem" (JF, 656).

São as digressões narrativas que dão a *Jacques o fatalista* seu colorido particular. Elas são mais decisivas para a economia do texto que em *Tristram Shandy*. Há narrativas paralelas contadas pelo próprio Diderot, na qualidade de autor shandiano, pelos dois personagens centrais da narrativa principal, por personagens secundários dessa narrativa e por personagens das narrativas paralelas.

Enquanto autor de *Jacques*, Diderot é fértil em historietas. Começa narrando a de um poetastro que ele aconselhara a fazer sua fortuna em Pondichéry, já que não teria chance de ganhar a vida com seus versos. Anos depois, o poeta volta, com versos igualmente péssimos, mas agora com sua fortuna feita (JF, 504). Em seguida, Diderot delicia-se introduzindo em cena um personagem excêntrico, Gousse, original, que só tinha uma camisa, o que ele justificava dizendo que tinha um só corpo. Esse Gousse vende tudo o que tem para facilitar a fuga de dois namorados, acompanha-os até a fronteira e volta a Paris mendigando. E no entanto esse admirável amigo tinha tanta moral quanto um bagre. Falsificou um cheque que lhe dera Diderot, acrescentando um zero à quantia. Por quê? Porque precisava de dinheiro. Em outra ocasião, presenteia Diderot com belíssimos livros, até que um dia cessa os seus presentes. Por quê? Porque o doutor da Sorbonne de quem ele os roubava tinha morrido. Mas isso não é desonesto? Não importa. Ele se limitara a exercer certa justiça distributiva, "transferindo os livros de um lugar em que eles eram inúteis, para outro em que eles teriam um bom uso" (JF, 528).

Mas o grande contador de histórias é Jacques. O livro inteiro é atravessado pela narrativa dos seus amores, sempre interrompidos pelas peripécias de viagem e pelas reflexões do patrão e de outros personagens. Em resumo, Jacques é ferido no joelho durante a batalha de Fontenoy e é recolhido por um casal de camponeses. Seu joelho é operado e ele combina com o cirurgião que este o receberá em casa mediante remuneração. Já quase curado, Jacques vai passear na aldeia vizinha, e no caminho de volta à casa do cirurgião encontra uma mulher se lamentando porque quebrara um jarro com azeite, o que lhe causara grande prejuízo. Jacques dá-lhe o pouco dinheiro que possuía e com isso estimula a cobiça de ladrões, que, crendo-o rico, assaltam-no, espancando-o. No dia seguinte, Jacques é buscado por uma carruagem do castelo em que trabalhava a mulher. O proprietário do castelo, Desglands, ficara encantado com o relato da boa ação de Jacques. Este passa a viver no castelo, e a mulher autoriza sua filha, Denise, a freqüentar o quarto do seu benfeitor para tratar do seu ferimento. Jacques quer seduzir Denise, depois decide casar-se com a moça, e no intervalo ocorre o famoso episódio em que Denise massageia Jacques. Por motivos não esclarecidos, o casamento não se realiza. Jacques abandona o castelo, vai ser empregado doméstico durante vários anos, inclusive servindo o capitão cujo cortejo fúnebre ele assistira, até chegar a seu amo atual. O fim do livro coincide com o fim da história dos amores de Jacques, que tem um desfecho feliz, pois Jacques acaba reencontrando Denise. Como se vê, é uma variação parodística do tema dos amores de Trim, em *Tristram Shandy*.

Além da história dos seus amores com Denise, Jacques narra várias outras. Uma delas é a da estranha relação entre seu capitão e um oficial do mesmo regimento. Os dois eram amigos íntimos e inimigos inseparáveis. Não cessavam de bater-se em duelo e no momento seguinte caíam nos braços um do outro, protestando amizade eterna (JF, 522 ss.). Outra história é a do irmão de Jacques, monge carmelita que parte exilado para Lisboa (exatamente como o irmão de Trim, em *Tristram Shandy*) em companhia de outro monge, Jean, vítimas ambos da inveja e das maquinações dos seus companheiros de mosteiro (JF, 506 ss.). Em seguida, Jacques relata um episódio de infância, passada na casa do seu avô, que detestava tagarelices, e obrigava o menino a usar uma mordaça, o que explica que uma vez adulto Jacques fosse tão falador (JF, 568). Vem depois uma continuação das aventuras do amigo do seu capitão, um duelista compulsivo. Certa vez, jogando com outro oficial, ele suspeita que este tinha falsificado os dados, e prega na mesa, com um punhal, a mão do suspeito. Mas os dados estavam certos, e os dois se batem em duelo duas, três, dez vezes, cada encontro sendo precedido, como no caso anterior, por abraços e outras demonstrações efusivas de amizade (JF, 570). Enfim, Jacques conta várias histórias sobre sua vida sexual, a pedido do patrão, que se diverte muito com esse gênero de narrativa. Ele conta, em primeiro lugar, como perdera a virgindade com a namorada do seu amigo Bigre. Ele procura a moça no quarto em que Bigre a deixara, tenta consolá-la da situação difícil em que ela estava, e "tudo correu muito bem, e depois muito bem, e mais uma vez muito bem" (JF, 642). Em outra historieta da mesma série, Jacques conta que numa festa campestre, já rapaz, procurara criar a impressão de que nada sabia sobre a vida e o amor, o que estimulou duas boas samaritanas, Suzon e Marguerite, a ajudá-lo nessa situação penosa (JF, 647). Enfim, Jacques encerra esse ciclo de confidências com uma cena em que está fazendo amor com Suzon e o casal é surpreendido por um padre corcunda, cujas moralizações se convertem em insultos quando Jacques o pendura num forcado (JF, 653).

O patrão é outro grande contador de histórias, como a do emplastro de Desglands, o castelão que tinha acolhido Jacques, e que estranhamente o patrão também conhecia. Desglands se apaixona por uma viúva de excelente coração, mas de temperamento libertino. Enciumado quando aparece em cena um rival, surge um dia com um emplastro no rosto, uma grande rodela de pano preto. Bate-se em duelo com o rival, fere-o, e reduz o tamanho do seu emplastro, cortando-o com a tesoura. Bate-se mais uma vez, com o mesmo resultado, e de novo diminui a rodela. Os duelos se sucedem, o emplastro fica cada vez menor, até que o rival morre, e nesse momento o emplastro é retirado de todo (JF, 685 ss.). Mas a grande contribuição do patrão às digressões narrativas é a história dos seus amores, simétrica à dos amores de Jacques. Em sua juventude, ele tinha conhecido um aventureiro, o cavaleiro de St. Ouin, que primeiro o arruína, levando o rapaz a envolver-se com usurários, e depois o compromete, na esperança de forçar seu casamento com a própria amante, Agathe, que o cavaleiro tinha engravidado. O rapaz escapa do casamento, mas é obrigado pela justiça a assumir a paternidade do filho de St. Ouin, com os encargos financeiros correspondentes (JF, 659 ss.).

Além dos dois personagens principais, outros, secundários, têm seu próprio repertório de narrativas. É o caso de uma estalajadeira, que conta a história da vingança de Madame de la Pommeraye. Essa dama tinha iniciado uma relação com o marquês de Arcis, que ela amava profundamente, até que percebe que a paixão do seu amante estava cedendo lugar à saciedade. Tomando a dianteira de uma ruptura que ela sabe inevitável, Madame de la Pommeraye propõe ao marquês que os dois levem sua própria vida, continuando amigos. Encantado, o marquês aceita a proposta. Mas a amante humilhada prepara a revanche. Contrata duas mulheres de reputação duvidosa, mãe e filha, para assumirem o papel de damas virtuosas e devotas, organiza um encontro "acidental" do marquês com as duas impostoras, e ele cai na armadilha, apaixonando-se pela moça, Mlle d'Aisnon. A marquesa faz tudo para espicaçar o interesse do rapaz pela jovem, mas multiplica as dificuldades, alegando que a moça era demasiadamente casta para prestar-se a manobras pouco honrosas. No fim, o marquês, desesperado, não vê outro recurso senão casar-se com a jovem cortesã. No dia seguinte, Madame de la Pomeraye consuma sua vingança, revelando a verdade a des Arcis. Mas o desfecho não é o que tinha sido previsto por sua ex-amante. Ele acaba se reconciliando com sua mulher e os dois vivem felizes para sempre (JF, 561 ss.).

Não contente com todas essas complicações, Diderot cria novas digressões, fazendo com que os personagens de uma narrativa contem suas próprias narrativas.

É o caso de Gousse, o homem que só tinha uma camisa porque só tinha um corpo. Diderot, que declara ter conhecido pessoalmente esse original, afirma ter escutado dele uma história tão original quanto a do próprio Gousse. Nosso homem tinha se apaixonado por uma criada e planejava viver com ela, mas queria remover para sua nova residência todos os móveis que ele e sua mulher legítima possuíam. Para isso, emitiu notas promissórias a favor da moça. No dia do vencimento, as promissórias não foram pagas. A idéia era que a moça o processasse, exigindo a apreensão dos seus bens, e com isso eles seriam transferidos para o alojamento onde ele pretendia instalar-se com a amante. Mas o plano fracassou quando sua cúmplice, em vez de pedir a apreensão dos móveis, exigiu a prisão de Gousse. Na prisão, Gousse resume esse episódio para Diderot: "Fiz um processo contra mim mesmo; ganhei-o, e em conseqüência da sentença que obtive contra mim e do decreto que se seguiu, fui preso e conduzido a este lugar" (JF, 544). Gousse conta a seguir uma nova história, a do intendente de uma casa nobre, apaixonado pela mulher de um pasteleiro, e que para se desembaraçar do marido obtém contra ele uma ordem de prisão. Mas o policial encarregado de executar a ordem é amigo do marido enganado, e em vez de prender o pasteleiro, monta com este uma armadilha que desmascara a perfídia do intendente e da mulher infiel, com o resultado de que é o amante que é preso, e não o marido (JF, 549 ss.).

E há o caso do nosso conhecido, o marquês des Arcis, ex-amante de Madame de la Pommeraye. Por coincidência, ele tinha se hospedado no mesmo albergue em que pernoitaram Jacques e seu amo e onde eles ouviram o relato das desventuras do marquês. Partindo do albergue, des Arcis conta a Jacques e seu amo a história do padre Hudson, administrador enérgico que tinha restaurado a disciplina em seu convento, mas que se permitia ele próprio todo tipo de aventuras clandestinas. O superior da ordem decide desmascarar Hudson, enviando dois agentes para investigar os costumes do reverendo. Mas este, farejando as intenções dos enviados, enreda-os numa situação comprometedora, fazendo com que sejam surpreendidos pela polícia na casa de uma jovem sumariamente vestida. Os dois monges são presos, e Hudson, agora livre de qualquer perseguição, intercede cristãmente junto às autoridades para que eles fossem libertados (JF, 623 s.).

O inventário dessas digressões narrativas está longe de ser exaustivo. Há ainda narrativas que não chegaram a ser contadas, como a da estalajadeira, cuja linguagem revela uma origem social mais elevada. É uma narrativa virtual, apenas insinuada, semelhante à do rei da Boêmia e dos sete castelos, em *Tristram Shandy*, história que só existe no título. E há falsas narrativas, como uma história mentirosa inventada por Jacques sobre o filho mimado de Desglands, apenas para se vingar do patrão, que em vez de contar diretamente o episódio do emplastro de Desglands, tinha entediado Jacques com um retrato psicológico da viúva devassa.

Mas não são as digressões do narrador e as diferentes narrativas que caracterizam como shandiana a obra de Diderot, pois elas existem na novela picaresca e em romancistas ingleses anteriores a Sterne, e sim as interseções estabelecidas entre elas e a narrativa principal. Esta, como em *Tristram Shandy*, é sistematicamente cortada pelas digressões, e estas, pela narrativa principal.

Ilustrarei esses cruzamentos com um dos episódios mais conhecidos do livro, em que aparece a história da marquesa de la Pommeraye.

Tudo começa na narrativa principal N1, quando o patrão e Jacques entram numa estalagem e encontram a estalajadeira dizendo impropérios para dois homens. Jacques se aproxima e ouve a mulher queixar-se de que os homens tinham maltratado uma certa Nicole. Essa cena é cortada por uma digressão narrativa, transformando-se no segmento N1-a. Essa digressão é um novo episódio da narrativa paralela N2, relativa aos amores de Jacques. É a cena em que Jacques, convalescendo na casa de um cirurgião, é buscado por uma carruagem para completar sua recuperação no castelo de Desglands. O episódio é cortado pelo reinício da narrativa principal, transformando-se no segmento N2-b. Estamos de volta na hospedaria, somos informados de que a misteriosa Nicole era uma cadelinha, e a estalajadeira nos promete que contaria no dia seguinte a história de um dos dois homens com quem tinha se desentendido. É o episódio N1-b da narrativa principal, que por sua vez é cortado por uma digressão narrativa N3, a história de um intendente de casa nobre, apaixonado pela mulher de um pasteleiro. Com o fim de N3, reaparece a narrativa principal no episódio N1-c, em que os dois viajantes acordam tarde e verificam que o mau tempo não lhes permite retomar a viagem naquele dia. Volta, em N2-c, a história dos amores de Jacques, numa cena em que a mulher do cirurgião pede que Jacques use sua influência para que o marido seja nomeado médico do castelo. Reaparece em N1-d a narrativa principal, numa passagem em que a estalajadeira entra com sua cadelinha estropiada, e em que o marido recusa com dureza um favor que lhe é pedido por seu compadre. O compadre, ofendido, quer ir embora, dizendo que não aceitaria mais favores de um homem tão insensível. O estalajadeiro, aflito, arrepende-se, quer atender o pedido, mas o compadre, inflexível, mantém sua recusa, e o estalajadeiro se desculpa dizendo ser esse o seu gênio: não podia nem fazer um benefício nem recusá-lo. Jacques começa a manifestar os primeiros sinais de ciúme, porque se julga preterido pela estalajadeira em seu papel de narrador. A narrativa principal é de novo cortada por uma digressão, dessa vez uma digressão auto-reflexiva, A1, em que Diderot reconhece, ironicamente, que a cena do estalajadeiro e do compadre se parece com outra, contida numa peça de Goldoni, e oferece sugestões, baseadas no que ouviu de Jacques, sobre certas mudanças que poderiam aperfeiçoar a peça do autor italiano. A narrativa principal recomeça em N1-e com a volta da estalajadeira, sempre com a cadelinha no colo, e com a continuação do conflito entre ela e Jacques. Vem uma nova digressão auto-reflexiva, A2, em que Diderot diz que "só dependeria dele" produzir uma briga séria entre todos os personagens, com Jacques expulsando a estalajadeira e sendo por sua vez expulso pelo patrão. Voltamos à narrativa principal no segmento N1-f, em que a estalajadeira deixa cair Nicole no chão e diz que os cães são amantes mais sinceros que os homens. É então que ela começa a principal narrativa paralela dessa passagem, N4, sobre a vingança de Madame de la Pommeraye. Depois de ter resistido ao assédio de vários homens, ela cede ao marquês des Arcis. Os dois se amam loucamente, mas um belo dia ela percebe que o ardor do seu amante tinha arrefecido. Em vez de fazer uma cena, a marquesa finge que era ela que tinha deixado de amá-lo, e propõe que os dois se devolvam reciprocamente a liberdade, permanecendo amigos. Aliviado, o marquês aceita de imediato a proposta, para mortificação secreta de Madame de la Pommeraye. O episódio se transforma no segmento N4-a, quando é cortado por uma digressão auto-reflexiva A3, em que Diderot pergunta ao leitor se quer que a estalajadeira continue sua história ou se prefere que Jacques continue a dele. Segue-se uma nova digressão auto-reflexiva, A4, com uma passagem célebre, imitada por Musset, sobre a inconstância do coração humano e a fragilidade das juras amorosas. Jacques ilustra de um modo um tanto pornográfico a mesma idéia numa digressão narrativa, N5, que na verdade é um apólogo de moralidade duvidosa: cada facão deve penetrar várias bainhas e cada bainha deve receber vários facões. Segue-se outra narrativa, N6, em que Jacques revela que tinha passado sua infância amordaçado. Vem em seguida uma nova narrativa, N7, sobre o amigo do capitão, que tinha pregado à mesa a mão do seu parceiro de jogo. A narrativa principal ressurge em N1-g, com a estalajadeira entrando no quarto com duas garrafas de champanhe, o que de imediato a reconcilia com Jacques. Ele elogia sua beleza, ela confessa modestamente que em seu tempo fizera várias conquistas amorosas, e diz ter conhecido o capitão de Jacques. O fragmento termina com o reinício, em N4-b, da narrativa de Madame de la Pommeraye. Depois de ter extraído do marquês a confissão de que ele não a amava mais, ela decide vingar-se. Manda chamar duas mulheres, mãe e filha, que apesar de sua boa educação ganhavam a vida numa espelunca de jogatina. A moça tinha sido sustentada por vários amantes, inclusive um abominável abadezinho que odiava os filósofos e os difamava. A dama diz que vai ajudá-las a mudar de vida se prometerem (o que elas fazem) seguir todas as suas instruções, a primeira das quais é se mudarem para um bairro em que ninguém as conhecesse. O episódio termina com a volta, em N1-h, à narrativa principal, em que Jacques, cada vez mais bêbado, faz um brinde aos vários personagens da história, inclusive ao abade que não gostava dos filósofos, mas a estalajadeira não está de acordo: ele era um into-

intolerante, pertencente a uma seita de fanáticos que degolam sem hesitar os que não pensam como eles. Voltamos, em N4-c, à narrativa de Madame de la Pommeraye. Ela diz que as duas mulheres devem daí por diante levar uma vida de absoluta austeridade, de preferência convertendo-se ao jansenismo, comportar-se como devotas, e não perder ocasião de invectivar os filósofos, chamando Voltaire de anticristo. O segmento termina com a volta, em N1-i, à narrativa principal, na qual o patrão de Jacques diz que sua hospedeira pertencia visivelmente a uma condição superior ao estado de simples estalajadeira. É uma nova digressão narrativa que se esboça, mas a insinuação não prospera, e logo a estalajadeira retoma, em N4-d, a história de Madame de la Pommeraye. A dama e o marquês continuam os melhores amigos do mundo, ele multiplicando suas conquistas e sugerindo que ela também fizesse o mesmo, ela dando conselhos e dizendo que prefere viver sozinha. Um dia ela resolve jogar sua cartada, e organiza no jardim do rei um encontro aparentemente acidental entre o marquês e as duas mulheres. Bruscamente, Diderot leva de volta o leitor, em N1-j, à narrativa principal, a pretexto de descrever a localização espacial dos três protagonistas: o patrão à esquerda, a estalajadeira no fundo e Jacques à direita. Findo esse interlúdio cênico, a estalajadeira volta, em N4-e, a contar sua história. O marquês fica encantado com a beleza e a piedade da moça. Visita cada vez mais freqüentemente a marquesa, para poder falar sobre a jovem devota, por quem já está perdidamente apaixonado. A marquesa reforça esse sentimento, elogiando as virtudes e os encantos da jovem. Dizendo fazer isso contra sua vontade, ela promove um novo encontro, convidando as duas mulheres a jantar em sua casa. No meio da refeição, aparece o marquês, lançando as mulheres numa aparente consternação. A moça exibe todos os recursos de sedução de que era capaz, tudo com modéstia e bom gosto. Des Arcis não sabe mais o que fazer para satisfazer sua paixão. Tenta corromper o confessor das duas mulheres para que ele favoreça o seu assédio, o que o padre não deixa de fazer, em manobras que a mãe comunica fielmente a Madame de la Pommeraye. O episódio é interrompido pela narrativa principal, quando o patrão e a hospedeira assumem, em N1-k, uma posição inesperadamente feminista, dizendo que a maldade de Madame de la Pommeraye era mero reflexo da maldade do marquês. Reaparece, em N4-f, a narrativa paralela. Graças ao padre alcoviteiro, o marquês consegue encaminhar uma carta à moça, confessando seu amor. De posse dessa carta, Madame de la Pommeraye convoca o culpado, acusa-o de infâmia e proíbe que ele continue usando expedientes desonrosos. Em vão. Por duas vezes o marquês tenta corromper as duas mulheres, uma vez presenteando-as com dinheiro e jóias, outra prometendo-lhes parte de sua fortuna, mas nas duas ocasiões elas recusam, devidamente instruídas por sua mentora. Há um curto retorno, em N1-l, à narrativa principal, numa discussão em que o patrão volta a dar razão à marquesa. No segmento seguinte, N4-g, depois de ter tentado esquecer a moça, ausentando-se de Paris, o marquês entrega os pontos, e diz à sua ex-amante que não vê outro recurso senão casar-se com a jovem. Madame de la Pommeraye aconselha prudência a seu amigo, diz que vai colher informações adicionais sobre as duas mulheres, na província, e, como era de prever, essas informações são as melhores possíveis. O casamento se conclui. Numa volta breve à narrativa principal, Jacques pergunta em N1-m se tudo correra bem na noite de núpcias: a hospedeira diz que sim, e o patrão ordena a Jacques que se cale. O desfecho da história ocorre em N4-h: no dia seguinte, a marquesa conta a verdade a des Arcis, que reage consternado, mas a moça pede-lhe perdão de um modo tão desesperado que ele perdoa a esposa, e o casal passa a ser um dos mais felizes do reino.

 Deixei de lado, na contagem dos fragmentos, os compostos

de somente uma ou duas linhas, como breves interjeições de Jacques ou os produzidos sempre que a estalajadeira interrompia sua narrativa para atender a uma pergunta da criadagem. Mesmo assim, o número de fragmentos é imponente. Nesse pequeno trecho de menos de sessenta páginas da edição da *Pléiade*, Diderot conseguiu produzir um conjunto de 31 fragmentos, um labirinto alucinante, cujo fio de Ariadne, tão rebarbativo quanto o próprio labirinto, é mais ou menos assim: N1-a / N2-a / N1-b / N3 / N1-c / N2-b / N1-d / A1 / N1-e / A2 / N1-f / N4-a / R3 / A4 / N5 / N6 / N7 / N1-g / N4-b / N1-h / N4-c / N1-i / N4-d / N1-j / N4-e / N1-k / N4-f / N1-l / N4-g / N1-m / N4-h.

    Seria a técnica de fragmentação de Diderot mais radical que a de Sterne? Não necessariamente, porque o número de fragmentos depende da passagem escolhida pelo crítico. Além disso, a radicalidade não pode ser avaliada apenas pelo critério quantitativo. Do ponto de vista qualitativo, os meandros de *Jacques* são mais simples que os de *Tristram Shandy*. Em Diderot, os fragmentos podem ser juntados sem dificuldade, reconstituindo um fluxo coerente. Se lermos consecutivamente, descartando as interrupções, os segmentos entre N1-a e N1-l, os segmentos entre N2-a e N2-b e os segmentos entre N4-a e N4h, obteremos relatos contínuos e perfeitamente compreensíveis, correspondentes, respectivamente, à narrativa principal, à narrativa dos amores de Jacques e à narrativa da vingança de Madame de la Pommeraye. As narrativas progridem em flecha, apesar das rupturas. Entre N4-a e N4-b podem interpor-se várias páginas de digressões, mas os episódios contados em N4-b se entrosam sempre nos contados em N4-a. Tem-se a impressão de uma sucessão de quebra-cabeças, em cada um dos quais, tomado individualmente, houve um desenho prévio: só depois a imagem foi fragmentada, com o resultado de que os fragmentos se ajustam uns aos outros, retiradas as peças que não convêm, por pertencerem a outros quebra-cabeças. Em Sterne, ao contrário, tudo se passa como se não tivesse havido nenhum desenho *a priori*, como se os fragmentos é que fossem originários, reflexos espontâneos de uma realidade em si fragmentada, e sua unidade fosse *a posteriori*. Por isso os fragmentos não combinam necessariamente entre si, como os seixos retirados de um córrego, mesmo submetidos, durante milênios, a processos idênticos de fricção e erosão, nem sempre encaixam um no outro.

Em nenhum outro livro shandiano é mais difícil distinguir a narrativa principal das digressões que em *Viagem em torno do meu quarto*. Como a viagem é imaginária, reduzindo-se a um passeio, acompanhado de reflexões e reminiscências, dentro do quarto do narrador, de certo modo tudo é narrativa principal, porque tudo faz parte da grande teia fictícia tecida pela fantasia do narrador, e não há episódios reais que sirvam de suporte a um centro a partir do qual possamos identificar desvios.

No entanto, se levarmos a sério a dicotomia estabelecida pelo narrador entre a alma e o animal, a *bête*, verificaremos que a "viagem" comporta uma dimensão literal, realizada principalmente pela *bête*, que se desloca, por exemplo, da parede à sala, e durante a qual o narrador leva um tombo, quando seu "veículo" cai. Aproveitando essa pista, podemos considerar principal a narrativa relacionada com os aspectos materiais e tangíveis da "viagem" — as circunstâncias que a determinaram, os movimentos pelo quarto, os encontros com outros personagens, e a descrição da "paisagem" — quadros, livros, móveis. Partindo dessa via central, podemos considerar digressivas as demais seqüências.

A narrativa principal é tênue. O narrador é confinado em seu quarto por ordem dos seus superiores militares, em Turim, por ter se batido em duelo. É o início de sua viagem. Ela tem a duração exata de 42 dias, período da prisão domiciliar que lhe foi imposta, e que é simbolizada pela divisão do livro em 42 capítulos. A viagem se compõe de episódios esparsos, que evidentemente nem de longe correspondem a essa cronologia. O narrador começa descrevendo sua cama, móvel encantador, em que ele recebe os primeiros raios do sol e ouve o canto matinal das andorinhas. Narra seu despertar, num dos primeiros dias da viagem, com a entrada respeitosa do seu criado Joannetti. Senta-se em sua poltrona, cujas pernas dianteiras estão erguidas e em que ele se balança com movimentos da esquerda para a direita. Aproxima-se, desse modo, da parede, de onde retira o retrato de sua amada, madame de Hautcastel, que ele contempla embevecido à medida que vai lhe removendo a poeira. Com a entrada de Joannetti, recomenda que recoloque o retrato em seu lugar. O criado vai obedecer à ordem, hesita, e instado pelo patrão acaba confessando que o retrato lhe dava a ilusão de que os olhos da retratada o seguiam por toda parte, como seguiam outras pessoas, quando o patrão recebia visitas. O patrão leva um choque, porque se o retrato tinha olhos para outros homens, e não somente para ele, era possível que o mesmo se passasse com o original. Tenta explicar ao criado que sua impressão era uma simples ilusão de óptica, e que na realidade os raios luminosos que partiam daquela superfície plana não podiam irradiar-se em todas as direções. Joannetti manifesta sua surpresa com essa explicação incompreensível escancarando os olhos e entreabrindo a boca, e nesse momento o narrador percebe que sua dissertação científica tinha partido da *bête*, já que a alma sabia perfeitamente que o honesto Joannetti era incapaz de entendê-la. O narrador põe seu roupão, sua "roupa de viagem", e espera o desjejum sentado na poltrona. A cadelinha Rosine, mais dedicada que todos os seus amigos, vem sentar-se em seu colo. Num dos dias da viagem, ele reclama de Joannetti, dizendo que por várias vezes lhe pedira que comprasse uma escova para os sapatos, e arrepende-se depois, quando verifica que há vários dias não lhe dera dinheiro. Segue-se uma descrição dos seus quadros, uma estampa de Werther e do seu amigo, de Ugolino e seus filhos, do cavaleiro d'Assas, de uma pastora alpina, além de duas telas de Rafael. De repente, assustado com o aparecimento de um pobre que pedia esmola e com os latidos de Rosine, o narrador cai de sua cadeira de posta, a poltrona, e machuca-se. Irritado, quer expulsar o mendigo, chamando-o de vagabundo, mas se enche de remorsos quando este diz que era Jacques, seu conterrâneo de Chambéry, quando Rosine o reconhece, fazendo-lhe festas, e quando Joannetti dá ao infeliz um prato de comida. Foi assim que, em sua viagem, o narrador "recebera lições de filosofia e de humanidade" de sua cadela e do seu criado (VC, XXVIII, 63). O desastre com a poltrona poupa várias horas de viagem, porque quando se levanta está diante da escrivaninha, de onde retira cartas de amantes e amigos, que ele passa horas relendo, e onde encontra a rosa seca que evocava o encontro com Madame de Hautcastel. Em cima da escrivaninha, há a biblioteca, com Homero e os trágicos, Milton, Richardson, Ossian. Dominando tudo, o busto do pai, austero e triste, lamentando que a revolução e a guerra tenham condenado seus filhos ao desterro. Em outro momento da viagem, acorda com um tilintar de xícaras e com aroma de café — é Joannetti que prepara a refeição matinal, trazendo-lhe de volta, proustianamente, sons e perfumes de infância. Repõe sua roupa de viagem, senta-se, adormece e sonha. É despertado por Rosine. É o último dia de sua viagem. Ele lamenta interrompê-la, mas, como é um ser composto, sua outra metade tem um impulso contrário, e antegoza o prazer do reencontro com o mundo exterior. Pobre alma! Pobre *bête*!

Esse magro veio "central" é cortado por inúmeros afluentes, muito mais caudalosos. São as digressões.

Não encontrei digressões extratextuais, mas Xavier de Maistre multiplica as digressões auto-reflexivas, sobretudo as que têm por objeto as próprias digressões. É nelas que o autor expõe seu método, pondo as cartas na mesa: quem não gostar que procure outro jogo. Assim como Sterne diz que em seu método progressivo-digressivo ele imporá ao relato "cinqüenta desvios da linha reta" (TS, I, 14, 64), Xavier de Maistre anuncia, desde o início, que sua viagem estará sujeita a todos os ziguezagues. "Atravessarei muitas vezes no comprimento e na largura, ou então em diagonal, sem seguir nem regra nem método. Farei mesmo ziguzagues, se houver necessidade" (VC, IV, 9). Por que esse método? Como vimos, a resposta de Sterne é que o real é inesgotável, todos os pormenores contam, e um percurso em linha reta impediria o viajante de fazer justiça à imensa riqueza do mundo objetivo. Para abrir-se à complexidade das coisas, ele precisa olhar para a direita e para a esquerda, conversar com transeuntes, admirar monumentos, fazer visitas pelo caminho. Assim é a "alma" de Xavier de Maistre, cuja vocação digressiva vem de sua espantosa porosidade à paisagem circundante.

> Minha alma é de tal maneira aberta a toda sorte de idéias, de gostos e de sentimentos; recebe tão avidamente tudo o que se apresenta. [...] E por que recusaria ela os prazeres que estão esparsos no caminho tão difícil da vida? Eles são tão raros, tão espaçados, que precisaríamos ser loucos para não nos determos, e mesmo para não nos desviarmos do nosso caminho, a fim de colher os que estão a nosso alcance. (VC, IV, 9)

O narrador escreve como o caçador caça, rastreando sua presa onde quer que ela se refugie, por mais tortuosas que sejam as trilhas. As digressões em seu livro são como os incontáveis desvios que ele se permite ao viajar em seu quarto. "Assim, quando viajo em meu quarto, raramente percorro uma linha reta; vou de minha mesa a um quadro colocado num canto; dali parto obliquamente para ir até a porta; mas embora ao partir minha intenção fosse ir até ali, se encontro no caminho uma poltrona, não faço cerimônia e me sento nela imediatamente" (VC, IV, 10). Como os outros autores shandianos, Xavier de Maistre faz questão de afirmar que apesar de todos os meandros ele sabe exatamente onde quer chegar e, mesmo, que seu método permite chegar mais seguramente a seu destino. Sterne, por exemplo, diz que depois de ter prometido descrever o caráter do tio Toby, ele havia entrado numa complicadíssima digressão, o que não impediu, apesar de tudo, que cumprisse sua promessa. Fomos conduzidos, diz Tristram, "numa vagabundagem de alguns milhões de milhas no coração do sistema planetário. Não obstante, notaste que o caráter do meu tipo Toby continuou a ser traçado devagarzinho durante todo esse tempo [...] enquanto caminhávamos, de modo que agora conheces meu tio Toby melhor do que antes" (TS, I, 22, 94-5). Diderot interrompe a história dos amores de Jacques para contar uma das histórias de Gousse, mas insiste em dizer que não é por não saber continuar aquela narrativa que ele o faz, pois conhece perfeitamente o seu desfecho. Estás pensando, amigo leitor, "que eu entrei num impasse, como diria Voltaire, ou num *cul-de-sac*, de onde não sei como sair?". Pois bem, leitor, estás enganado. "Eu sei como Jacques será tirado dos seus apuros" (JF, 542). Xavier de Maistre segue o exemplo dos seus antecessores e afirma ter sob seu total controle o jogo narrativo, por mais estonteantes que sejam as digressões. "Não penseis que em vez de cumprir minha palavra fazendo a descrição da viagem em torno do meu quarto eu fique divagando para fugir às dificuldades; seria um erro grave, porque minha viagem continua realmente" (VC, X, 22).

    São numerosas as digressões opinativas. Em geral, são as opiniões da "alma". A *bête* faz viagens burlescas, e para ela um quarto é apenas um quarto, sujeito aos limites do espaço e do tempo. A viagem da alma transcorre num universo sem fronteiras. Pelo pensamento, ela julga tudo; pela imaginação, ela se move num espaço infinito e no tempo da eternidade. Vale dizer, todas as coisas pensáveis e imagináveis estão sob o império da opinião, no qual o autor shandiano é soberano absoluto. É a "alma" que maneja a pena, e mesmo quando ela finge curvar-se aos desejos da *bête* ou dialogar com ela, é ela que conduz o jogo, intervindo, com digressões insolentes, no pobre espaço reservado à viagem de sua irmã.

Vejamos mais de perto essas opiniões, algumas já mencionadas.

O narrador reflete sobre a cama, lugar dos prazeres e do repouso, do devaneio e da esperança, do sofrimento e da morte. "Um leito nos vê nascer e nos vê morrer; é o teatro verdadeiro em que o gênero humano representa em rodízio dramas interessantes, farsas risíveis e tragédias espantosas. É um berço guarnecido de flores; é o trono do amor; é um sepulcro" (VC, V, 12). Medita sobre a natureza humana, introduzindo sua famosa teoria sobre a alma e o animal. Não é bem a distinção pascaliana entre o anjo e o animal, nem a dualidade alma-corpo. Para ele, o corpo não pode nem pensar nem sentir, ao passo que a *bête* é um indivíduo autônomo, dotado de inteligência e vontade, capaz de argumentar com a alma e mesmo de propor explicações científicas, como se viu a propósito do retrato de Madame de Hautcastel. No fundo, é uma distinção pré-freudiana mais que cristã, algo como uma teoria da dualidade das instâncias psíquicas, um Id, ou um Superego, em princípio subordinados ao Ego, na prática muitas vezes agindo sobre ele. Curiosamente, a metáfora com que Xavier de Maistre ilustra a interação da alma e da "outra" — a alma como titular do Poder Legislativo, a *bête*, do Poder Executivo, com certas usurpações recíprocas perturbando ocasionalmente a harmonia constitucional — é a mesma que Freud utiliza para ilustrar as relações entre o Ego e as outras instâncias (VC, VI, 14).

Faz considerações sobre a natureza, sua insensibilidade diante do destino do indivíduo. "A destruição insensível dos seres e todos os infortúnios da humanidade não têm nenhuma importância no grande todo" (VC, XXI, 46).

Deplora as devastações da guerra a pretexto de um quadro representando uma pastorinha, num cenário bucólico de montanha: "Já os soldados avançam. [...] O ruído do canhão se faz ouvir. [...] Foge, pastora, apressa teu rebanho, esconde-te nos antros mais recuados e mais selvagens!" (VC, XXIII, 50).

Disserta sobre os méritos relativos da música e da pintura, e toma partido por esta, porque a música envelhece, enquanto um quadro de Rafael é eterno, e porque na execução de uma obra musical a *bête* pode tocar sozinha, deixando a alma divagar, ao passo que na pintura as duas metades do homem têm que andar unidas (VC, XXV, 54).

Satiriza a vaidade humana, que faz os homens preferirem o espelho no qual se reflete sua própria imagem a todas as telas dos mestres (VC, XXVII, 57).

Apieda-se dos miseráveis que dormem ao relento, enquanto os ricos moram em palácios suntuosos. "Nessa cidade, onde tudo respira a opulência, durante as noites mais frias de inverno, uma grande multidão de desgraçados dorme a descoberto, a cabeça apoiada num marco de estrada, ou na soleira de um palácio" (VC, XXIX, 65).

E fustiga a maldade dos homens, que na superfície são compassivos e civilizados, mas incitados por um demagogo — "um urso branco, um filósofo, um tigre" — não hesitariam em degolar a todos, como fizeram os parisienses durante a revolução" (VC, XXXII, 70).

Escritor muito mais "clássico" que seus predecessores shandianos, Xavier de Maistre é mais cerimonioso em seu procedimento de fragmentação, tendo em geral a amabilidade de ajudar o leitor, por uma fórmula apropriada, a retomar o fio das suas idéias, depois de uma digressão.

Ressalvada essa peculiaridade, a fragmentação é também, para Xavier de Maistre, o princípio construtivo básico. Examinemos um pequeno trecho, a título de exemplo.

Comecemos com o trecho da narrativa principal N1, em que o autor descreve a localização geográfica e o tamanho do território a ser percorrido na viagem. O trecho se converte no fragmento N1-a, quando é cortado por uma digressão auto-reflexiva, A1, sobre a necessidade de evitar as linhas retas. Essa digressão termina quando o autor diz que muitas vezes, querendo caminhar obliquamente em direção à porta, encontra uma poltrona no caminho e senta-se. Segue-se um travessão, sucedido bruscamente por um elogio da poltrona em noites de inverno, o que faz supor que o autor, terminada a digressão anterior, sentou-se na poltrona, reintroduzindo com isso a narrativa principal. Segue-se a descrição da cama e de sua localização privilegiada perto da janela. Essa passagem da narrativa principal se transforma no fragmento N1-b quando o autor faz uma digressão opinativa O1 sobre os prazeres e tristezas associados à cama, ao mesmo tempo berço e túmulo. Vêm em seguida quatro capítulos com a digressão opinativa O2, a meditação "metafísica" sobre a dualidade do homem. O autor nos traz de volta em N1-c à narrativa principal, lembrando gentilmente que, enquanto sua alma divagava nos "desvios tortuosos da metafísica", ele estava sentado em sua poltrona. Vem o episódio do retrato de Madame de Hautcastel, que ele retira da parede e começa a limpar maquinalmente. O episódio se transforma no fragmento N1-d, com uma digressão auto-reflexiva A2, destinada a preparar a digressão seguinte. É uma palavra de advertência ao leitor, para que ele não se esqueça do ponto em que tinha ficado a narrativa principal. Tomada essa precaução, vem a digressão anunciada: uma digressão narrativa N2 sobre a misteriosa Rosalie, evocada pelas cores rosa e branca do leito. Vem depois uma reflexão opinativa O3 motivada pelo caráter do criado Joannetti, em que o narrador enaltece a bondade dos simples. E reaparece em N1-e, na narrativa principal, o retrato de Madame de Hautcastel, sobre o qual o narrador nos alertara, para que não o esquecêssemos. Joannetti recebe instruções de repô-lo em seu lugar, comenta o hábito estranho do retrato de olhar em todas as direções, e o narrador começa sua explicação científica sobre superfícies planas e raios luminosos. Joannetti, atônito, fica com os olhos esbugalhados e a boca aberta. É nessa posição que o deixa o narrador, iniciando uma série de digressões. Há uma digressão opinativa O4 sobre a doutrina do fatalismo, uma digressão auto-reflexiva A3 sobre o método de ziguezague do livro, e uma digressão opinativa O5 sobre a afetividade dos animais. Encerradas as digressões, ressurge Joannetti em N1-f, na posição em que ficara no final do fragmento N1-e.

O esquema dessa seqüência é o seguinte: N1-a / A1 / N1-b / O1 / O2 / N1-c / N1-d / A2 / N2 / O3 / N1-e / O4 / A3 / 05 / N1-f.

Como se vê, nesse trecho bastante representativo os entrelaçamentos são relativamente simples, porque só existe uma única digressão narrativa, que não é ela própria fracionada nem fraciona a narrativa principal. No entanto, são muito numerosas as digressões opinativas, levando, numa passagem relativamente curta, à produção de vários fragmentos, constituídos pelas próprias digressões opinativas e pelos segmentos adjacentes.

Em *Viagens na minha terra*, a novela shandiana recupera toda a sua complexidade. As narrativas paralelas voltam a ser numerosas e extensas, em contraste com as poucas historietas, muitas vezes apenas esboçadas, do livro de Xavier de Maistre. De novo, há digressões de todo tipo, que se intersecionam entre si e com a narrativa principal, estilhaçando a obra em fragmentos múltiplos.

Como em todos os livros shandianos, a narrativa principal é paupérrima. No dia 17 de julho de 1843, Garrett embarca num vapor decrépito, Tejo acima. Termina a viagem por rio no desembarcadouro de Vila Nova da Rainha, onde embarca na caleça de um amigo rumo a Azambuja, parando numa estalagem abominável. Prossegue até o pinhal dessa cidade, hoje "consolidado" pelos especuladores. A caleche se vai, e o narrador prossegue a viagem em lombo de mula, até chegar a Cartaxo, onde pára num café. Continua seu caminho, passando pela charneca onde d. Pedro I (para os portugueses, d. Pedro IV) passara suas tropas em revista, durante a guerra civil, e contempla a ponte de Asseca, na qual se deu um dos episódios da guerra contra os franceses de Junot. Entra no vale de Santarém, onde vê uma casa com um balcão, na qual tinha morado Joaninha, a "menina dos rouxinóis". Em Santarém, hospeda-se na casa do seu amigo Manuel da Silva Passos — figura central da Revolução de Setembro, de 1836 —, situada no antigo palácio de d. Afonso Henriques. Visita igrejas, conventos e monumentos históricos. E volta a Lisboa, tendo passado de novo pela casa do vale, onde encontra, numa visão fantasmagórica, dois dos personagens da história de Joaninha.

Como sempre, a alma do livro está nas digressões. Garrett mobiliza todo o repertório das digressões de Sterne.

Pouco significativas em Diderot e inexistentes em Xavier de Maistre, as digressões extratextuais readquirem importância em Garrett. Assim, há uma espécie de poema em prosa que supostamente traduz os devaneios de Carlos, o namorado da menina dos rouxinóis, e que Garrett diz ter captado "por um processo milagroso de fotografia mental" (VT, XXIII, 163-5). Há versos de Goethe, evocados pela paisagem do Tejo, o famoso trecho do prólogo do Fausto: "*Ihr naht euch wieder, schwankende Gestalten!*", ou, na tradução do próprio Garrett: "Ressurgis outra vez, vagas figuras / Vacilantes imagens" (VT, XXVIII, 199). E há uma trova popular sobre a lenda de santa Iria, virgem mártir que deu seu nome a Santarém: "Estando eu à janela com minha almofada / Minha agulha de ouro, meu dedal de prata..." (VT, XXIX, 204-6).

Vêm a seguir as digressões auto-reflexivas. É o livro falando sobre si mesmo. A todo momento, o narrador comenta a estética de sua obra e defende seu método. Ele enaltece ironicamente a importância do livro, dizendo que "essas interessantes viagens hão de ser uma obra-prima, erudita, brilhante de pensamentos novos, uma coisa digna do século" (VT, II, 14-5). É uma autoglorificação zombeteira, genericamente shandiana, mas cujo modelo imediato parece ser Xavier de Maistre, que Garrett transforma em epígrafe: "Como é glorioso abrir uma nova carreira e aparecer de repente no mundo dos sábios com um livro de descobertas na mão, como um cometa inesperado cintila no espaço!" (VT, I, 5). Antes de começar a descrição da estalagem de Azambuja, o autor hesita: deveria ser uma estalagem do gênero das de Cervantes? O melhor estilo descritivo seria o clássico? Ou, para ficar fiel ao gosto do dia, deveria colocar em sua pousada personagens como os de Eugène Sue, com um assassino e um príncipe alemão disfarçado? A estalagem era horrível, com uma bruxa medonha servindo limonada. E o pinhal de Azambuja? Garrett deveria descrevê-lo como fazem os autores de hoje, pilhando a Alexandre Dumas e a Victor Hugo certos ingredientes básicos, alguns bandidos, uma ingênua, um velho venerando, e colocando-os no pinhal. Em vez disso, ele contará a verdade, isto é, que o pinhal, "consolidado", quase não existe mais (VT, V, 34-41). É preciso admitir que em certo trecho do livro ele cometeu um erro estético, misturando o maravilhoso pagão com o cristão. Mas senhores críticos, Camões e Dante não fizeram o mesmo? (VT, VI, 41-51). Não, o narrador não é nem clássico nem ultra-romântico, o livro não foi feito para agradar "algum menestrel de fraque e chapéu redondo", é incompatível com o "romantismo vago, descabelado, vaporoso e nebuloso" (VT, XXIII, 166); seu único objetivo é narrar com toda simplicidade as coisas como elas deveras aconteceram.

Entre as digressões auto-reflexivas, são comuns, na mais perfeita ortodoxia shandiana, as digressões sobre as digressões. O narrador se justifica do seu cacoete digressivo, dizendo que, ao introduzir matéria estranha em sua narrativa, ele se comportava como aqueles pintores medievais, "que entrelaçavam nos seus painéis dísticos de sentenças, fitas lavradas de moralidades e conceitos... talvez porque não sabiam dar aos gestos e atitudes expressão bastante para dizer por eles o que assim escreviam, e servia a pena de suplemento ao pincel" (VT, XX, 144). As digressões são como esses dísticos, o que é sem dúvida um defeito. Mas que querem? "Não sei pintar de outro modo" (VT, XX, 144). Consciente desse defeito, o narrador às vezes se sente na necessidade de regenerar-se. "Acabemos com tanta digressão" (VT, III, 26). E busca tranqüilizar o leitor. "Este capítulo não tem divagações, nem reflexões, nem considerações de nenhuma espécie; vai direito, e sem se distrair, pela sua história adiante" (VT, XIV, 101). Sim, mas nos demais capítulos as divagações, reflexões e considerações formam um emaranhado tão frondoso que Garrett precisa acalmar sempre de novo o leitor exasperado. Ele ainda tem "um resto de consciência", e promete acabar "com essas perenais divagações" (VT, IX, 73). Que o leitor sossegue: "agora não tenhas medo das minhas digressões fatais, nem das interrupções a que estou sujeito" (VT, XXXI, 217). Mas de repente Garrett duvida de si próprio. Será que ele conseguirá mesmo emendar-se? "Neste despropositado e inclassificável livro das minhas *Viagens*, não é que se quebre, mas enreda-se o fio das histórias e observações por tal modo, que, bem o vejo e sinto, só com muita paciência se pode deslindar e seguir em tão embaraçada meada. Vamos, pois, com paciência, caro leitor. Farei por ser breve e ir direito, quando eu puder" (VT, XXXII, 217-8).

As digressões opinativas são intermináveis. Como todo narrador shandiano, Garrett tem opiniões sobre tudo, e as exprime sem cerimônia, interrompendo constantemente a narrativa principal e as demais digressões. Ele acha que no mundo de hoje Sancho triunfou sobre dom Quixote, e reina numa grande Barataria, degredando de sua ilha tudo o que é espiritual (VT, II, 16). É cético quanto ao valor do progresso, que resultou no empobrecimento de milhões, para que alguns homens ficassem mais ricos.

> E eu pergunto aos economistas políticos, aos moralistas, se já calcularam o número de indivíduos que é forçoso condenar à miséria, ao trabalho desproporcionado, à desmoralização, à infâmia, à ignorância crapulosa, à desgraça invencível, à penúria absoluta, para produzir um rico. [...] Cada homem rico, abastado, custa centos de infelizes, de miseráveis. (VT, III, 24-5)

Pondera os méritos relativos da modéstia e da inocência, na hierarquia das qualidades morais, e depois de ter citado (em grego, naturalmente) a opinião de Dêmades de que a primeira é mais importante que a segunda, e a opinião oposta de Addison, toma partido, finalmente, pela modéstia (VT, IV, 29-30). Lamenta que os ingleses estejam agora importando vinhos franceses, em vez do Porto tradicional, o que evidentemente prenuncia a decadência política e cultural do Império. Já imaginaram o que teria acontecido se no passado os ingleses não houvessem tido à sua disposição os vinhos portugueses? "Que se inspirasse Shakespeare com

Lafitte, Milton com Château Margot, o chanceler Bacon que se diluísse no melhor Borgonha... e veriam os acídulos versinhos, os destemperados raciocininhos que faziam" (VT, VII, 59). Denuncia os males da guerra civil e da guerra em geral. "Aos olhos do filósofo, a guerra civil e a guerra estrangeira, tudo são guerras que ele condena." Em Waterloo, ele vira os ossos dos que ali tinham morrido, imolando-se "a não sei quê... Os povos disseram que à liberdade, os reis que à realeza... Nenhuma delas ganhou muito" (VT, VIII, 64). De novo, comenta o prosaísmo de nossa época. Ela só teve três poetas épicos, Napoleão, que fez sua Ilíada com a espada, Silvio Pellico com a paciência, e Rothschild com o dinheiro (VT, IX, 68). Frades... Não, Garrett não gosta de frades, mas gosta menos ainda dos seus sucessores, os barões e agiotas que enriqueceram com o confisco dos bens das ordens religiosas (VT, XIII, 94 ss.). Sim, o homem é um ser duplo, há um Adão natural, que saiu belo e simples das mãos do Criador, e um Adão social, deformado e hipócrita (VT, XXIV, 167). E o que achas, Garrett, da ciência? "A ciência deste século é uma grandíssima tola" (VT, III, 25). E os clássicos? Sim, desde que sejam lidos na terra deles, Tito Lívio e Tácito em Roma, Shakespeare em Stratford, e d. Fernando em Santarém (VT, XXVI, 181 ss.). Arquitetura? Só a gótica, embora o estilo filipino tenha certa grandeza — a arquitetura filipina é a Contra-Reforma, é a religião de Estado, são os jesuítas, que edificaram igrejas para que se creia e ore, não porque se crê e ora (VT, XXVIII, 192). Mas ai, todos esses monumentos góticos, filipinos e pombalinos vão sendo demolidos por uma nação que não tem respeito por seu passado. "Ergue-te, Santarém, e dize ao ingrato Portugal [...] que te não vendam as pedras de teus templos; que não façam palheiros e estrebarias de tuas igrejas; que não mandem os soldados jogar a pela com as caveiras dos teus reis, e bilhar com a candeia dos teus santos" (VT, XXXVI, 246). Mas és um anticlerical, Garrett, um liberal, várias vezes exilado. Não é incoerente estares a defender a preservação desse passado fradesco e dessa religião obscurantista, aliada ao miguelismo, sustentáculo do poder absolutista? Não sejas fanático, leitor. "A liberdade não é inimiga da religião. [...] A religião de Cristo é a mãe da liberdade. [...] O que não respeita os templos, os monumentos [...] é um mau amigo da liberdade, desonra-se, entrega-a à irrisão e ao ódio do povo" (VT, XXXVI, 247). Dos temas mais frívolos aos mais graves, não há nada que escape ao delírio opinativo desse exemplar autor shandiano. Que tal, Garrett, se opinasses sobre os galicismos, que tanto enfeiam nossa língua? Acho que esse julgamento é um pedantismo de gramáticos, que tentam curar as impurezas francesas ressuscitando palavras quinhentistas. Gosto, por exemplo, mesmo sabendo que ela veio da França, da palavra *galimatias*, cuja origem é a célebre oração *Pro gallo Mathiae*. Não procuremos impor às palavras uma disciplina que não há neste mundo absurdo. "Detesto a filosofia, detesto a razão; e sinceramente, creio que num mundo tão desconchavado como este... afetar nas palavras a exatidão, a lógica, a retidão, que não existe nas coisas, é a maior e mais perniciosa de todas as incoerências" (VT, XXXVIII, 262).

Quanto às digressões narrativas, enfim, há numerosas historietas entremeadas no livro. Garrett conta a história do excêntrico marquês do Funchal, que ele conhecera na França, já octogenário, e que parece ter saído da galeria dos excêntricos de Diderot, como Gousse ou o sobrinho de Rameau. "Imprimia uma obra sua, mandava tirar um único exemplar, guardava-o e desmanchava as formas" (VT, V, 41). Há uma historieta em que Garrett se imagina descendo à residência dos mortos para perguntar ao marquês de Pombal por que mandara arrancar as vinhas do Ribatejo, inútil ato de arbítrio, porque agora elas já se estendiam por toda a região. E quem bebe agora todo esse vinho?, pergunta o marquês. A sombra ilustre vira as costas a Garrett, dá os braços a Colbert, passa por Smith e Say, e some-se numa alameda (VT, VI, 51). Há outra, relatando seu encontro com a duquesa de Abrantes, logo depois da Revolução de Julho, em que a conversa girou em torno de Luís Filipe, Lafayette e Chateaubriand, grande amigo da duquesa (VT, IX, 72-3). Em outra passagem, Garrett narra a história do "homem das botas". Foi o caso que no tempo dos franceses as autoridades portuguesas transportaram de Santarém para Lisboa, para evitar uma profanação, o chamado Santo Milagre — uma hóstia que séculos antes tinha sangrado, quando furtada, e que desde então se preservava numa âmbula de cristal. Com a retirada dos franceses, decidiu-se restituir a relíquia a Santarém, mas havia o risco de que o povo de Lisboa se rebelasse, impedindo a partida do Santo Milagre. Adotou-se então o expediente de espalhar o boato de que um homem calçando botas de cortiça atravessaria o Tejo, longe da capital, caminhando sobre as águas como se estivesse pisando terra firme. No dia, hora e local anunciados pelo boato, toda a população lisboeta acorreu para assistir ao prodígio, e enquanto isso a relíquia pôde ser embarcada tranqüilamente na cidade vazia, rumo a Santarém (VT, XXXVII, 252-5).

Mas a grande narrativa paralela é a história dos amores de Carlos e de sua prima Joaninha. O relato se estende por mais da metade do livro e é equivalente em importância à história dos amores do tio Toby, em *Tristram Shandy*, e à dos amores de Jacques, em *Jacques o fatalista*.

Carlos e Joaninha crescem juntos na casa do Vale, como Paulo e Virgínia, criados por sua avó e sob a supervisão de um monge franciscano, frei Dinis. Carlos vai estudar em Lisboa e volta um dia para comunicar que vai alistar-se para lutar com as tropas liberais. Diz palavras duras ao frei, que o amaldiçoa, aparentemente por discordar das idéias liberais de Carlos. A avó chora durante três dias, e ao fim desse tempo estava cega. As duas mulheres passam a morar sozinhas, numa rotina apenas interrompida pela visita do frade, todas as sextas-feiras. Essas visitas assustam Joaninha, que temia o temperamento fanático do frade, ex-magistrado, temível orador sacro, adversário intransigente dos liberais, mas sem nenhuma ilusão quanto aos monarquistas, pois em sua opinião só um regime puramente teocrático seria legítimo. Um dia, o frade anuncia que tivera notícias de Carlos, de quem traz uma carta dirigida à prima. O rapaz estava entre as tropas liberais que cercavam Lisboa. A guerra civil progride. Os liberais tomam Lisboa, e agora se aproximam de Santarém. Começa o cerco da cidade, ainda em mãos dos monarquistas. Certo dia, um oficial do exército liberal penetra nos redutos realistas e encontra Joaninha adormecida. Era Carlos. A moça acorda, os dois caem nos braços um do outro, e Carlos descobre estar apaixonado pela prima, amor naturalmente correspondido. Joaninha pede que o rapaz visite a avó, e este recusa, alegando razões militares. Em outro encontro, Joaninha dá-se conta das hesitações de Carlos e o acusa de amar outra mulher, o que ele nega, sem grande convicção. Dá-se uma batalha, e Carlos é levado, prisioneiro, ao hospital de Santarém. Recuperando a consciência, encontra à sua cabeceira Georgina, a mulher que ele amara na Inglaterra e que tinha vindo a Portugal à sua procura. Ela diz que sabe de tudo e deseja que Carlos se case com Joaninha. Entra o frei, que Carlos considerava o gênio mau de sua família, e que ele acusa de ter matado seu pai, revelando-se assim o verdadeiro motivo da decisão do rapaz de abandonar a casa da avó, que ele julgava ser cúmplice do crime. Exaltado, está a ponto de matar o monge, quando entra a avó, que lhe diz que o frei Dinis era o seu verdadeiro pai. Tivera uma ligação culpada, quando ainda era um simples magistrado, com a mãe de Carlos, que era o fruto desse adultério. Um dia o marido enganado vai vingar-se de Dinis, em companhia do pai de Joaninha, e o amante mata seus agressores em legítima defesa. Ouvindo o tenebroso segredo, Carlos fica desatinado, beija rapidamente a mão do frade e ganha a cidade, que a essa altura tinha sido tomada pelos constitucionais. Manda uma carta a Joaninha, de Évora, explicando as suas razões. As duas mulheres apaixonadas se aproximam uma da outra, Joaninha morre louca nos braços de Georgina, e esta, convertida ao catolicismo, volta à Inglaterra, onde entra num convento. Quanto a Carlos, enriquece, torna-se barão e se candidata à Câmara dos Deputados.

Embutidas nesse melodrama há duas narrativas semi-autônomas.

Uma é a história dos amores de Carlos com três jovens inglesas, que ele conta na carta de Évora. Durante seu exílio na Inglaterra, ele se hospedara na casa de uma família com três filhas. Apaixona-se pela mais velha, Laura, que é noiva, casa-se e parte com o marido para as Índias. Júlia, a segunda, é confidente de Carlos, e os dois acabam se amando. Júlia adoece, e Carlos passa a ver com mais freqüência a terceira irmã, Georgina, por quem ele se apaixona, amando nela as outras duas irmãs. Há uma ligação apaixonada com Georgina, mas Carlos precisa partir para os Açores, a fim de unir-se às tropas constitucionais. Georgina parte para Portugal, e a narrativa se confunde com o final da anterior.

A outra subnarrativa é um episódio em que o frei Dinis rouba o corpo de frei Gil de Santarém, para impedir que seja profanado pela soldadesca liberal.

Para não multiplicar as subdivisões, considerarei essas duas narrativas como partes da narrativa dos amores de Carlos.

A presença em Garrett de toda a parafernália das digressões shandianas tem como efeito previsível produzir um grande número de fragmentos. Tomemos como exemplos as primeiras páginas do livro.

Estamos na narrativa principal N1, quando Garrett começa

a viagem de vapor, e chega a Vilafranca, onde se dera o golpe miguelista de 1823. O episódio se transforma em N1-a quando cortado por uma digressão opinativa O1, em que o narrador manifesta seu ódio (e depois sua compreensão) por todas as restaurações. O narrador acende um charuto, reintroduzindo a narrativa principal. Descreve seus companheiros de viagem, um grupo de toureiros, disputando com um grupo de pescadores quem teria mais força, um touro ou o mar. A passagem se converte no fragmento N1-b quando é cortada por uma digressão auto-reflexiva A1 sobre o brilhantismo e o ineditismo das *Viagens*, seu caráter mítico e simbólico. Ela desliza numa digressão opinativa O2 sobre os dois princípios que regem o universo, o material e o espiritual, e sobre o predomínio do primeiro, simbolizado por Sancho, no mundo de hoje. Segue-se uma digressão auto-reflexiva A2 sobre o livro — ele é o símbolo do nosso progresso social. Com a chegada ao desembarcadouro de Vila Rainha, recomeça a narrativa principal: o narrador embarca na caleche de um amigo. Aparece uma digressão opinativa O3 sobre o reinado de Sancho, com isso transformando a passagem anterior no fragmento N1-c.

Lemos apenas dois capítulos, cerca de quinze páginas da Edição Sá da Costa. Não apareceu ainda nenhuma das narrativas paralelas. Não há sinal, por enquanto, das digressões extratextuais. Simplifiquei ao máximo a apresentação, deixando de lado várias digressões menores. E já temos à nossa frente um cipoal promissor, uma *selva selvaggia* com o seguinte traçado: N1-a / O1 / N1-b / A1 / O2 / A2 / N1-c / O3.

Estamos exaustos desde o início de nossa própria viagem, a viagem crítica com que acompanhamos a de Garrett. Faltam ainda 47 capítulos e trezentas páginas. Continuar a análise seria cansativo e inútil, porque não precisamos novas demonstrações da estrutura rigorosamente shandiana da digressividade de Garrett.

Memórias póstumas de Brás Cubas não escapa à regra shandiana da pobreza da narrativa principal, embora ela seja mais densa que a dos seus predecessores. O defunto autor morre às duas horas da tarde de uma sexta-feira de agosto de 1869, em sua chácara de Catumbi, de uma pneumonia contraída enquanto divagava sobre a invenção de um emplastro anti-hipocondríaco. Já doente, recebera a visita de Virgília, o grande amor de sua juventude. Seguem-se o delírio e a morte. E depois da morte, vem o nascimento, numa seqüência perfeitamente natural para quem escolheu um método inverso ao de Moisés, que também contou a história de sua morte, mas o fez no fim. Brás Cubas nasce pois no dia 20 de outubro de 1805, de uma estirpe de tanoeiros, genealogia um pouco aperfeiçoada pela imaginação fecunda do velho Cubas. O menino é voluntarioso e mimado, e num almoço oferecido para comemorar a primeira queda de Napoleão, surpreende o galante magistrado dr. Vilaça, exímio glosador de motes, dando um beijo em d. Eusébia, atrás da moita. Na escola, tem um mestre com o nome desastrado de Ludgero Barata. Seu primeiro amor é uma espanhola chamada Marcela, que ele ama durante quinze meses e onze contos. Assustado com a estroinice do rapaz, o pai o despacha para Coimbra, onde ele faz romantismo prático e liberalismo teórico. Volta ao Rio com a notícia da doença da mãe, que falece logo depois. Desgostoso, vai refugiar-se na Tijuca, onde reencontra d. Eusébia e sua filha coxa, Eugênia — a "flor da moita". Depois de um ensaio de namoro, logo encerrado — também, por que diabo era ela coxa? —, o rapaz desce, e a instâncias do pai, que o quer ver casado e deputado, encontra a noiva que lhe fora destinada, Virgília, a mesma que o visitara durante a pneumonia. Revê por acaso Marcela, o rosto desfigurado pela bexiga. Perde Virgília e a cadeira de deputado, preterido nas duas coisas por um certo Lobo Neves. Ferido em seus brios — um Cubas! — o pai morre. Por questões de partilha, Brás briga com sua irmã Sabina e seu marido Cotrim. Reencontra Virgília, casada e mais linda que nunca, e os dois se amam. Para abrigar seus amores, Brás providencia uma casa na Gamboa, e, para dar-lhes respeitabilidade, aluga os serviços de d. Plácida, proprietária nominal da casa. Os dois namorados têm um sobressalto com a notícia de que Lobo Neves está a ponto de ser nomeado presidente de província, e Brás já tinha se resignado a acompanhar o casal na qualidade de secretário, quando a nomeação se desfaz, porque o decreto trazia o aziago número 13, o que não agradou a Sua Excelência. Brás se reconcilia com sua irmã e seu cunhado, que querem casá-lo. Por um momento, ele acredita que vai ser pai, mas Virgília aborta. As artimanhas de Sabina conseguem aproximar o irmão de uma noiva ideal, Nhã-Loló. Lobo Neves recebe uma carta anônima denunciando o adultério de sua mulher, mas ela o convence de que se tratava de uma calúnia. No entanto, Brás e Virgília estão começando a ficar saciados um do outro. Lobo Neves está cada vez mais desconfiado, e um dia vem à casa de d. Plácida, onde encontra Virgília, enquanto Brás se escondia na alcova. Mas as aparências são mantidas, porque Lobo Neves quer evitar o escândalo, que o comprometeria aos olhos da opinião. Ele se reconcilia com o Ministério e é novamente nomeado, dessa vez por um decreto com um número aceitável: 31. Com a partida de Virgília, progride o noivado com Nhã-Loló, que no entanto morre de febre amarela. Brás se torna enfim deputado, e faz um discurso eloqüente sobre o tamanho da barretina da guarda nacional. Mas perde a cadeira de deputado e não vira ministro. Funda um jornal de oposição, que morre depois de alguns números. Quem morre também é Lobo Neves, para o sincero desespero de Virgília. Seguem-se outras mortes, como a de d. Plácida e a de Marcela. Morre, enfim, o próprio narrador, encerrando uma vida cheia de negativas, entre as quais uma que restabelece o equilíbrio e até deixa um pequeno saldo: se não fora nem ministro nem califa, em compensação não tivera filhos, não transmitindo a nenhuma criatura o legado de nossa miséria.

Tirem do livro as digressões: o que sobra é um corpo sem alma. Essa fórmula da novela shandiana exprime admiravelmente a importância das digressões para o livro de Machado. A linha central, sintetizada nesse resumo paupérrimo, só adquire vida com a trama digressiva que a retalha, dando-lhe colorido e relevo. Ela corta em pedaços as frases e os relatos. *Memórias póstumas* é construído pela infinita montagem desses fragmentos.

Encontramos no livro todos os tipos de digressão usados por Sterne.

Entre as digressões extratextuais, constituídas por materiais independentes, aparecem os aforismos do capítulo CXIX ("Matamos o tempo; o tempo nos enterra"). Talvez possamos incluir no mesmo grupo o capítulo CXXV, que consta exclusivamente de um epitáfio, e substitui a descrição da morte da noiva de Brás, Nhã-Loló.

As digressões prediletas de Machado são as auto-reflexivas. Brás fala todo o tempo sobre seu livro. O livro é uma oficina de vidro, em cujo interior o artífice vai martelando, limando, forjando junturas, escolhendo e refugando materiais, corrigindo a obra, começando de novo. Se o vidro não for suficientemente transparente, o narrador não duvida em esclarecer pormenores de composição, escrevendo cartas aos críticos, por exemplo: "Valha-me Deus! é preciso explicar tudo" (MP, CXXXVIII, 627). O livro é um artefato, cujo processo de produção Brás convida o leitor a acompanhar, etapa por etapa. O tom é dado desde o prefácio, em que o narrador explica a forma livre e difusa do livro, e em que faz considerações sobre os prólogos em geral, afirmando que o melhor formato era o que ele tinha escolhido. Diverte-se fazendo auto-elogios irônicos. O livro, composto segundo um "processo extraordinário" (MP, 513) era "obra supinamente filosófica" (MP, IV, 516). E que talento artístico! "Vejam agora com que destreza, com que arte faço eu a maior transição deste livro. [...] Nenhuma juntura aparente" (MP, IX, 525). Mas também faz autocríticas. O livro é "enfadonho, cheira a sepulcro, traz certa contração cadavérica" (MP, LXXI, 583). Auto-elogios e autocríticas se multiplicam nos julgamentos que o autor vai fazendo sobre os vários capítulos. Um capítulo era profundo e tinha escapado a Aristóteles (MP, XLII, 560). De outro, ele diz: "Vive Deus! eis um bom fecho de capítulo" (MP, XCIX, 604). De um capítulo ele afirma que é triste (MP, XXIII, 545), de outro que não era sério (MP, CXXXII, 624), de outro que era inútil (MP, CXXXVI, 626), de outro que era repetitivo (MP, CXLV, 631). A todo instante, explica suas preferências como escritor. Ele se policia para evitar prolixidades. "Às vezes, esqueço-me a escrever, e a pena vai comendo papel, com grave prejuízo meu, que sou autor" (MP, XXII, 544). Detesta a ênfase: "Ui! Lá me ia a pena a escorregar para o enfático. Sejamos simples" (MP, XXV, 546). Não gosta de dizer coisas escabrosas, porque afinal seu livro era casto, ao menos na intenção — "na intenção é castíssimo" (MP, XIV, 533). Insinua as várias ligações amorosas que tivera antes de Virgília, mas só autoriza a pena a entrar em sua casa depois que ela se purifica moralmente. "Pena de maus costumes, ata uma gravata ao estilo, veste-lhe um colete menos sórdido; e depois sim, depois vem comigo" (MP, XLVII, 564). Excita-se fantasiando a nudez de Nhã-Loló, mas acha o "declive perigoso" e decide suprimir o capítulo (MP, XCVIII, 603-4). O narrador se desdobra em explicar o ordenamento e o conteúdo dos capítulos. Às vezes o próprio título dos capítulos já revela seu caráter digressivo. Um deles se intitula "Parêntesis" (MP, CXIX, 617); outro, "Vá de intermédio" (MP, CXXIV, 620); outro, "Para intercalar no cap. CXXIX" (MP, CXXX, 623).

    Entre as digressões auto-reflexivas, a mais shandiana é a digressão sobre a digressão, em que o narrador reflete sobre a digressão enquanto processo construtivo. O próprio da digressão é "cortar o fio": foi o que fez a digressão sobre o jumento do almocreve, que se intercala inesperadamente entre a partida da universidade e a chegada a Lisboa: "Jumento de uma figa, cortaste-me o fio às reflexões" (MP, XXII, 543). Obra de defunto, o "livro é escrito com pachorra" (MP, IV, 516), atributo central da "linhagem" a que pertence Machado, com a lentidão de quem não tem pressa em chegar, como, mais tarde, o *flâneur* de Walter Benjamin, especialista em digressões urbanas. Mas que discurso é esse, que vai aos trancos, que anda em círculos, que volta ao ponto de partida, que se interrompe a todo instante? É um discurso de bêbado. "Este livro e o meu estilo são como os ébrios, guinam à direita e à esquerda, andam e param, resmungam, urram, gargalham, ameaçam o céu, escorregam e caem" (MP, LXXI, 583). Mas se a figura parece indecorosa, Brás não tem dúvida em mudar de imagem e recorre a uma metáfora que teria encantado Roland Barthes — a do discurso amoroso. "Que melhor não era dizer as cousas lisamente, sem todos estes solavancos! Já comparei o meu estilo ao andar dos ébrios. [...] Ele é o que eram as minhas refeições com Virgília. [...] Vinho, fruta, compotas. [...] Era um comer virgulado de palavrinhas doces, de olhares ternos, de criancices, uma infinidade desses apartes do coração, aliás o verdadeiro, o ininterrupto discurso do amor" (MP, LXXIII, 584). A refeição tem seu fluxo normal, codificado pelo uso — vinho, fruta, compotas. Mas o fluxo é "virgulado" por apartes, que o cortam, e que em seu caráter intermitente constitui a verdadeira linha reta do coração, discurso interruptor e ele próprio feito de interrupções, fala transgressiva e digressiva de Eros cortando as conexões costuradas por Logos. É um verdadeiro elogio da digressão, semelhante ao feito por Sterne, quando afirma que o bom narrador se desvia para a direita e para a esquerda, fazendo "cinqüenta desvios da linha reta"; por Xavier de Maistre, quando afirma que vai viajar "no comprimento e na largura, ou então em diagonal", fazendo mesmo ziguezagues; e Garrett, quando reconhece que "em seu inclassificável livro" enreda-se "o fio da história e das observações de tal modo que [...] só com muita paciência se pode deslindar o fio de tão embaraçada meada". As numerosas alusões de *Memórias póstumas* ao "método" do livro são em geral alusões ao essencial desse método, a digressão. "Que isto de método, sendo, como é, uma cousa indispensável, todavia é melhor tê-lo sem gravata nem suspensórios, mas um pouco à fresca e à solta, como quem não se lhe dá da vizinha fronteira, nem do inspetor do quarteirão" (MP, IX, 525). Estilo de ébrio ou de apaixonado, roupa em desalinho, indiferença às más línguas, seguindo o melhor caminho, que nunca é uma linha reta — eis o "método" do livro. Ele é muito bem ilustrado com o episódio da ojeriza ao número 13. Impedindo Lobo Neves de entrar no Ministério, essa crendice exemplifica, segundo Brás, a influência dos fatos particulares sobre os públicos. Mas o narrador se recusa, por enquanto, a expor a influência inversa, "não convindo ao método deste livro descrever imediatamente esse outro fenômeno" (MP, C, 605). Por que não? Porque o "método" a que se refere o narrador é o digressivo. Conseqüentemente, o autor intercala várias digressões até que se digne explicar, pelo exemplo de Lobo Neves, o "outro fenômeno", a influência do público sobre o privado. É somente dez capítulos depois que ficamos sabendo que o marido de Virgília, já reconciliado com o Ministério, fora nomeado para um cargo que o afastava da Corte, afetando com isso o fato particular dos amores de Brás e Virgília, que cessaram com a separação (MP, CX, 611).

Não têm conta as digressões opinativas. Shandiano de quatro costados, Brás Cubas opina sobre tudo. Idéias fixas? Deus te livre, leitor, de idéias fixas. Foi uma delas que me matou, a bendita idéia fixa do emplastro anti-hipocondríaco. Foi ela, também, que matou Cavour. É verdade que Bismarck não morreu. Caprichos da história. A propósito, Brás, que achas da História? Uma eterna loureira, constantemente revendo juízos que pareciam definitivos (MP, IV, 516). Adquirido o embalo, Brás não pára mais de opinar. A seu ver, os joalheiros são indispensáveis ao amor, e a mais bela testa do mundo não fica menos bela se a cingir um diadema (MP, XVI, 536). Os homens são escravizados pela opinião, e com isso a hipocrisia se torna necessária, obrigando "a gente a calar os trapos velhos, a disfarçar os rasgões e os remendos, a não estender ao mundo as revelações que faz à consciência" (MP, XXIV, 546). Discorda de Pascal: o homem não é um caniço pensante, mas uma errata pensante, pois "cada estação da vida é uma edição que corrige a anterior, e que será corrigida também, até a edição definitiva, que o editor dá de graça aos vermes" (MP, XXVII, 549). Do "sublime misantropo" ele passa a um par de botas. Haveria prazer que se compare ao de descalçar uma bota apertada? "Mortifica os pés, desgraçado, desmortifica-os depois, e aí tens a felicidade barata, ao sabor dos sapateiros e de Epicuro" (MP, XXXVI, 556). Grande e estranha coisa é o encadeamento dos destinos individuais, pelo qual uma pessoa entra em contato com outra, transmitindo-lhe um impulso, por sua vez esta impulsiona uma terceira, que por sua vez... "Eis aí como, pela simples transmissão de uma força, se tocam os extremos sociais, e se estabelece uma cousa que podemos chamar — solidariedade do aborrecimento humano. Como é que este capítulo escapou a Aristóteles?" (MP, XLII, 560). Ponta do nariz: coisa importantíssima, leitor. Contemplando o próprio nariz, o homem toma consciência de sua grandeza e dignidade como indivíduo, dá-se conta dos seus desejos e paixões enquanto ser egoísta, e não como representante da espécie, vê-se como um ente autônomo, com seus interesses, cobiças e invejas, em suma, liberta-se da indiferenciação cósmica para sentir-se único e pessoal. "Tal contemplação, cujo efeito é a subordinação do universo a um nariz somente, constitui o equilíbrio das sociedades. [...] A conclusão, portanto, é que há duas forças capitais: o amor, que multiplica a espécie, e o nariz, que a subordina ao indivíduo" (MP, XLIX, 565). A consciência moral? Um sistema de janelas que se abrem enquanto outras se fecham. Por exemplo, se cometemos uma ação repreensível, fecha-se uma janela, deixando a consciência sufocada; basta fazer uma boa ação, ou uma ação que seja percebida como boa pelos outros, e eis que se abre outra janela, ventilando a consciência (MP, LI, 567). De resto, a moral é assim mesmo, tem sempre duas faces, e quem sabe se os vícios não são necessários às virtudes? São, sim. "O vício é muitas vezes o estrume da virtude" (MP, XXVI, 587). Convicções morais, força de caráter... É possível, com efeito, que alguns homens tenham certa dignidade fundamental, uma camada de rocha. Mas as outras camadas, terra solta e areia, são arrastadas pela vida, que é um enxurro perpétuo. Eis a nossa geologia moral (MP, LXXXVII, 595). No fundo, os homens não são dirigidos por princípios morais, mas pelo medo à opinião. Esta é uma força civilizadora, e funciona como uma solda, consolidando a família. Sem o medo à opinião, o que impediria um marido enganado de separar-se, contribuindo assim para desmoralizar aquela instituição indispensável à boa ordem das coisas humanas? "A conclusão [...] é que a opinião é uma boa solda das instituições domésticas [...] e tanto na ordem doméstica, como na política" (MP, CXIII, 612). Mas chega de moral. Vamos ao tema mais palpitante da indiscrição das mulheres. Brás discorda da tese de que as mulheres são mais indiscretas que os homens. Ao contrário, os homens, por vaidade, não sabem negar um belo erro, ou o negam mal, com um meio sorriso que confirma a suspeita; as mulheres juram pelos Evangelhos que tudo não passa de uma calúnia (MP, CXXXI, 623). Tema palpitante, sim, mas rasteiro. Subamos de novo ao céu da filosofia — por exemplo, a filosofia de Helvetius. Ele tinha razão em dizer que o interesse é a mola fundamental da psicologia humana. Mas há interesse e interesse. Por exemplo, o interesse do homem acusado de manter uma relação amorosa culpada é negar o fato; porém sobrepondo-se a esse interesse, meramente cerebral, existe outro mais imediato, a vaidade. O primeiro interesse é racional, supõe um silogismo interior; o segundo é espontâneo, instintivo, vem das entranhas. O princípio de Helvetius é portanto correto, desde que se distinga entre o interesse cerebral e o visceral (MP, CXXXIII, 624). Mas nem essa filosofia nem nenhuma outra impedem que o tempo passe, trazendo a velhice. Verdade é que nos sentimos jovens quando o somos aos olhos alheios. O rejuvenescimento está na sala, nos cristais, nas luzes, nas sedas — enfim, nos outros (MP, CXXXIV, 625). Descontada essa juventude que só existe no que nos é exterior, a decrepitude é inexorável. Todos seremos apeados do carro por um estribeiro chamado OBLIVION. "Este turbilhão é assim mesmo, leva as folhas do mato e os farrapos do caminho, sem exceção nem piedade" (MP, CXXXV, 625). Ai de nós, há na vida pequenos ciclos, movimentos de rotação em que se dá uma síntese completa da existência, como, por exemplo, o nascimento, a vida e morte de um amor que tivemos, ou de um jornal que fundamos. E há um grande movimento, o de translação, em que somos nós mesmos que nascemos, vivemos e morremos. "O homem executa à roda do grande mistério um movimento duplo de rotação e translação; tem os seus dias, desiguais como os de Júpiter, e dele compõe o seu ano mais ou menos longo" (MP, CL, 634). Idéia fúnebre, que nos traz com naturalidade à filosofia dos epitáfios. "Eles são, entre a gente civilizada, uma expressão daquele pio e secreto egoísmo que induz o homem a arrancar à morte um farrapo ao menos da sombra que passou. Daí vem, talvez, a tristeza inconsolável dos que sabem os seus mortos na vala comum; parece-lhes que a podridão anônima os alcança a eles mesmos" (MP, CLI, 635). A propósito de enterros, suponhamos que uma mulher adúltera — Virgília, por exemplo — chore com sincero desespero o marido que ela traiu. O luto é real, e não importa à natureza saber se as lágrimas são inocentes ou culpadas. "A taxa da dor é como a moeda de Vespasiano; não cheira à origem, e tanto se colhe do mal como do bem. A moral repreenderá, porventura, a minha cúmplice; é o que te não importa, implacável amiga, uma vez que lhe recebeste pontualmente as lágrimas. Meiga, três vezes meiga Natura!" (MP, CLII, 635).

Quanto às narrativas paralelas, a de maior porte é a de Quincas Borba. Quincas Borba freqüentou uma escola de primeiras letras, onde foi condiscípulo de Brás Cubas. Uma flor, esse Quincas Borba — filho mimado de uma viúva de posses, andava sempre com um vistoso pajem atrás, muito bem vestido, e nas brincadeiras infantis fazia sempre o papel de rei ou general, uma supremacia qualquer. Juntamente com Brás, Quincas gostava de caçar ninhos e perseguir lagartixas nos morros do Livramento ou da Conceição. Divertia-se muito, também, depositando baratas mortas no bolso ou na gaveta do pobre professor, numa alusão cruel ao nome do mestre — Ludgero Barata. Passam-se os anos. Quincas se arruína. Quando Brás Cubas o reencontra, está reduzido a mendicância. O mendigo furta o relógio de seu antigo colega. Mais tarde, herda de um tio de Barbacena e reassume sua dignidade — volta a vestir-se bem e inventa um sistema de filosofia — o "humanitismo". O humanitismo tem como objeto a *Humanitas*, que não é outra coisa senão o mesmo homem repartido por todos os homens. Desse ângulo, nenhum homem é substancialmente oposto a nenhum outro homem, porque o que parece mal para um indivíduo isolado é um bem para *Humanitas*. Assim, o algoz que executa o condenado pode excitar o vão clamor dos poetas, mas substancialmente é *Humanitas* que corrige em *Humanitas* uma infração da lei de *Humanitas*. A guerra, que parece uma calamidade, é uma operação conveniente para *Humanitas*. Quando ela resulta, por exemplo, da disputa em torno da posse de determinadas riquezas materiais, é *Humanitas* que tem fome, e quando um dos beligerantes vence o outro, é *Humanitas* que triunfa — ao vencedor, as batatas, segundo a fórmula lapidar que o grande filósofo usaria em *Quincas Borba*. Quincas impressiona Brás, que se inspira no humanitismo para redigir o programa de um jornal de oposição que ele decide fundar. Um dia Quincas diz suspeitar da sanidade mental de Brás, que para certificar-se chama um alienista. O médico verifica que era ele, Quincas, que estava desequilibrado. Nosso filósofo desaparece durante seis meses, e quando volta à corte estava louco, quase no estado em que Brás o vira no Passeio Público. Não só estava louco, como sabia que o estava, mas não se irritava com o mal: dizia que, afligindo o criador do humanitismo, *Humanitas* estava brincando consigo mesma. A essa altura, o humanitismo já tinha virado, para Quincas, uma verdadeira religião, com litanias, antífonas e danças rituais que o próprio Quincas executava, levantando e sacudindo as pernas com uma graça lúgubre. Morreu pouco depois em casa de Brás, dizendo que Pangloss não era tão tolo como o descrevera Voltaire, e que a dor era uma ilusão.

A história de Quincas Borba é o equivalente mais próximo das grandes narrativas paralelas que atravessam *Tristram Shandy*, *Jacques o fatalista* e *Viagens em minha terra*. Sem dúvida, ela adere mais intimamente à narrativa principal que nos outros exemplos. Brás Cubas está presente em quase todos os episódios da história de Quincas Borba, e este intervém em vários episódios da vida de Brás Cubas. Mas também naqueles livros a convergência existe, embora em menor grau. O tio Toby, protagonista de uma narrativa paralela, desempenha um papel importante no momento do nascimento do herói, na narrativa principal. Denise, amada por Jacques na narrativa paralela dos seus amores, tinha sido cortejada pelo patrão, na narrativa principal, e volta a encontrá-la no final. Garrett encontra, no desfecho da narrativa principal, dois personagens da narrativa dos amores de Carlos. Ao mesmo tempo, a ligação entre a narrativa principal e a de Quincas Borba é suficientemente tênue para que possamos dar a esta última um estatuto de semi-autonomia. Quincas Borba não tem nenhuma ligação com os demais personagens da narrativa principal. Ele nunca se encontrou com Virgília, Lobo Neves, Sabina, Cotrim. Sua influência no desenrolar da narrativa principal é mínima, limitando-se no essencial ao papel de comentador e intérprete de episódios avulsos da vida de Brás Cubas: aprova o desejo de paternidade de Brás, consola-o pela morte de Nhã-Loló, estimula-o a fundar um jornal, e sustenta seu ânimo, em momentos de depressão, com o otimismo comtiano, darwiniano e panglossiano de sua filosofia humanitista.

Como seria de esperar numa obra shandiana, o aspecto coerente dessa narrativa é enganador. Na verdade, ela consta de um conjunto de fragmentos, que atravessam todo o livro e funcionam como digressões cortando o fio da narrativa principal e das demais digressões. A ilusão de coerência foi produzida por uma reconstrução *ex-post*.

Além dessa grande narrativa paralela, cortada em fragmentos, existem outras de menor importância, que constituem fragmentos completos. São historietas de moralista, contendo ensinamentos ou ilustrando traços de caráter, vinhetas breves sob a forma de apólogos, de *contes moraux*, no estilo de Marmontel. O capítulo do delírio pode ser incluído nessa categoria: sua técnica narrativa é a do conto filosófico. Um capítulo como "Razão contra sandice", que encerra o episódio do delírio, pode por sua vez ser considerado um conto dentro desse conto, um diálogo alegórico entre duas entidades abstratas personificadas (MP, VIII, 524). O capítulo sobre o capitão-poeta, que compõe poemas enquanto a mulher agoniza e lê para Brás um epicédio rememorando o sepultamento marítimo da finada é também facilmente destacável da narrativa principal (MP, XIX, 541). O mesmo podemos dizer do episódio do almocreve, conto pedagógico, que só precisa de uma moralidade, a ser suprida pelo leitor, para ser considerado um conto pedagógico (MP, XXI, 542). As nove linhas dedicadas ao barbeiro que se distinguia por não ter nenhuma opinião particular são quase a sinopse de um conto não escrito, que poderia ser intitulado "O cabelereiro de Módena" (MP, XXIV, 545). Em alguns casos, não faltam sequer os animais para termos a ilusão de estarmos lendo fábulas de Fedro. É o caso da borboleta preta — também por que diabo não era ela azul? — que beija a testa de Brás, filho do inventor das borboletas, e acaba assassinada por um golpe de toalha (MP, XXXI, 552). Os verdadeiros heróis de uma cena em que Brás e Virgília começam a fatigar-se um do outro são dois personagens de La Fontaine — uma mosca e uma formiga, a primeira arrastando a segunda, a segunda mordendo o pé da primeira. Pobre mosca! Pobre formiga! (MP, CIV, 607). Os capítulos CI e CII poderiam ser condensados num conto com o título "A moeda e o embrulho", de novo um conto moral, contrastando os escrúpulos de Brás em devolver a moeda achada na rua com seu cinismo ao reservar para um fim digno — no caso, uma pensão a d. Plácida, alcoviteira dos seus amores com Virgília —

cinco contos de réis encontrados no dia seguinte (MP, LI, 566; LII, 567). As pernas, que levam o narrador à porta do hotel Pharoux quando ele estava pensando em Virgília, se transformam nas personagens de uma digressão narrativa, cuja função é fazer a ponte entre um problema — o risco de que os amores clandestinos do narrador fossem descobertos — e a solução — a casinha da Gamboa (MP, LXVI, 580). Outro conto moral é o episódio do ex-moleque Prudêncio, que se vinga das vergastadas que Brás lhe dera na infância vergastando por sua vez outro negro (MP, LXVIII, 581). Essa digressão narrativa tem como fecho outra digressão narrativa, sobre o doido Romualdo que de tanto tomar tártaro tinha se transformado em Tamerlão, rei dos tártaros (MP, LXIX, 582). O bibliômano do futuro que vira e revira o livro à procura de um "despropósito" anunciado pelo autor tem todas as características de um conto que nunca foi escrito (MP, LXXII, 584). Os capítulos LXXXVIII e LXXXIX, consagrados ao velho Viegas, compõem novamente um conto moral, ilustrando dois vícios, no melhor estilo de Molière: a hipocrisia, em que o tartufismo fica por conta de Virgília, e a avareza, ilustrado pelo velho Harpagão agonizante, que discute o preço de um terreno até o momento da morte (MP, LXXXVIII, 596; LXXXIX, 597). Voltamos ao conto alegórico com a imagem do velho diabo, sentado entre dois sacos, o da vida e o da morte, a tirar as moedas da vida para dá-las à morte: outra de menos... outra de menos... (MP, LIV, 569). Reaparece o mundo animal com a briga de galos, assistida com paixão pelo pai de Nhã-Loló, o que deixa a menina vexada, não com a brutalidade do esporte, mas com a vulgaridade do pai (MP, CXXI, 618). E vem de novo outra briga no mundo animal, dessa vez entre dois cães disputando um osso, que serve de motivo para reflexões de Quincas Borba (MP, CXLI, 628). O capítulo CXXVII poderia ser um conto filosófico com o título "As seis damas turcas", sobre moças orientais cobertas com um véu transparente, e cujo tema seria o compromisso entre a faceirice, que manda mostrar o rosto, e a fidelidade à lei do Profeta, que manda escondê-lo (MP, CXXVII, 622). A última digressão narrativa é a anedota já mencionada do ateniense que se julgava proprietário de todos os navios que aportavam no Pireu, contada pelo alienista que diagnosticara a loucura de Quincas Borba, e que está assim no cruzamento da narrativa principal e da narrativa paralela de Quincas Borba, da qual constitui uma digressão (MP, CLIV, 636).

É evidente que toda essa riqueza de digressões vai produzir uma fragmentação extrema. Como em todos os livros shandianos, a narrativa principal é secionada por narrativas paralelas e por digressões de todo tipo, que por sua vez se cortam entre si e são cortadas pela narrativa principal. Tomemos, para exemplificar, as últimas trinta páginas de *Memórias póstumas*.

A seqüência começa no capítulo CXXXVII, o episódio na narrativa principal N1 em que Brás Cubas faz um discurso na Câmara propondo a diminuição da barretina da guarda nacional. O episódio se transforma no fragmento N1-a com uma digressão auto-reflexiva A, a carta a um crítico, em que o narrador explica uma particularidade na composição do livro. A narrativa principal ressurge em N1-b, com a não-nomeação de Brás Cubas para o cargo de ministro de Estado, mas é cortada com o aparecimento da narrativa N2 sobre Quincas Borba, em que as tentativas do filósofo de consolar o amigo pela perda da ministrança são rejeitadas com irritação, e em que a briga de dois cães inspira a Quincas especulações sobre a luta pela vida como princípio propulsor de *Humanitas*. Essa passagem da narrativa de Quincas se converte em N2-a com o reaparecimento em N1-c da narrativa principal: um bilhete em que Virgília pede a Brás que ajude d. Plácida, que estava muito mal e na miséria. Brás se irrita: o que fizera ela com os cinco contos? Não podia compreender que... O trecho é interrompido, em N2-b, com a retomada da narrativa de Quincas Borba. Já vais compreender, diz ele. Quincas tinha interpretado mal a frase de Brás e achara que o que o amigo não podia compreender era determinado aspecto da filosofia do humanitismo, que o filósofo tenta elucidar com um tomo de Pascal. Brás retoma em N1-d a narrativa principal. Decide não ir à procura de d. Plácida, embora acabe indo, e providenciando sua remoção para a Misericórdia. A medianeira morre, indigente. Segue-se a fundação do jornal, que provoca novo conflito com o cunhado Cotrim, devido ao caráter oposicionista da folha. Brás acusa Cotrim de ingratidão, e de novo a narrativa principal é interrompida pela de Quincas Borba. Ele filosofa, em N2-c, sobre os méritos da ingratidão, à luz do humanitismo. Essas reflexões são cortadas por uma digressão opinativa O1 sobre os movimentos de rotação e translação na vida humana. Recomeça em N1-e a narrativa principal, com o relato da morte de Lobo Neves e da tristeza de Virgília. A passagem se interrompe com uma digressão opinativa O2 sobre a filosofia dos epitáfios, e com outra digressão opinativa O3 sobre a moeda de Vespasiano — a indiferença da natureza ao conteúdo ético dos sofrimentos humanos. Volta em N2-d a narrativa de Quincas Borba, no episódio do alienista que diagnostica a loucura do filósofo e narra a parábola do ateniense que se julgava proprietário de todos os navios do Pireu. Na mesma passagem, Quincas dá ainda uma demonstração de sua profundidade, explicando as razões filosóficas pelas quais os criados de casas ricas são orgulhosos, e empalidece quando Brás Cubas comunica as suspeitas do especialista. Recomeça, em N1-f, a narrativa principal. Brás se filia a uma ordem terceira, e inicia, segundo afirma, a fase mais brilhante de sua vida, dedicando-se a atos de filantropia que lhe davam "uma excelente idéia de si mesmo". Nesse período, vê morrer Marcela e encontra num cortiço Eugênia, a "flor da moita". A narrativa principal é cortada, em N2-e, pela narrativa de Quincas, no episódio final que narra sua demência e sua morte. Termina, em N1-g, a narrativa principal, e termina, com o "capítulo das negativas", o próprio livro.

Esquematizando, teríamos algo como: N1-a / A / N1-b / N2-a / N1-c / N2-b / N1-d / N2-c / O1 / N1-e / O2 / O3 / N2-d / N1-f / N2-f / N1-g.

Fica evidente, assim, que em matéria de digressividade e de fragmentação *Memórias póstumas* nada fica a dever a seus modelos europeus.

4. Subjetivação do tempo e do espaço

> *Algum tempo hesitei se devia abrir estas memórias pelo princípio ou pelo fim, isto é, se poria em primeiro lugar meu nascimento ou minha morte. Posto o uso vulgar seja começar pelo nascimento, duas razões me levaram a adotar diferente método.*
>
> *Toda essa gente viajou.*
>
> Machado de Assis

Uma das manifestações da ambição de soberania do narrador shandiano é sua maneira arbitrária de tratar o tempo e o espaço. Eles são dissolvidos na subjetividade do narrador, que os trata como tratou o leitor: despoticamente. Assim como se divertiu com o leitor, diverte-se também com o tempo cronológico e com o espaço métrico, forçando-os a dar cambalhotas e saltos mortais.

O autor shandiano é agudamente consciente do poder do tempo sobre as pessoas, seja por submetê-las à velhice e à morte, seja por impor o peso do passado sobre o presente, limitando-lhes o livre-arbítrio. Ele reage a essa certeza assumindo uma atitude de desafio. Ele finge ser senhor do tempo, para dissimular de si mesmo a intuição incômoda de que é o tempo que controla o homem.

O primeiro aspecto dessa relação com o tempo — a consciência da transitoriedade das coisas — tem seu protótipo, bem entendido, em *Tristram Shandy*. Sterne está suficientemente impregnado de cultura clássica para saber que tudo passa — *eheu, fugaces* —; afinal, é um pastor cristão, para quem o *memento mori* não deveria ser uma palavra vã. Seu livro tem traços visíveis dessa consciência do efêmero. "O tempo passa rápido demais; cada letra que traço me diz com que celeridade a vida segue a minha pena; os dias e horas dessa vida, mais preciosos, querida Jenny, que os rubis em torno de teu pescoço, voam sobre nossas cabeças, para não mais voltarem, como as leves nuvens de um dia de vento. [...] Que o Céu tenha piedade de nós dois!" (TS, IX, 8, 582). Mas o tom elegíaco é imediatamente corrigido por uma nota cômica: linhas depois dessa tirada, Tristram exclama que não dá um vintém para saber o que o mundo pensava dessa ejaculação (TS, IX, 9, 582).

A verdade é que o narrador não pode admitir que o tempo tenha a última palavra. Ele reage usando todos os "efeitos especiais" da pirotecnia shandiana.

A primeira vítima dessa contra-investida é a história. E no entanto ela parece ser respeitada com um escrúpulo quase pedante. O narrador faz questão de inscrever sua obra numa moldura externa cuidadosa, que se estende entre a última década do século XVII e a primeira metade do XVIII. Essa história é descrita com exatidão. Praticamente não há anacronismos. Os diversos episódios da Guerra de Sucessão da Espanha, que balizam a narrativa do tio Toby, são relatados com precisão de historiador profissional. Acompanhamos o cerco de Limerick, em 1690, em que Toby sofreu com Trim os males do "calor e da umidade radicais"; o combate de Steinkerke, em 1692; o de Landen, em 1693, em que Trim foi ferido no joelho; o cerco de Namur, em 1695, em que o bravo capitão foi ferido na virilha; a paz de Utrecht, em 1712; e a demolição de Dunquerque, em 1713.

Mas a ilusão não dura muito. Um exame mais atento mostra que a história é expulsa para os bastidores, transformando-se em pano de fundo. As datas se convertem em marcos miliários, cuja exclusiva função é enquadrar a única história que verdadeiramente flui, a dos personagens. Os anos de 1695 e 1698 são importantes, não porque correspondam às campanhas de Marlborough no continente, mas porque correspondem ao interesse de tio Toby pelas peripécias da guerra. A demolição de Dunquerque, em 1713, serve apenas para introduzir a história de outra guerra, o cerco que a viúva Wadman empreende a Toby. A história real se desmaterializa, torna-se abstrata e vazia. Concretas são apenas as maquetes com que Toby a representa. Ela é miniaturizada, cabendo no fundo de um quintal. Impossível desvalorização mais contundente. A história é um brinquedo de adulto, ensangüentando os campos de batalha de Flandres, e nisso é comparável ao brinquedo infantil de Toby em seu parque. Com a mudança de escala, a história é reduzida à sua verdadeira escala. Ela é uma coisa minúscula, que só parece grande para quem a vive com seriedade, e que adquire suas proporções reais, isto é, liliputianas, quando alguém a desmistifica, como Toby. Cada fortim de fantasia é a sátira de uma fortificação real. Cada episódio da guerra é revivido quase simultaneamente por Toby — quando uma ponte é demolida nos Países Baixos, ele a demole em seu parque —, e nesse processo o lance guerreiro revela sua natureza histriônica. O grandioso mostra seu verdadeiro rosto e aparece como nunca deixou de ser: irrisório.

A história é tão maleável às intenções do narrador, que perde toda fixidez. Os séculos desfilam diante dos nossos olhos, e podemos escolher os que nos convierem. É quase literalmente o que faz Toby quando Trim quer datar a narrativa que ele tenta, em vão, contar a seu patrão: a do rei da Boêmia e seus sete castelos. "Toma qualquer data de tua escolha, no mundo inteiro, e põe nela a tua história — desejo-te bom proveito." É um esplêndido gesto de soberania shandiana. Como Satã depusera aos pés do Filho do Homem todos os reinos da Terra, Toby depõe aos pés de Trim todas as épocas do mundo, permitindo-lhe escolher "qualquer século, qualquer ano deste século, desde a primeira Criação do mundo até o dilúvio de Noé, desde as peregrinações dos Patriarcas, até as partidas dos Israelitas do Egito, e todas as épocas memoráveis e todas as dinastias, Olimpíadas, *urbeconditas*, e outras épocas memoráveis das diferentes nações do mundo, até o nascimento de Cristo, e daí até o momento em que o cabo estava contando sua história" (TS, VIII, 19, 536).

Assim como distorce o tempo histórico, o narrador maneja arbitrariamente o tempo da ação. Ele o subordina radicalmente ao tempo narrativo. Em vez de reproduzir o tempo da ação, o tempo da narrativa a violenta. Ironicamente, o narrador cria a impressão de que é o tempo da ação que impõe seu ritmo ao tempo narrativo. Este passa a funcionar como a mimese daquele. Conseqüentemente, cada minuto da ação que está sendo narrada deve ocupar um minuto do tempo textual, seja na escrita, seja na leitura. Cada dia de trabalho do memorialista deveria ser capaz de abarcar um dia da vida de Tristram. Um trecho que pode ser lido em uma hora deve descrever um episódio que de fato teve a duração de uma hora. Mas essa regra auto-imposta de correspondência temporal é evidentemente absurda, e Tristram expõe comicamente os seus numerosos fracassos. Assim, passam-se apenas dois minutos, treze segundos e três quintos entre o momento em que Walter tocara a campainha, mandando o criado Obadiah chamar o dr. Slop, e o momento em que Obadiah bate na porta, trazendo consigo o médico. Segundo seu método, o narrador deveria ter entremeado entre os dois momentos materiais que pudessem ser lidos em dois minutos, treze segundos e três quintos. Em vez disso, ele é obrigado a reconhecer, diante das objeções de um imaginário "hipercrítico", ter violado a lei da verossimilhança temporal, intercalando passagens que exigem no mínimo uma hora e meia de leitura (TS, II, 8, 122). Para seu desespero, ele verifica que estava trabalhando há seis semanas e ainda não tinha nascido (TS, I, 14, 65). Suas perplexidades chegam ao clímax quando se dá conta de que já tinham se passado doze meses desde que começara a escrever, e não terminara ainda o relato do seu primeiro dia de vida. Em conseqüência, tinha mais 364 dias de vida a descrever que um ano atrás, de modo que em vez de progredir em sua tarefa com a passagem do tempo, atrasava-se à medida que a tarefa prosseguia. O trabalho é portanto propriamente interminável, já que cada dia de sua vida deveria ser descrito de modo tão exaustivo como o do seu nascimento. "A esse ritmo, eu deveria viver 364 vezes mais depressa do que escrevo — daí se segue, meus senhores, que quanto mais escrevo, mais terei que escrever" (TS, IV, 13, 286).

Tendo demonstrado pela *reductio ad absurdum* a impossibilidade de imitar em sua narrativa o tempo da ação, Tristram deixa claro que a hegemonia pertence ao tempo narrativo. É este que comanda o jogo. O tempo narrativo captura em sua teia, como um inseto, o tempo da ação, e o dobra a seu jugo. O tempo narrativo, como no episódio da viagem de Obadiah à procura do médico, pode ser mais longo que o da ação, que durou pouco mais de dois minutos. E pode ser mais curto, porque durante essa hora e meia o narrador teve tempo de trazer Toby, ferido em Namur, até a Inglaterra, de mantê-lo inválido na casa de Walter Shandy, em Londres, durante quatro anos, e de fazê-lo viajar, com Trim, até Yorkshire, para consagrar-se a seu *hobby-horse* (TS, II, 8, 122).

Ora, como quem determina o ritmo do tempo narrativo é o próprio narrador, segue-se que é este o verdadeiro senhor do tempo. O narrador sente-se autorizado a dispor sobre o tempo porque declarou com todas as letras que não se considerava sujeito a nenhuma regra — nem às de Boileau, autor da regra da unidade do tempo, nem, muito menos, às de Horácio. "Devo pedir perdão ao Senhor Horácio — pois escrevendo o que me propus, não me confinarei nem às suas regras nem às de nenhum homem que jamais tenha vivido" (TS, I, 4, 38). E sente-se autorizado também pela própria ciência: a psicologia de Locke, cujo *Ensaio sobre o entendimento humano* Tristram considerava a chave para o que se passa na mente humana (TS, II, 2, 106-8). Como Walter Shandy tentou explicar a seu irmão Toby nos momentos que precederam o nascimento do filho (TS, III, 18, 199-201), o tempo, para Locke, é uma idéia, uma idéia de duração, obtida pela reflexão sobre a seqüência de nossas idéias. O conceito de sucessão surge quando refletimos sobre o aparecimento de várias idéias consecutivas; e a distância entre quaisquer partes dessa sucessão, ou o aparecimento de duas idéias em nossa mente, é o que chamamos duração. A duração é, pois, puramente subjetiva, e por isso o tempo pode passar lenta ou rapidamente, conforme nosso estado de espírito.

Toby não entendeu a explicação de Walter, o que não impediu Tristram de construir seu livro segundo a concepção lockiana de tempo. O narrador opera no eixo da duração, e não do tempo quantitativo. É a sucessão das suas idéias que determina as articulações temporais do livro. Legitimado por Locke, Tristram pode ser tão shandiano quanto quiser. Ele depende do leitor para existir, mas o maltrata; é vítima do tempo, porque o tempo é a morte que rói os seus pulmões, mas o desafia. A desenvoltura do narrador é a mesma. Por intermédio do tempo narrativo, ele age a seu bel-prazer sobre o tempo da ação.

Qual o tempo da ação, em *Tristram Shandy*? Nada mais fácil de reconstituir. Ferido em Namur em 1695, Toby se instala em Londres, em casa do irmão, em julho de 1697, onde permanece em estado de invalidez até o início de 1701. Parte nesse ano para Yorkshire, em companhia de Trim, para dedicar-se a seu *hobby-horse*. Prossegue em suas atividades pseudomarciais até a paz de Utrecht, em 1713, atividades só perturbadas pelo episódio de Le Fever, em 1706. Depois de 1713 começam os amores com a viúva Wadman, que se encerram com a fuga do herói para Shandy Hall, ofendido em seu pudor pela curiosidade indecente da viúva. Ele se refugia na casa do irmão na primavera de 1714. Informado do desenlace do "cerco", Walter deblatera contra as mulheres e o ato genital. Na mesma ocasião, o criado Obadiah, que tinha engravidado sua mulher, se queixa de que o touro, de propriedade de Walter, encarregado de cruzar com as vacas da aldeia, não tinha cumprido seu dever, deixando de emprenhar a vaca de Obadiah. Desde então, os dois irmãos vivem juntos em Yorkshire. Na noite entre o primeiro domingo e a primeira segunda-feira de março de 1718, faz duas coisas rituais: dá corda na pêndula da sala e tem relações com sua mulher, gerando Tristram. Ele nasce no dia 5 de novembro de 1718. No dia 6, a criança é batizada com o nome indesejável de Tristram, no dia 7 ocorre uma discussão entre os teólogos para decidir se era lícito rebatizar o menino. Entre 1719 e 1723, Walter redige um tratado para a educação de Tristram. Em 1723, o menino é circuncidado por acidente. Seguem-se as viagens à França e à Itália, até chegarmos ao presente, entre 1759 e 1766, em que Tristram escreve a história de sua vida e opiniões.

Ora, toda essa cronologia é sistematicamente distorcida pelo capricho do narrador. Tudo se passa como se o narrador-personagem, depois de ter organizado sua obra segundo linhas cronológicas "normais", tivesse decidido embaralhá-la em seguida. Tristram se comporta como uma criança voluntariosa, que monta um quebra-cabeça e o desfaz com um gesto raivoso, dispersando todas as peças.

Mas se o narrador é infantil, o autor tem a malícia e a competência de um adulto. Com enorme sofisticação, Sterne cria um tempo narrativo que remaneja o tempo da ação por meio de técnicas como a temporalidade cruzada, a inversão, o retardamento e a aceleração.

Para bem compreendermos o conceito de temporalidade cruzada, é preciso distinguir entre três esferas temporais: o tempo do narrador, que chamarei esfera I; o tempo da ação, ou esfera II; e o tempo dos personagens, tal como ele transparece nas várias narrativas paralelas, ou esfera III. No cruzamento temporal as três esferas se interpenetram. Essa técnica só viria a ser aplicada em sua plenitude por Diderot, mas já fora antecipada por Sterne. O passado militar do tio Toby, tratado na principal narrativa paralela do livro (esfera III), é trazido para o presente da ação (esfera II), como fator explicativo do *hobby-horse* de Toby, sem o qual os capítulos iniciais da ação — o nascimento de Tristram — perderiam grande parte de sua força cômica. Por outro lado, o presente do narrador (esfera I) recua até o passado de Toby (esfera II), buscando alterar seu destino. O narrador invade o passado do seu personagem, com vistas a modificar seu futuro. É o que ocorre quando Tristram avisa o tio, há muito falecido, de que a viúva Wadman estava com más intenções (TS, VIII, 24, 551). E libera o futuro encrustado no passado: no meio das "campanhas" de Toby e de Trim, o narrador transporta o leitor a uma data que ainda estava muito longínqua, a morte desses dois personagens. Tudo isso ficará mais claro quando chegarmos a Diderot.

A imobilização corresponde ao desejo mais profundo de

quem sofre com a consciência da passagem irresistível do tempo. É o *verweile doch, du Augenblick*, de Goethe, ou o *O temps, suspend ton vol*, de Lamartine. Em Sterne, essa angústia se reflete no texto sob a forma tragicômica do que chamarei "efeito Bela Adormecida". É a câmara parando o fluxo do tempo, imobilizando imagens. Um personagem ou conjunto de personagens fica petrificado enquanto o narrador multiplica as digressões, até que o narrador o desperte, como o príncipe, no conto de Grimm, desperta o cozinheiro que durante cem anos ficara mumificado na atitude de esbofetear o ajudante.

Um exemplo clássico é a seqüência que se estende entre o capítulo 21 do volume I e o capítulo 6 do volume II. Ouvindo um barulho no quarto da cunhada a ponto de dar à luz, o tio Toby diz: "Eu penso...", e faz o gesto de sacudir as cinzas do cachimbo, apoiando-o na unha do polegar esquerdo. Ele fica imobilizado nessa posição durante dezenas de páginas de digressões totalmente disparatadas. Concluídas as digressões, Toby se move de novo, jogando fora as cinzas e dizendo o que pensava: que se tocasse a campanhia para mandar o criado chamar o médico (TS, I, 21, 87; II, 6, 119). Mas há inúmeros outros exemplos.

Tendo mencionado uma parteira, Tristram a esquece durante seis capítulos, e quando retorna ao tema manifesta algum remorso por um esquecimento tão prolongado. "Faz tanto tempo desde que o leitor desta obra rapsódica se separou da parteira, que está mais que na hora de mencioná-la de novo" (TS, I, 13, 63).

Quando Walter Shandy recebe a notícia de que o recém-nascido tivera o nariz achatado, o narrador deixa o pai prostrado na cama, num desespero extravagante. Sua posição não podia ser mais estranha. A palma da mão direita tocava a testa, o nariz repousava na colcha, o braço direito segurava a alça de um penico, a perna esquerda estava dobrada, a direita pendia fora da cama, cuja beirada tocava a tíbia. Para explicar a aflição de Walter, Tristram o deixa nessa posição durante meia hora (TS, III, 30, 224). Decidido a aproveitar esse tempo da melhor maneira possível, Tristram informa que a família Shandy sempre dera um alto valor aos narizes grandes, e que Walter tentara dar fundamento científico a essa convicção familiar, lendo todos os tratados que tinham sido escritos sobre os narizes. De repente, dá-se conta de que fora prolixo em excesso, pois já se haviam passado 35 minutos, e o pai continuava deitado na mesma posição (TS, III, 38, 240). Tristram prossegue, angustiado — tem tantas coisas a dizer, o tempo é tão curto —, e acrescenta uma infinidade de digressões, entre as quais a história de um narigudo de Estrasburgo, dotado de um "nariz" cujo tamanho insólito encantava todas as mulheres. Finalmente, catorze capítulos adiante, Tristram consente em desfazer o feitiço, libertando Walter de sua catalepsia. O dedo grande do pé do enfeitiçado se mexe, para grande alívio do tio Toby, e Walter recupera sua mobilidade. Tinham se passado não trinta minutos, mas uma hora e meia (TS, IV, 2, 275).

Em outra passagem, Walter é informado do falecimento do seu filho mais velho, e reage à notícia dissertando sobre a natureza da morte e recordando as circunstâncias da morte dos grandes homens, como o pretor Cornelius Gallus, que morrera fazendo amor. Espero que tenha sido com sua esposa, diz Toby. A mãe de Tristram ouve por uma fresta na porta a palavra "esposa", e imagina que fosse ela o assunto da conversa. Em conseqüência, dispõe-se a escutar o diálogo, pondo o dedo entre os lábios, retendo a respiração e encostando o ouvido à fresta. "Nessa atitude", diz Tristram, "estou decidido a deixá-la ficar durante cinco minutos" (TS, V, 5, 353). Seguem-se várias páginas em outro cenário — a cozinha, onde Trim e outros criados discutem a morte do primogênito do casal, imitando à sua moda as dissertações filosóficas de Walter. Seis capítulos depois, Tristram se lembra, cheio de remorso, de ter esquecido sua mãe — "Podem me chamar de turco se quase não esqueci minha mãe, como se a natureza me houvesse colocado na margem do Nilo, sem jamais ter tido uma" (TS, V, 11, 361). Mas ainda não é tempo de descongelar a boa senhora. Ela fica paralisada na mesma posição, até que Walter, tendo passado da morte do pretor para a de Sócrates, lembra que em sua defesa o filósofo dissera: "Eu tenho três filhos desolados". Só nesse momento a mãe se move, ainda sem saber da morte do filho e supondo que Walter estivesse falando de si mesmo. Ela abre a porta e diz: nesse caso o senhor tem um filho a mais do que eu sei. Ao contrário, responde Walter, tenho um a menos. É sua maneira de anunciar a Mrs. Shandy que ela perdera um filho. Passaram-se oito capítulos, durante os quais ela ficara como uma estátua de pedra, o dedo nos lábios e os ouvidos colados à porta (TS, V, 13, 364).

Em certos trechos, o "efeito Bela Adormecida" se dá literalmente: os personagens adormecem de fato. Depois de tentar inutilmente explicar a Toby a natureza filosófica do tempo, Walter fica exausto e cai no sono, sendo imitado por Toby. Tristram os deixa dormindo e aproveita para escrever seu prefácio. "Todos os meus heróis estão fora de minhas mãos; pela primeira vez disponho de um momento e vou fazer uso dele, escrevendo meu prefácio" (TS, III, 20, 202). Terminado o prefácio, Tristram desperta os dois irmãos por intermédio de uma porta mal azeitada, que range quando Trim a abre (TS, III, 22, 213).

Outra técnica é a inversão, por meio da qual o narrador age sobre a flecha do tempo, corrigindo sua irreversibilidade. Há *flashbacks*, *flash-forwards* e a interpenetração de ambos. O livro começa antes do começo e termina antes do fim. O começo, que deveria ser a história da vida de Walter e Toby, acaba sendo a história das calamidades pré-natais que perturbaram a concepção do herói e dos desastres que presidiram a seu nascimento. O fim, que deveria ser a maturidade do herói, no momento em que ele começa a escrever suas memórias, é o episódio final dos amores do tio Toby, isto é, quatro anos antes do nascimento de Tristram. No último volume, aparece o pastor Yorick, que toma parte na discussão sobre o touro impotente, enquanto o primeiro volume descrevera a morte desse mesmo pastor. Toby e Trim participam ativamente dos acontecimentos relacionados com o nascimento de Tristram, no início do livro, mas sua morte é descrita numa passagem consagrada a episódios que se passaram vários anos antes desse nascimento. No dia do parto, em 1718, aparece de repente um Tristram adulto, escrevendo suas memórias em 9 de março de 1759, isto é, com quase 41 anos.

Em vez de imobilizar e inverter, a câmara shandiana pode também retardar a ação. Esse efeito de retardamento é obtido principalmente pelas digressões. Desde as primeiras páginas do livro, Tristram pede licença para contar a história à sua maneira, mesmo que isso significasse demorar-se na estrada, "vadiar no caminho" (TS, I, 6, 41).

Mas assim como o narrador difere o progresso da ação, ele pode fazê-la avançar mais rapidamente. A câmara acelerada substitui a câmara lenta. São os dois extremos do método do narrador. Às vezes ele sente necessidade de contar todos os pormenores, de evitar qualquer empobrecimento do real, de captá-lo em toda sua riqueza de objetos e aspectos, em todos os reflexos que projeta na consciência do narrador e dos personagens. Por isso, não seleciona nada, não exclui nada, o que exige paradas freqüentes, desvios e retrocessos, para que tudo seja observado, registrado, inventariado. Mas, em outros momentos, o narrador se impacienta, convence-se da futilidade da descrição enciclopédica, do registro exaustivo, e a narrativa se torna rápida, alusiva, lacunar. O melhor exemplo é a própria autobiografia de Tristram. O narrador não explica nada sobre a vida do personagem, com exceção dos três ou quatro episódios de sua concepção, nascimento e maturidade. É que a câmara, aqui, optou pelo movimento rápido. As imagens desfilaram com tanta velocidade que o espectador só conseguiu captar uma ou outra cena, e acabou tendo que reconstituir o filme em sua imaginação. Num extremo, tudo é importante, e a câmara lenta se impõe, para que nada se perca; no outro extremo, nada vale a pena, ou pouco, e não há razão para evitar os hiatos e lacunas do texto, o que requer uma câmara altamente seletiva, em que as imagens se sucedem com a rapidez do relâmpago.[1]

A representação shandiana do espaço é tão caprichosa quanto a do tempo. Assim como o tempo do relógio, o espaço geométrico se desmaterializa, transformando-se em vivência subjetiva. Os personagens viajam, mas o espaço que eles percorrem não se estende em linha reta de um ponto a outro, de uma cidade a outra. Este espaço previsível era o dos viajantes do *Grand Tour*, com um itinerário preciso, programado para que os jovens ingleses de classe alta pudessem completar e aprimorar sua educação. Era também o espaço do *Bildungsroman*, como nos anos de peregrinação de Wilhelm Meister, de Goethe, em que cada experiência encontrada no meio do caminho contribuía para a formação moral e intelectual do viajante. O espaço shandiano se parece mais com o do romance picaresco, como no *Lazarillo de Tormes*, ou no *Quixote*. Sua lei é o acaso, a contingência dos encontros fortuitos, como no outro *best-seller* de Sterne, *Sentimental Journey*, ou, pelo contrário, a Necessidade, o Destino, a Morte, como no volume VII de *Tristram Shandy*: "Eu a arrastarei num giro do qual ela não tem a menor idéia; pois hei de galopar, sem olhar uma só vez para trás, até as margens do Garonne; e se a ouvir chacoalhando em meus calcanhares, fugirei para o monte Vesúvio, dali para Joppa, e de Joppa para o fim do mundo, onde, se ela continuar me seguindo, peço a Deus que ela quebre seu pescoço" (TS, VII, 1, 460).

O viajante shandiano nunca visita o que interessa aos viajantes normais. Em *Sentimental Journey*, o pastor Yorick se gaba de não ter visto "o Palais Royal — nem o Luxembourg — nem a fachada do Louvre — nem de ter aumentado o catálogo existente de quadros, estátuas e igrejas".[2] É que o espaço é vivido e recordado de modo tão subjetivo quanto o tempo, ao sabor dos interesses e caprichos do viajante, de suas simpatias e antipatias — afinal, Yorick é um "*sentimental traveller*", interessado em pessoas, e não em monumentos, movido por seus afetos e sentimentos, e não pela fria racionalidade de um guia turístico.

Se o viajante se comporta desse modo caprichoso, o narrador que relata essas viagens é igualmente caprichoso, só narrando o que interessa narrar. Aqui o capricho assume a máscara da objetividade: se o historiador vai sempre em frente, desdenhando os caminhos laterais, está omitindo a descrição de regiões inteiras da realidade. Para que o espaço real possa ser transposto sem falsificações no espaço narrativo, a totalidade desse espaço precisa entrar no texto. "Pois como pode alguém dotado de um mínimo de imaginação continuar sua viagem em linha reta, em vez de seguir todos os desvios possíveis? Como cavalgar de Roma a Loretto, por exemplo, sem inserir histórias, decifrar inscrições, convocar personagens? Em cada etapa da jornada "há arquivos... a serem examinados, e rolos, e registros, e documentos e intermináveis genealogias... em suma, é um nunca acabar" (TS, I, 14, 65).

Como o espaço do narrador é sempre o espaço evocado, e nunca o que foi efetivamente percorrido pelo viajante, pode ocorrer que duas viagens feitas no mesmo espaço, mas em momentos diferentes, sejam vividas subjetivamente como simultâneas: o narrador-viajante faz as duas viagens ao mesmo tempo. Assim, ao narrar sua viagem como adulto à cidade de Auxerre, Tristram evoca sua viagem como adolescente à mesma cidade, em companhia de Walter e de Toby, o que o leva a concluir, com sua peculiar lógica shandiana, que ele está fazendo ao mesmo tempo as duas viagens. "Agora, este é o novelo mais enredado de todos... Pois estou fazendo duas viagens ao mesmo tempo, e com a mesma penada... Meti-me numa situação mais complicada que a vivida por qualquer outro viajante antes de mim" (TS, VII, 28, 492).

Esse tratamento arbitrário dispensado ao tempo e ao espaço pelo uso das várias técnicas examinadas se reflete no caráter arbitrário das diferentes unidades lógicas — dedicatória, prefácio, capítulos.

Numa novela normal, a dedicatória deveria servir de pórtico ao livro. Tristram faz a sua no final do capítulo 8 do volume I. Ele começa com uma invocação — *My Lord* — deixando em branco o nome do personagem, e oferece a dedicatória, ao preço de cinqüenta guinéus, a qualquer duque, marquês, conde ou barão que deseje comprá-la, comprometendo-se, na segunda edição do livro, a preencher o espaço em branco com o nome do comprador (TS, I, 8, 45).

É óbvio, para qualquer autor não-shandiano, que um prefácio deve vir antes do texto. Nada menos evidente para Tristram. É claro que também para ele o livro deve ter um começo, um meio e um fim, embora não necessariamente nessa ordem. O fim pode estar no começo, o começo no fim, e um e outro podem estar no meio. Se é assim, o que impediria um prefácio de vir no meio da novela, por exemplo, no capítulo 20 do volume III? Conseqüentemente é ali que Tristram põe seu prefácio, consagrado à tese de que o espírito (*wit*) e o julgamento não se excluem (TS, III, 20, 202-11).

E os capítulos? Normalmente eles deveriam ser consecutivos — o segundo depois do primeiro, o terceiro depois do segundo etc. Para Tristram, isso é uma tirania insuportável. No último volume, Tristram decide que precisa escrever o capítulo 25 antes dos capítulos 18 e 19, por mais que os críticos o censurem. Pois "como poderiam eles prever a necessidade em que eu me encontrava de escrever o capítulo 25 do meu livro antes do capítulo 18 etc.?" (TS, IX, 25, 602). Em conseqüência, ele passa diretamente do capítulo 17 ao 20, e só muito mais tarde escreve os dois capítulos pulados, o que produz a seguinte série: 20, 21, 22, 23, 24, 25, 18, 19... Necessidade? Digamos necessidade shandiana. A inversão dos capítulos reflete a técnica da inversão que Sterne aplicou ao lidar com o tempo da ação, levando-o a terminar antes do começo.

A imobilização é o tempo zero da ação, o tempo sem tempo durante o qual não acontece nada, ou muito pouco. Ela se traduz visualmente em dois procedimentos típicos: a supressão dos capítulos e sua substituição por páginas em branco.

Tristram suprime de todo o capítulo 24 do volume IV. Passamos do capítulo 23 diretamente ao 25, o que se reflete na numeração das páginas. Na edição Penguin, o leitor passa diretamente da página 300 à 311. Tristram defende a supressão por razões estéticas. As páginas que faltam eram tão bem escritas, tão superiores ao resto do livro, que destruiriam o equilíbrio entre as diferentes partes da obra. Mas penso que a verdadeira explicação é outra. No capítulo extinto, Tristram descreveria a viagem de Walter e seus companheiros a uma casa em que se realizaria uma reunião de teólogos, para discutir a questão gravíssima da possibilidade de mudar o prenome de Tristram, depois de efetuado o batismo. Ora, toda essa viagem foi feita sob o signo de mais uma excentricidade de Walter. Ela se realiza a cavalo, e não no coche da família Shandy, simplesmente porque as armas pintadas no veículo estavam heraldicamente incorretas, dando a impressão de que havia um ramo bastardo na família. O narrador não deixa dúvida sobre sua opinião a respeito: esse orgulho nobiliárquico era grotesco, e a questão era indigna de ocupar a atenção de pessoas sérias. "É dificilmente crível que o espírito de um homem tão sábio quanto meu pai pudesse dar importância a uma questão tão pequena" (TS, IV, 25, 311-2). Ou seja, insignificante demais, a questão podia ser dada por inexistente, e o episódio da cavalgada até a casa do teólogo, relacionada com essa não-questão, podia ser tratada num não-capítulo. Para todos os efeitos práticos, o tempo em que ela se realizou era um tempo vazio, exatamente como aqueles em que os personagens ficam imobilizados, aguardando o reinício da ação.

Outra maneira de refletir a imobilização é deixar capítulos em branco, como contrapartidas visuais dos tempos em branco. Essa técnica pode ser exemplificada com os mesmos capítulos 18 e 19 do volume IX, que ilustraram a técnica da inversão. Tristram não se limita a inverter a ordem, inserindo esses capítulos no capítulo 25, mas assinala graficamente os espaços vazios: depois do capítulo 17 vem uma página em branco, representando o capítulo 18, e uma página parcialmente em branco terminando em uma partitura musical, que representa o capítulo 19. Sterne poderia ter facilmente invertido a ordem dos capítulos, sem ter deixado as páginas em branco. Mas teria com isso omitido uma informação essencial, a de que os dois capítulos correspondiam na verdade a dois não-acontecimentos. No capítulo 18, o tio Toby não fez nada para demonstrar o seu amor. Por inexperiência na arte de fazer a corte, ele se limita a dizer que estava enamorado, e senta-se no sofá, sem acrescentar nada. A viúva espera, em vão, que ele desenvolva o tema; mas o tempo passa, e Toby continua mudo e imóvel. O capítulo 19 descreve outra não-ação. Toby faz uma proposta de casamento e mergulha, ato contínuo, na leitura da Bíblia, na parte mais apaixonante para seus interesses guerreiros — o cerco de Jericó. De novo, ele não acrescenta nada. "Tendo dito isto, meu tio Toby não quis dizê-lo de novo; assim, lançando seus olhos sobre a Bíblia [...] começou a ler a passagem, deixando sua proposta de casamento fazer seu próprio caminho, à sua moda, junto à interessada, como acontecera com sua declaração de amor" (TS, IX, XXV, 605). Nos dois casos, estamos diante de um tio Toby que depois de ter dito coisas completamente insuficientes, fica petrificado, seja na posição de uma estátua sentada, seja na de uma estátua lendo as Santas Escrituras. É verdade que esses dois tempos não são totalmente vazios. Apesar de tudo, Toby deflagra certas reações, dizendo no capítulo 18 que amava Mrs. Wadman e no 19 que queria casar-se com ela. Por isso, os capítulos são suprimidos, porque desaparecem da seqüência normal, substituídos por espaços em branco, e não o são, porque reaparecem, misteriosamente, no interior do capítulo 25. Com as páginas em branco, Tristram alude à pobreza dos conteúdos, mas reintroduzindo mais tarde os capítulos, ainda que invertidos, reconhece que eles não foram inteiramente nulos. Retirando esses capítulos de sua seqüência normal, Tristram obtém um poderoso efeito estético: cria, de saída, um contraste entre as expectativas amorosas de Toby ao entrar na casa da viúva, descritas no capítulo 17, e a decepção provocada pela curiosidade inconveniente da cortejada, descritas no capítulo que se segue imediatamente, o 20, cuja primeira frase alude ao desejo da viúva de ver o lugar em que Toby tinha sido ferido. Assim, a inversão desempenha o papel de criar uma relação imediata de contigüidade entre essas duas situações contrastantes, deslocando para depois os episódios intermediários, enquanto as páginas em branco têm a função de designar o vazio relativo dos acontecimentos incompletos.

Esses misteriosos capítulos em branco colaboram também para o atingimento de outro objetivo shandiano: o retardamento. O retardamento é obtido pela técnica da repetição. Assim, os capítulos 18 e 19 aparecem duas vezes, a primeira como espaço em branco e a segunda como texto. A repetição não está somente no fato de que as indicações "Capítulo 18" e "Capítulo 19" aparecem nas duas vezes, mas no fato de que o capítulo "pleno" se limita a duplicar o capítulo "vazio", que para um olhar atento não é tão vazio assim.

Assim, na versão "plena" do capítulo 18, a viúva Wadman fica olhando para um rasgão que ela estava cerzindo em seu avental, enquanto esperava em vão que o tio Toby acrescentasse alguma coisa às quatro palavras com que ele declarara seu amor. "Mrs. Wadman naturalmente olhou para baixo, para um rasgão (*slit*) que ela estava cerzindo em seu avental, esperando, a todo momento, que meu tio Toby continuasse" (TS, IX, 25, 603). Ora, se levarmos em conta que *slit* significa também *fenda*, cujo significado sexual é óbvio tanto em inglês como em português, não teríamos dificuldade em interpretar o gesto da viúva como uma ação sintomática no mais puro sentido freudiano: as palavras de Toby tinham dirigido os pensamentos da viúva para o ato sexual. Para os que julgam rebuscada essa interpretação, recomendo que meditem a seguinte passagem de Freud, a propósito, precisamente, de *Tristram Shandy*: "Na questão das ações sintomáticas, a observação psicanalítica deve ceder a prioridade aos escritores. O sr. Wilhelm Stross me chama a atenção para a seguinte passagem no romance humorístico de Laurence Sterne, *Tristram Shandy* [...]".[3] Freud cita em seguida, em alemão, uma longa passagem de *Tristram Shandy*, que me permito abreviar e citar em português: "Há mil aberturas que não reparamos, continuou meu pai, que deixam um olhar penetrante entrar imediatamente na alma de um homem; e sustento, acrescentou ele, que não há homem sensato, tirando seu chapéu ao entrar num quarto, ou pegando seu chapéu ao sair dele, que não se revele por alguma coisa que escapara à sua atenção" (TS, VI, 5, 401-2).

Por outro lado, o capítulo 19, em sua versão "plena", é uma preparação para a pergunta que se revelaria fatal para os projetos matrimoniais da viúva: ela queria saber o "lugar" em que Toby tinha sido ferido, pergunta que o inocente militar interpreta num sentido geográfico.

Assim, os dois capítulos contêm materiais sexualmente explosivos, apontando, respectivamente, para o pólo feminino e o masculino da relação genital. É por isso que num primeiro momento eles são censurados, dissolvendo-se numa página em branco (versão "vazia") e só reaparecem num segundo momento (versão "plena"), depois de parcialmente dissimulados pela descontextualização e pela inversão, que os retiram de sua seqüência natural. Desse modo, para um "olhar penetrante", a versão "plena" é uma simples repetição da versão "vazia". A mesma história é por assim dizer contada duas vezes, a primeira pelo silêncio e a segunda pela linguagem. A reiteração se põe a serviço do retardamento.

A extrema irregularidade no tamanho dos capítulos exprime o arbítrio do narrador no tratamento dos ritmos temporais. Há capítulos anormalmente longos e outros brevíssimos, que mostram a alternância entre a técnica do retardamento e a da aceleração. O tempo se arrasta, interminável (não é esse o sentido da palavra *Langeweile*, em alemão?), em capítulos como o 17 do volume II, que contém um sermão completo de Yorick, com mais de vinte páginas de texto (TS, II, 17, 137-58), ou no capítulo inicial, não-numerado, do volume IV, com o conto atribuído a Slawkenbergius, o douto cronista dos narizes fálicos: quase trinta páginas (TS, IV, 248-73). Os minutos se esticam, a câmara lenta explora tudo e não poupa nada. No outro extremo, há inúmeros capítulos com menos de dez linhas e vários com pouco mais de duas linhas, como o capítulo 5 do volume IV, em que Walter se irrita com Toby, dizendo que não é o momento de falar em pensões de granadeiros (TS, IV, 5, 278); o capítulo 15 do volume VI, em que Walter decide que digam o que disserem ele vai impor ao menino o uso das calças (TS, VI, 15, 419); e o capítulo 9 do volume IX, seguindo-se à invocação a Jenny, já mencionada, na qual ele dissera: "Que o Céu tenha piedade de nós dois". Esse capítulo consta unicamente das palavras: "Agora, eu não daria um tostão para saber o que o mundo pensa dessa ejaculação" (TS, IX, 9, 582). Esses capítulos minúsculos dão evidentemente a impressão de uma grande velocidade temporal. O contraponto entre capítulos tão longos que põem à prova a paciência do leitor e tão curtos que mal podemos sentir sua necessidade traduz com muita exatidão o modo astuciosamente ambivalente com que Tristram se relaciona com o tempo da ação, ora diferindo a narrativa com intercalações infinitas, ora movendo-se com tanta rapidez que anos e mesmo décadas inteiras são telescopadas em poucos minutos de tempo narrativo.

As peculiaridades gráficas do livro são sobredeterminadas: elas exprimem, também, as distorções espaciais. Pode-se especular, por exemplo, que os capítulos longos correspondam às distâncias que a imaginação shandiana alonga em excesso, e os menores aos trajetos anormalmente encurtados.

Vimos que os autores shandianos têm uma clara consciência do poder do tempo sobre as pessoas, seja porque ele as submete ao declínio e à extinção, seja porque impõe o peso do passado sobre o presente. Eles reagem a essa consciência fingindo ser senhores daquele mesmo tempo do qual se sabem meros joguetes.

Sterne acentua mais o primeiro aspecto dessa relação com o tempo — a consciência do efêmero —, e Diderot o segundo — a revolta diante do determinismo do passado.

Isso não significa que não haja em Diderot o *topos* da passagem dos anos. No *Sonho de d'Alembert*, ele escreve que "tudo muda, tudo passa, só o todo resta".[4] Em *Jacques o fatalista*, a aparência atual da estalajadeira, que conta a história de Madame de la Pommeraye, é confrontada com sua beleza de jovem, e por esse critério é a simples sombra de uma beleza que o tempo extinguiu: "Eu não a comparo a outra mulher", diz Jacques, "mas a ela mesma quando jovem" (JF, 573). O tempo nos condena à decrepitude e mostra a fugacidade de tudo o que parecia eterno. Nossas juras de amor perpétuo se fazem sob um céu que muda a cada instante, ao lado de uma rocha que se esvai em poeira. "A primeira jura que se fizeram dois seres de carne e osso foi junto de um rochedo que caía em poeira; eles tomaram como testemunha de sua constância o céu, que nunca é o mesmo; tudo passava neles e em torno deles, e eles acreditavam que seus corações estavam livres de vicissitudes. Ó crianças, sempre crianças!" (JF, 567). É exatamente o tom de Tristram, quando se dirige à sua "querida Jenny". É o tema clássico por excelência, de Horácio a François Villon ("Mas onde estão as mulheres de outrora?"), e também um tema romântico. Alfred de Musset copiou quase literalmente a passagem de Diderot. "Sim, os primeiros beijos, sim, as primeiras juras / Que dois seres mortais trocaram na Terra / Foi ao pé de uma árvore desfolhada pelo vento / Sobre uma rocha que se dissolve em pó. / Tomaram como testemunha de sua felicidade efêmera / Um céu sempre velado que muda a cada momento / E astros sem nome que sua própria luz / Devora incessantemente."[5]

Mas o que predomina de fato, em *Jacques o fatalista*, é a outra face da hegemonia do tempo: a determinação do nosso presente (e do nosso futuro) pelo passado. O tempo não se limita a matar-nos e a matar tudo o que em nós é mortal, tudo o que ao nosso redor parece eterno; ele nos escraviza a seu capricho. Este é o sentido temporal do fatalismo. Se não somos livres, é em grande parte porque somos determinados por nosso passado e pelo passado de todo o gênero humano. O que queremos hoje é o produto de toda a nossa biografia, das influências que nos constituíram, da educação que recebemos, das idéias que nos moldaram e deixaram traços em nosso cérebro, das predisposições hereditárias, dos fatores do meio. Nosso presente não é só o efeito necessário do nosso passado, mas de toda a história humana. Se existo hoje, se penso, se penso certas coisas e ajo de determinada maneira, é porque milhões de seres pensaram e agiram antes de mim. Sou um elo na cadeia das coisas e dos seres, desde a criação do mundo, supondo que o mundo tenha sido criado, ou desde sempre, supondo que o mundo e a matéria sejam eternos. Diderot partilha com quase todos os filósofos da Ilustração a idéia desse encadeamento necessário, que reduz a nada minha pretensão de ser um começo absoluto e de produzir *ab initio* séries temporais que só dependam de minha vontade.

Daí o "fatalismo" de Jacques. Esse termo, no século XVIII, recobria tanto a tese de que o homem é movido por um destino fixado pelos astros e pela Providência, como a de que o presente é determinado por fatores materiais inscritos em nosso passado, ou seja, o que hoje chamamos determinismo. Jacques é fatalista nos dois sentidos.

Sua frase predileta é puramente muçulmana: estava escrito. Sua prece é: "Tu que fizeste o grande rolo, quem quer que sejas, e cujo dedo traçou a grande escrita que está no alto, soubeste desde sempre aquilo de que eu necessitava. Que tua vontade seja feita, amém" (JF, 610). É o fatalismo, nesse sentido quase religioso de predestinação, que faz Jacques achar que desde toda eternidade seu joelho deveria ser ferido por uma bala disparada na batalha de Fontenoy. Numa frase imitada de *Tristram Shandy*, Jacques afirma que cada bala disparada tinha um bilhete com o nome do seu destinatário (JF, 475). É esse fatalismo que assegura a tranqüilidade de suas noites. Se estivesse escrito no "grande rolo" celeste que ele seria enganado por Denise, ele o seria, e não o seria se o grande rolo dispusesse o contrário.

Mas além disso Jacques é determinista no sentido da filosofia do seu tempo, a doutrina sustentada por Holbach, Helvétius e até por Voltaire. Segundo este, por exemplo, o assassinato de Henrique IV só aparentemente foi uma ação voluntária. Na verdade, era "um elo na grande cadeia dos destinos". Por quê? A resposta é dada por um brâmane. Conversando com um jesuíta que sustentava a tese dos "futuros contingentes" — os que podem ou não ocorrer, dependendo da livre vontade dos homens —, o brâmane, um patriarca de 120 anos, expressa seu desacordo, porque certa vez, pelo mero fato de começar um passeio à beira-mar com o pé esquerdo, em lugar do direito, ajudara a provocar um regicídio. Usando desastradamente o pé errado, causou a queda no mar de um amigo, que se afogou, deixando uma viúva. Esta se casou com um comerciante armênio e teve uma filha, que se casou com um grego. A filha desse grego se estabeleceu na França e casou-se com o pai de Ravaillac, que apunhalou o rei.[6] E depois vão dizer que tudo o que acontece não é determinado pelos elos invisíveis de uma grande cadeia temporal!

Para a Ilustração em geral, a vontade não pode ser livre, porque ela é sempre determinada, seja por causas materiais alheias ao indivíduo, seja por idéias atuais ou passadas, que, despertadas por um objeto agradável ou desagradável, impelem necessariamente nossa vontade para agir ou deixar de agir. Quando um cavalo me joga num abismo, não sou livre, porque a ação foi determinada por um impulso heterônomo, e nisso o partidário do livre-arbítrio estaria de acordo com o determinista. Mas não sou livre, tampouco, quando decido voluntariamente precipitar-me nesse abismo, porque fui determinado por um impulso suicida, nem quando refreio meu cavalo, porque minha vontade foi determinada por uma idéia de sobrevivência, que se impõe ao meu arbítrio tão coercitivamente quanto uma causa material. Para os filósofos do século XVIII, só a infinita arrogância humana pode dar a ilusão de que o homem é o único ser, de toda a vasta natureza, que não é regido por leis necessárias.

É exatamente a opinião de Jacques. Para ele, a ação presente é determinada necessariamente por todo o encadeamento de causas e efeitos preexistentes, e a ação futura seria matematicamente previsível se conhecêssemos tudo o que nos determinou no passado e nos determina no presente. Nossa duração é, portanto, uma seqüência de efeitos necessários. "Se conhecêssemos o encadeamento das causas e efeitos que formam a vida de um homem desde o primeiro instante do seu nascimento até seu último suspiro, estaríamos convencidos de que não fez senão o que era necessário fazer... Minha duração não é mais, portanto, que uma seqüência de efeitos necessários" (JF, 620-1).

Mas esse tempo tão onipotente pode ser desafiado. É o privilégio do autor shandiano, e o narrador de *Jacques o fatalista* usa e abusa dessa prerrogativa. Ele desvaloriza o tempo da história e desorganiza o tempo da ação.

Jacques o fatalista contém duas ou três alusões à história contemporânea. Diderot menciona, de passagem, a batalha de Fontenoy (JF, 475) e a captura de Berg-op-Zoom e de Port-Mahon (JF, 484). São episódios importantíssimos da história européia. Os dois primeiros são etapas fundamentais da Guerra de Sucessão da Áustria, que opõe de um lado Maria Teresa e seus aliados (Inglaterra, Holanda e Rússia) e de outro a França, aliada do eleitor da Baviera (pretendente do trono imperial) dos Bourbon da Espanha e da Itália, e sobretudo do rei da Prússia, Frederico II. A guerra durou perto de oito anos (1741-8), e um dos seus teatros decisivos foi a Holanda, onde se deram as duas primeiras batalhas mencionadas por Diderot, ganhas pelos franceses de Maurice de Saxe: a de Fontenay em 1745 e a de Berg-op-Zoom em 1747.

A guerra terminou pela paz de Aix-en-Chapelle (1748), uma das mais desastrosas jamais assinadas pela França, que renunciou com ela a todas as suas conquistas, apesar de tecnicamente vitoriosa. Foi o princípio do fim para as pretensões hegemônicas da França no continente. A terceira batalha, a de Mac-Mahon (capital de Majorca) foi igualmente rica de conseqüências, porque pode ser considerada o episódio inicial da Guerra dos Sete Anos (1656-1763), que foi decisiva nos destinos da Europa e da França. Foi o período da revolução diplomática em que a França, desde Luís XIII inimiga hereditária dos Habsburgo, inverteu seu sistema de alianças e aproximou-se de Maria Teresa. Foi o período em que a França, agora adversária da Prússia, sofreu de Frederico II a derrota humilhante de Rossbach (1757), deixando de ser a principal potência militar da Europa continental. Foi o período em que as finanças da França começaram a ser dilapidadas, em que o país perdeu grande parte do seu império colonial, em que se criaram condições para a aliança com a América, anos depois; em suma, o período em que se acumularam os desastres que levariam ao fim da velha monarquia.

Nada disso se reflete em *Jacques o fatalista*. Em parte, essa omissão traduz a indiferença que Diderot sempre manifestara por guerras dinásticas. Quando as cláusulas do Tratado de Aix-la-Chapelle foram conhecidas em Paris, houve uma explosão de cólera popular, e as mulheres dos Halles enriqueceram a língua francesa com uma locução nova: *bête comme la paix*. Não há reflexos dessa emoção na obra de Diderot. Quanto à Guerra dos Sete Anos, ela mobilizou a população inteira, mas não parece ter impressionado Diderot. Com exceção de alusões brevíssimas nos seus dois principais dramas, *O filho natural* e o *Pai de família*, não há um único texto seu, uma só carta, que se refiram à guerra. Se ela o afetou, foi sobretudo porque o separou do seu amigo Grimm, destacado durante algum tempo para servir no Estado-Maior de um marechal francês, durante a campanha de Westphalia.[7]

Mas independentemente de idiossincrasias pessoais, a indiferença à história parece ser uma lei estrutural da novela shandiana, e *Jacques o fatalista* é perfeitamente fiel às exigências de sua forma. A história externa é reduzida em sua escala, transformando-se em pano de fundo para a vida dos personagens. Fontenoy se converte num simples elo da cadeia de efeitos que condicionam a biografia de Jacques. O tiro que o feriu só tem significação porque se insere numa série temporal que determinaria o seu destino. "Deus sabe as boas e más aventuras provocadas por esse tiro. Elas aderem umas às outras exatamente como os elos de uma pulseira" (JF, 475). Mas não poderia o tiro, a partir de Jacques, produzir efeitos na história mundial, influenciando a sorte da guerra ou derrubando uma dinastia, como o acidente na costa de Malabar levara à morte de Henrique IV, com todas as suas conseqüências políticas? Para o brâmane de Voltaire, sem seu pé esquerdo a história "das casas de França e de Áustria teriam tido um desfecho diferente. As guerras entre a Alemanha e a Turquia teriam tido outras conseqüências. Essas conseqüências teriam influenciado a Pérsia, a Pérsia as Índias. Vedes assim que tudo dependia do meu pé esquerdo, o qual estava ligado a todos os outros acontecimentos do universo, passados, presentes e futuros" (V, 312). Com Diderot, tudo se inverte. O pé do brâmane é uma causa privada produzindo efeitos públicos, o joelho de Jacques é o efeito privado de uma causa pública, e na verdade a única justificativa para esse acontecimento histórico. Toda a máquina do universo, toda a astúcia das chancelarias, toda a bravura dos combatentes foram postas em movimento para o único fim de ferir o joelho de Jacques, ocasionando um episódio mais importante que o destino de todos os reis da Terra: os amores de Jacques. "Sem esse tiro [...] eu nunca teria me apaixonado em minha vida, nem ficado coxo" (JF, 475). A doutrina do fatalismo é mobilizada para depreciar as grandes ações históricas. Elas não são produzidas pela clarividência dos chefes, pela habilidade dos generais, mas pelo encadeamento necessário das causas e efeitos. "O cálculo que se faz em nossas cabeças, e o que se fez no registro lá de cima, são duas coisas bem diferentes. Somos nós que dirigimos o destino, ou o destino que nos dirige? [...] Quantos projetos insensatos deram certo, e quantos darão certo! É o que o meu capitão me repetia, depois da tomada de Berg-op Zoom e de Port-Mahon" (JF, 484). Eis a que se reduziam essas grandes vitórias: efeitos necessários de cálculos insensatos, tão independentes do saber estratégico de Maurice de Saxe e do duque de Richelieu quanto a fertilização do Egito pelas cheias do Nilo era independente do saber mágico dos sacerdotes faraônicos. Temos a impressão de ler as tiradas de Tolstói contra o suposto gênio militar de Napoleão, cujas vitórias, na verdade, dependiam do concurso cumulativo de milhares de fatores encadeados. Mas para que serve, então, a prudência dos homens, sua capacidade de previsão? Para nos consolar, na hipótese de um fracasso, porque ao menos teremos feito o que estava a nosso alcance para evitar o desastre. Em última análise, a prudência em questões políticas serve para produzir um efeito privado por excelência, assegurar ao chefe um sono tranqüilo, esse sono dos justos que era o privilégio de Jacques, quer fosse ou não traído por Denise. Por isso o capitão de Jacques, depois de ter agido como a prudência lhe recomendava, "dormia em sua tenda na véspera de um combate como se estivesse em sua guarnição e ia enfrentar o fogo como quem ia ao baile" (JF, 484). Em suma, como autor e como particular Diderot está sujeito a todas as vicissitudes da história — ele pode ser acusado, por exemplo, de colaboração com o inimigo, quando mantém relações cordiais com os escritores ingleses em plena Guerra dos Sete Anos. Mas, como narrador shandiano, ele desdenha a história. A música marcial ainda ecoa, mas em surdina. A história é uma dobra no forro do casaco de Jacques. Ela é um ornato, um adereço cênico, tempo objetivado, transformado em coisa, a coisa-relógio, por exemplo, que o patrão não cessa de consultar durante toda a duração da viagem.

Assim como maltrata a história externa, o narrador violenta metodicamente o tempo da ação. Como indivíduo, é um simples elo na cadeia das coisas; não é livre, num universo determinista, de originar nenhum começo absoluto, pois tudo já está prefixado para sempre. Mas como autor shandiano ele não se sujeita a nenhuma inibição: é dono do tempo.

Em teoria, Jacques e seu amo são fatalistas. Mas, nos momentos decisivos, eles não somente se recusam a acreditar que o futuro está inscrito no "grande rolo celeste", como julgam que o próprio passado é ainda suscetível de modificação. Na prática, o homem não se limita a determinar o que ainda não aconteceu; ele é livre, também, de dar por não-acontecido o acontecido. O tempo se oferece, passivamente, à livre manipulação do personagem shandiano.

O narrador se arroga o mesmo privilégio que outorga às suas criaturas. Soberano do tempo, pode recorrer livremente a cenários virtuais, mudando o destino dos seus personagens, e se nem sempre cede a essa tentação é porque afinal não está escrevendo um romance, e sim fazendo obra de historiador. É uma limitação, mas uma limitação livre, porque auto-imposta. Ele poderia, se quisesse, alterar o tempo vivido pelos personagens, fazendo o leitor esperar por dois ou mesmo três anos pelo desfecho da narrativa dos amores de Jacques, separando, desde o início, o patrão e o servidor, casando o patrão e pondo-lhe chifres, embarcando Jacques para as ilhas, fazendo o mesmo com o patrão, e promovendo o regresso de ambos no mesmo navio. (JF, 476). Se quisesse, poderia alterar o passado narrado, mudando a narrativa dos amores de Jacques. Por exemplo, entre os cirurgiões poria um celerado, que jogaria o ferido num abismo, de onde ele seria salvo por um dos seus companheiros de regimento. Faria os viajantes encontrarem, no final da jornada, a dama Suzon ou a dama Marguerite, amores de adolescência de Jacques. Com tudo isso, alteraria a duração real da jornada, dilatando-a por muitos anos, em vez dos poucos dias que ela de fato durou. O passado, o presente e o futuro, vividos pelos personagens, teriam outros conteúdos. O passado narrado por Jacques, anterior ao início da novela, seria outro, porque sua memória seria abastecida com reminiscências alternativas. Virtuosamente, o narrador assegura que não fez nada disso, tolhido pelas exigências da verdade. Contingentes para o narrador principal, todos esses passados, presentes e futuros, vividos ou narrados, são inalteráveis para alguém, como o narrador principal, que diz contar apenas o que de fato aconteceu.

Só que esse autor tão escrupuloso é um narrador shandiano, e não um historiador. Se ele se proíbe, exercendo sua liberdade — *il ne tiendrait qu'à lui* / só dependeria dele — de inventar para seus personagens biografias fraudulentas, exerce sua liberdade truncando, com uma perversidade verdadeiramente sádica, todas as articulações temporais. Para isso usa, com supremo virtuosismo, a técnica da temporalidade cruzada, que Sterne tinha apenas esboçado. E usa também, com não menor sutileza, as outras técnicas de desorganização temporal: a imobilização, a inversão, a aceleração e o retardamento.

Recorde-se, quanto à técnica da temporalidade cruzada, a distinção que formulei entre as três esferas temporais: a esfera I, o tempo do narrador; a esfera II, o tempo da ação, durante o qual se realiza a viagem; e a esfera III, correspondendo ao passado contado pelos personagens.

O narrador (esfera I) tem seu presente e seu passado. Em cada uma das interrupções é seu presente que corta o fluxo da narrativa. A temporalidade da trama é suspensa. Cada vez que reflete e divaga, o que ele está dizendo é no fundo o seguinte: agora, neste instante, só existo eu, autor deste livro, não em qualquer momento, mas precisamente agora, no momento exato em que reflito e divago. Mas o narrador tem também um passado, que ele não hesita em revelar ao leitor. Ao fazê-lo, não somente relata a narrativa principal — a história de Jacques e seu patrão — como produz, à semelhança dos seus personagens, e competindo com eles, narrativas secundárias. Por exemplo, ele conheceu, certa vez, um poetastro que aconselhou a ir a Pondichéry, em vez de fazer maus versos. "Um dia, veio a mim um jovem poeta, como vêem todos os dias..." (JF, 504). É um passado cheio de episódios interessantes, leitor amigo. Eu que te falo conheci uma vez o equivalente em carne e osso de um personagem de Molière. Era Gousse. Certa vez ele teve um diálogo absurdo com minha mulher, dizendo, entre outras extravagâncias, que só tinha uma camisa, porque só tinha um corpo. Em outra ocasião, tive um novo encontro com Gousse, em que ele me conta a história do processo que movera contra si mesmo. Quando? Num momento preciso do passado do narrador: "Era num dia de Pentecostes, pela manhã..." (JF, 543).

É difícil reconstruir a temporalidade da viagem (esfera II), mas não é uma tarefa acima das forças humanas. A ação deve passar-se por volta de 1765, pois Jacques diz que estava mancando há vinte anos, e a data do ferimento, na batalha de Fontenoy, fora em 1745. Descontados os quinze dias durante os quais Jacques e o patrão permanecem numa cidade onde o patrão tinha negócios a resolver, a viagem dura doze dias: onze para chegarem até essa cidade e um para alcançarem o local onde o patrão mata em duelo o cavaleiro de St. Ouin. Se incluirmos, além dos quinze dias escamoteados por Diderot, o período subseqüente, depois da fuga do patrão, que põe fim às aventuras conjuntas dos dois viajantes, o tempo vivido pelos personagens, do início ao fim do livro, abrange cerca de quatro meses. Esse período pode ser discriminado da seguinte maneira: (a) primeiro dia, em que os viajantes passam a noite ao ar livre; (b) segundo dia, em que encontram o cirurgião importuno e passam a noite ao ar livre; (c) terceiro dia, em que o patrão cai do cavalo e em que pernoitam na cidade de Conches; (d) quarto dia, em que Jacques recupera a bolsa e o relógio, em que o cavalo de Jacques, comprado na estrada, tem a fantasia de levá-lo a um morro cheio de forcas, em que aparece o cortejo fúnebre do capitão, em que Jacques cai desacordado quando seu cavalo dispara para uma cidade e em que o patrão passa a noite na cabeceira do seu servidor; (e) quinto dia, em que os viajantes chegam à hospedaria do Grand Cerf e nela passam a noite; (f) sexto dia, ainda na hospedaria, em que a estalajadeira conta a história de Madame de la Pommeraye e em que ali pernoitam de novo; (g) sétimo dia, em que os dois retomam a viagem, em companhia do marquês des Arcis, que conta a história do seu secretário, e em que todos pernoitam no mesmo albergue; (h) oitavo dia, que se reduz a um jantar de despedida, pois o marquês e seu secretário devem seguir outro caminho; (i) nono dia, em que os dois viajantes retomam sozinhos sua jornada e em que Jacques, afligido por uma grave dor de garganta, conta como se deu sua iniciação amorosa; (j) décimo dia, em que é o patrão que conta a história dos seus amores, em que ele recupera o cavalo que lhe fora roubado, em que conta a história do emplastro de Desglands e que termina com um pernoite na estrada; (k) décimo primeiro dia, em que chegam à cidade em que o patrão tinha de tratar de assuntos particulares; (l) décimo segundo a vigésimo sétimo dia, período de duas semanas que os viajantes passam nessa cidade; (m) vigésimo oitavo dia, em que os viajantes cavalgam até a cidade onde morava o suposto filho do patrão; (n) cerca de noventa dias, durante os quais Jacques é aprisionado, e depois libertado pelas tropas de Mandrin, reencontrando, no castelo de Desglands, o patrão e a heroína das histórias dos seus amores, Denise.

A terceira temporalidade (esfera III) é a dos personagens, cujo passado vai sendo revelado por suas respectivas narrativas. Limito-me, aqui, aos dois personagens principais, deixando de lado narradores secundários como a estalajadeira e o marquês des Arcis. Durante a viagem, o patrão e Jacques rememoram seu passado, que vem à luz nas narrativas paralelas de que são protagonistas.

O passado do patrão aparece sobretudo na história dos seus amores. Em sua narrativa, ele era um jovem nobre empobrecido, quando caiu nas garras de aventureiros sem escrúpulos, que acabaram de arruiná-lo, e de uma intrigante devassa, Agathe, que depois de ter engravidado do cavaleiro de St. Ouin, fez de tudo para casar-se com o jovem. Ele escapa por um triz desse casamento, mas é obrigado pela justiça a financiar a subsistência e a educação do filho de Agathe. Além disso, ficamos sabendo por outra narrativa que ele, patrão, se hospedara no castelo de Desgland, onde tentara seduzir Denise, a heroína dos amores de Jacques.

O passado de Jacques é mais difícil de reconstituir, devido ao grande número de fragmentos autobiográficos e à desordem cronológica com que são apresentados, mas a reconstrução é possível. Acompanhamos os primeiros doze anos de Jacques na casa do seu avô Jason, em que o menino era forçado a usar uma mordaça (JF, 568). Sua adolescência se passa entre a casa paterna e a do seu padrinho, Bigre. Sua iniciação sexual se dá com Justine, namorada do filho de Bigre (JF, 638). Suas proezas amorosas prosseguem com duas outras mulheres, Suzon e Marguerite (JF, 647ss.). Um dia, Jacques recebe a visita noturna do seu irmão, a caminho de Lisboa, onde ele ia se refugiar, juntamente com o irmão Ange, das perseguições dos carmelitas, e que entrega cinco luíses a Jacques (JF, 510). Pouco depois, Jacques se embriaga, esquece de levar os cavalos ao bebedouro e é espancado por seu pai. Despeitado, abandona a aldeia e se alista como voluntário (JF, 475). É ferido em Fontenoy, recolhido por um casal de camponeses, instalado na casa de um cirurgião, e vai parar no castelo de Desglands, depois de ter praticado uma boa ação com uma empregada do castelo e de ter sido assaltado por bandidos. No castelo, Jacques se apaixona por Denise, filha da mulher que ele ajudara. Mas é forçado a deixar Denise, devido às vicissitudes do seu novo ofício, o de valete. Ele trabalha primeiro para um comandante, morto em Malta, e depois para o seu inesquecível capitão, que lhe deu lições de fatalismo (JF, 611). Com o capitão, Jacques volta à vida militar. No regimento, ele testemunha a estranha relação entre o capitão e seu amigo duelista (JF, 522). É também a serviço do capitão que Jacques assiste ao episódio em que o caridoso Le Pelletier se deixa esbofetear pelo sr. Aubertot, sem reagir, pois seu único interesse é obter uma esmola para os pobres (JF, 518). Deixando o capitão, Jacques trabalha sucessivamente para um advogado de Toulouse, que enlouqueceu, para um conde, que se tornou capuchinho, para uma marquesa, que fugiu de Londres com um estrangeiro, para um dos primos da marquesa, arruinado pelas mulheres, para um usurário, que geria o patrimônio de um doutor da Sorbonne, para uma dama, sustentada por seu patrão atual, e para esse patrão, com quem trabalha há dez anos (JF, 611).

Esse trabalho de reconstituição nos fornece assim duas linhas cronológicas "normais". Há a cronologia vivida pelos personagens nos quatros meses em que se desenrola a ação, em que cada momento temporal se inscreve entre os dias que vieram antes e os que virão depois. Há também um tempo anterior à narrativa, com camadas sucessivas que podem ser ordenadas cronologicamente. O tempo vivido dentro dos quatro meses e o tempo narrado — que se dá todo inteiro no passado, mas no qual os diversos momentos estão encadeados por um ordenamento seqüencial — são ambos igualmente inteligíveis.

Mas, como bom autor shandiano, o narrador embaralha todas essas pistas. Obtivemos uma ordem, mas *a posteriori*. Na novela, como vimos, o tempo presente vivido pelos personagens e o tempo passado em que eles são mergulhados pelas narrativas paralelas são constantemente violentados.

Essa deformação é obtida, em primeiro lugar, pela intromissão do tempo do narrador (esfera I) nas outras duas esferas; em segundo lugar, por distorções intrínsecas às esferas II e III; e em terceiro lugar, por distorções produzidas pelas interferências recíprocas das esferas II e III.

Primeiro, o presente do narrador se infiltra constantemente na esfera II, interrompendo o fluxo cronológico da ação. Na hospedaria do *Grand Cerf*, o dono do albergue tem um diálogo absurdo com seu compadre que lhe pede um favor. O estalajadeiro recusa, e depois implora que o compadre consinta em aceitar o favor. Subitamente, a ação vivida é cortada pelo presente do narrador. Depois de ter admitido que essa história do homem ao mesmo tempo rabujento e prestativo se parece com a narrada numa peça de Goldoni, apresenta uma série de sugestões sobre o que o autor italiano deveria fazer para melhorar a qualidade dessa peça (JF, 557). Só então recomeça o tempo da ação. O presente do narrador se intromete, igualmente, no passado dos personagens (esfera III), tal como eles próprios o narram. As histórias de Jacques são continuamente interrompidas com comentários do narrador. Ouvida a história dos amores de Jacques com Suzon, o leitor é bruscamente trazido de volta do passado de Jacques ao presente do narrador, levando deste uma descompostura em regra. É severamente acusado de ser um tartufo, praticando a "ação genital" mas indignando-se com o nome correspondente (JF, 656).

Com freqüência, o presente do narrador se instala entre o tempo vivido e o tempo narrado. Perplexo, o narrador percebe que é preciso escolher, pois não pode contar simultaneamente a viagem e os amores de Jacques. Mal-humorado, ele responsabiliza o leitor, dizendo que este não sabe o que quer, e faz essa acusação injusta tirando o leitor de sua absorção tanto no presente vivido como no presente narrado, impondo-lhe seu próprio presente, através de uma digressão auto-reflexiva. "Para onde iam eles? É a segunda vez que me fazes esta pergunta, e a segunda vez que te respondo: que te importa? Se começo a descrever a viagem, adeus os amores de Jacques... Sempre perguntas. Não queres então que Jacques continue o relato dos seus amores? De uma vez por todas, explica-te; isso te dará prazer ou não te dará prazer? Se te der prazer, recoloquemos a camponesa na garupa, atrás do seu condutor, deixemos que eles partam, e voltemos a nossos dois viajantes" (JF, 476, 478).

Assim como impõe seu presente, o narrador não hesita em impor seu passado. Muitas vezes esse passado corta em dois o tempo da ação. É o que acontece com uma das historietas de Gousse, que este contara ao narrador principal: a do intendente que se apaixonara pela mulher do pasteleiro. A historieta começa quando os dois viajantes adormecem, na hospedaria do *Grand Cerf*, e termina quando Jacques acorda, na manhã seguinte, e verifica que as condições meteorológicas estavam detestáveis. Entre esses dois blocos do tempo da ação, infiltra-se todo um bloco do passado do narrador principal, no qual ele ouvira o relato de Gousse (JF, 542 ss.).

O passado do narrador se intromete também no passado dos personagens. Às vezes, a intenção é benevolente — o narrador confirma, por exemplo, recorrendo às suas próprias recordações, a veracidade da narrativa de Jacques sobre os dois duelistas maníacos, pois ele ouvira essa mesma história, não se lembrava em que ano, no dia de São Luís, no palácio dos Inválidos (JF, 525). Em outras ocasiões, a intromissão é impertinente, pois interrompe pura e simplesmente as reminiscências dos personagens. Estamos no trecho da história dos amores de Jacques em que ele repousa, na casa do cirurgião, depois da cena em que ele se defende dos salteadores. Jacques diz não ter fome, e a mulher e os filhos do dono da casa começam a comer o assado destinado ao convalescente. De repente, surge o passado do narrador, reprimindo brutalmente o de Jacques: "Leitor, e se eu fizesse aqui uma pausa, e retomasse a história do homem de uma camisa só? [...] Era um dia de Pentecostes, de manhã, quando recebi um bilhete de Gousse..." (JF, 543).

Não raro, o passado e o presente do narrador interferem um com o outro, criando uma complicação adicional. Em certo sentido, é o que acontece sempre, porque cada vez que o narrador relata um fragmento do seu passado ele o faz no presente; é o presente que intervém sempre, quer se manifeste como reflexão, quer como rememoração. Mas estou me referindo, aqui, a uma interferência mais direta, que ocorre sempre que o narrador interrompe uma reflexão com uma reminiscência, ou uma reminiscência com uma reflexão. Assim, depois de ter oferecido, sucessivamente, vários segmentos do seu passado, dentro do ciclo de Gousse — o diálogo deste com a mulher do narrador, o episódio em que o original se arruína para ajudar o amigo fugitivo, a passagem em que ele rouba livros do doutor da Sorbonne — o narrador, embalado por suas reminiscências, está a ponto de contar mais uma quando se interrompe com uma reflexão sobre a relatividade histórica das virtudes, dependendo dos valores predominantes em cada época. A honra guerreira, por exemplo, que estava na origem da mania dos duelos, era uma virtude condicionada pelo código aristocrático, já em decadência. É o presente do narrador, fazendo cessar o fluxo de suas reminiscências, que impede *seu* passado de jorrar, e com isso recalca o passado coletivo da Europa, inventora de um código que o progresso das Luzes tornou obsoleto (JF, 529). Uma situação inversa ocorre quando o narrador, que estava refletindo sobre a falta de talento de certos escritores — não deveriam eles cessar de escrever? — prossegue essa reflexão sob a forma de uma reminiscência. É a história do poeta que Diderot enviou a Pondichéry, exatamente por não ter nenhum talento literário. Nesse exemplo, é o presente do narrador que é interrompido pelo passado (JF, 504). Mais raramente, duas camadas de passado se articulam uma na outra. Por exemplo, são duas camadas distintas do passado do narrador que se justapõem, quando ele primeiro esclarece ter ouvido no palácio dos Inválidos a história dos duelistas, e depois começa, sem nenhuma transição, a história de Gousse (JF, 525).

Em todos esses exemplos, o tempo do narrador se limita a desorganizar os ritmos do tempo da ação e do tempo narrado, sem afetar os conteúdos correspondentes. A introdução do tempo do narrador produz simplesmente o efeito de retardar o relato da viagem e das narrativas dos personagens, interrompendo-os a todo instante, mas não a de pôr em dúvida a objetividade da trama e das narrativas paralelas. Afinal, o narrador afirma não estar escrevendo um romance, e sim fazendo obra de historiador. Conseqüentemente, ele conta a viagem como ela aconteceu e reproduz as narrativas como elas de fato foram contadas. Nem poderia ser de outro modo, porque em princípio o narrador não conheceu os dois viajantes, nem Denise, nem Desglands, nem o marquês des Arcis, nem o abade Hudson, nem a estalajadeira do *Grand Cerf*, nem o cavaleiro de St. Ouin. Ele conheceu Gousse e o poeta de Pondichéry, mas justamente esses dois personagens não fazem parte da novela, pois pertencem unicamente ao repertório das memórias do narrador. O poeta e Gousse são puramente subjetivos, evocados pela memória, o que não é o caso dos verdadeiros personagens, cuja vida tem uma existência independente. Se no primeiro caso a fonte das informações do narrador é a memória, no segundo é um manuscrito. Ele reproduz o que está escrito nesse manuscrito, e é por isso que não está escrevendo nem um conto, nem um romance (JF, 708).

E no entanto é a reminiscência do narrador que entra em jogo, e por meio dela o seu próprio passado, quando ele cria o suspense em torno do lugar em que Jacques e seu patrão teriam passado a terceira noite: teria sido na casa de um cura de aldeia, num bordel, num castelo encantado? A contragosto, ele acaba admitindo que tinha sido na cidade de Conches. Por que não dissera antes? Por esquecimento. "É numa cidade que Jacques e seu amo tinham pernoitado na véspera; lembro-me disso neste instante. [...] Se eu não te disse antes que Jacques e seu patrão tinham passado por Conches, e que eles tinham se alojado na residência do intendente-geral desse lugar, é que isso não me ocorreu antes" (JF, 496-7).

Com isso, é toda a questão da objetividade documental do relato que fica posta em dúvida. Como poderia o narrador ter se esquecido desse pormenor, se este não estava sendo lembrado, mas lido? Teria o narrador *ouvido* o relato, e de quem? Não teria sido o próprio Jacques a fonte de suas informações? Como, se ele não conhecera Jacques? E como sabes disso, leitor? Em pelo menos uma passagem o narrador diz ter conhecido Jacques. Ele afirma, com todas as letras, ter debatido com o servidor fatalista a validade dessa perniciosa doutrina, tentando convertê-lo para opiniões mais sadias. "Eu o contradisse várias vezes, mas sem vantagem e sem fruto" (JF, 620-1). Ou teria o narrador ouvido a história de uma terceira pessoa — por exemplo, a mesma que lhe confirmou a veracidade de uma das narrativas de Jacques, aquela sobre os duelistas? Em qualquer das duas hipóteses, é a novela inteira, e não apenas a narrativa do poeta de Pondichéry e a de Gousse, que se põe sob o signo da memória. A objetividade se dissolve. O passado do narrador, evocado pela sua memória, comanda todos os planos temporais, quer esse passado seja aquele em que ele ouviu a história do próprio Jacques, quer seja aquele em que ele a ouviu de terceiros.

Nesse caso, o tempo do narrador ganha em todos os tabuleiros. Se admitirmos a hipótese da objetividade dos personagens e de suas narrativas, o presente e o passado do narrador distorcem o tempo da ação e o tempo narrado, interrompendo sistematicamente o seu desdobramento normal. Se negarmos essa hipótese, a violência é mais radical. O passado do narrador arrasta para sua órbita a temporalidade da ação e o passado narrado pelos personagens. Filhos da memória, Jacques e seu amo passam do plano objetivo para o subjetivo, entrando no registro nebuloso do "*temps retrouvé*".

Segundo, há distorções internas, inerentes às esferas II e III.

Quanto à esfera II — o tempo da ação —, ela parece ser em si pouco problemática. Descontadas as inúmeras interrupções, as seqüências são contínuas. Como vimos, podemos reconstituir dia a dia o período da ação. Mas a compreensão desse tempo vivido é perturbada por duas dificuldades: a grande fluidez das fronteiras temporais e a extrema indeterminação dos conteúdos vividos em cada unidade de tempo.

A esquematização do emprego de tempo dos personagens, que esbocei antes, não deve dar a impressão de que Diderot é especialmente preciso nessa matéria. Esse esquema foi obtido por um verdadeiro trabalho de arqueologia literária, em que a datação das camadas temporais exigiu muito esforço e alguma imaginação, com resultados conjecturais e pouco rigorosos. Diderot deu várias pistas ao leitor e depois se apressou em confundi-las. A confusão começa com a própria data da viagem. Vimos que 1765 parece ser o ano mais provável. Mas, no final, Diderot nos informa que Jacques foi libertado pelo bando de Mandrin. Ora, esse temível bandido foi executado em 1755, o que deixa ao leitor a escolha entre duas hipóteses: ou a libertação foi feita pelos homens de Mandrin, mas depois da morte do seu chefe, ou não é verdade que Jacques estivesse mancando há vinte anos, o que situaria a ação em 1765. Se acabamos optando pela primeira hipótese, não é devido a nenhuma amabilidade de Diderot em fornecer-nos indicações claras, e sim porque somente ela seria compatível com o grande número de patrões que Jacques colecionou ao longo de sua carreira (nove ao todo), e com a informação de que ele estava há dez anos a serviço do seu atual patrão. A demarcação dos dias de viagem é totalmente aproximativa. Contei doze dias. Outros mencionam onze, talvez por excluírem da viagem propriamente dita o trecho entre o lugar em que o patrão ficara duas semanas para tratar de negócios e o lugarejo em que ele se bate em duelo com St. Ouin. Arthur Wilson fala em oito dias.[8] A verdade é que a narrativa deixa toda essa questão deliberadamente na obscuridade. Foi por uma interpretação puramente subjetiva, baseada em indícios que outros compreenderiam de maneira diferente, que desdobrei em dois dias inteiros, e não apenas em um, a passagem que se situa entre o momento em que os viajantes partem do albergue do *Grand Cerf* e o momento em que eles se separam do marquês des Arcis e seu secretário. O período que se segue à morte do cavaleiro de St. Ouin é particularmente obscuro. Supus que ele se estendesse por três meses. Mas é, de novo, uma escolha subjetiva. Diderot diz que o patrão estava no castelo de Desglands há dois ou três meses. Escolhi o período mais longo, porque daria mais tempo a Jacques para ser libertado e praticar seu novo ofício de salteador. Contudo, o texto diz que esse lapso de três a quatro meses se estendia apenas a partir do momento em que o patrão tinha sido por sua vez libertado, já que ele próprio fora preso, acusado da morte de St. Ouin. Ora, nada nos garante que essa libertação tenha sido imediata. Se ele tivesse permanecido na prisão um ano, passando depois dois a três meses no castelo de Desglands, o período total em que Jacques e seu amo estiveram separados seria de doze a quinze meses.

Além da indeterminação relativa das fronteiras temporais, há pouca precisão no relato das vivências contidas em cada período. Não sabemos nada sobre o primeiro dia, pois é só quando ele termina que o narrador começa o seu relato. É tarde, o patrão adormece, a noite surpreende os viajantes no meio do campo, o patrão fica furioso, espanca seu servidor, e ao nascer do sol do segundo dia os dois continuam sua jornada (JF, 476). Não sabemos nada sobre o oitavo dia, senão que os dois viajantes jantaram com o marquês des Arcis e seu secretário Richard (JF, 632). Não sabemos nada, rigorosamente nada, sobre os quinze dias que os viajantes passaram no lugar em que o patrão tinha negócios a tratar. "No dia seguinte eles chegaram... Onde? Por minha honra, não sei. — E que tinham eles que fazer no lugar para onde iam? O que lhes aprouver." E os negócios, terminaram bem? "Também ignoro isso" (JF, 700). Não sabemos nada de positivo sobre os episódios que se seguem ao duelo com St. Ouin. Por quê? Porque o manuscrito termina nesse ponto. Se isso te contraria, leitor, acaba a história segundo tua fantasia, ou pergunta a Agathe o nome da aldeia em que Jacques foi preso e interroga o próprio Jacques. É verdade que Diderot tem em seu poder alguns parágrafos que pretendem terminar o manuscrito, e que contam a versão de que ele teria sido libertado pelos homens de Mandrin. Mas Diderot tem boas razões para duvidar da autenticidade desses parágrafos. Incerteza, em toda parte incerteza. De que adianta sabermos que os dias se sucedem aos dias, se não sabemos exatamente o sentido do que cada dia traz consigo? Afinal, o capitão de Jacques tinha ou não morrido? O coche fúnebre é trazido de volta, escoltado por policiais, com o padre, o valete e os cocheiros algemados, o que faz supor que o ataúde contivesse mercadorias contrabandeadas ou uma freira seqüestrada. Mas, nesse caso, por que o coche ostentava as armas do capitão? E a estalajadeira do *Grand Cerf*, que tinha uma linguagem tão superior à sua condição, seria mesmo uma mulher do povo? E como conhecer o teor completo das conversas de Jacques com seu patrão se elas são interrompidas antes que Jacques conte a história dos seus amores? Em suma, as linhas de partilha do tempo da ação, ainda que descritas sem precisão, são normais, o presente, o passado e o futuro se sucedem numa ordem mais ou menos lógica, mas as experiências ocorridas ao longo dessa linha temporal são lacunares, enigmáticas. O presente é verdadeiramente o presente, situa-se numa ordem lógica entre o passado e o futuro, mas nem os personagens nem o leitor sabem exatamente o que está sendo vivido num momento dado, de que passado ele se origina, para que futuro ele se encaminha, do mesmo modo que Jacques não sabe ao certo o que é o coche funerário, o que ele contém, qual sua origem, qual seu destino.

Quanto à esfera III — o tempo narrado pelos personagens —, ela está sujeita a dificuldades semelhantes.

Também aqui a reconstituição do passado do patrão e de Jacques é penosa e incerta. As datas são inexistentes, os anacronismos são palpáveis. Nada mais difícil, por exemplo, que compreender a cronologia do ciclo dos duelistas, composto de duas historietas: os duelos entre o capitão e seu amigo, e entre este e outro oficial. Quando ocorreu, exatamente, a primeira delas? Quando entrei no regimento, responde Jacques. Mas o tempo de Jacques no regimento, entre o instante em que ele se alista e aquele em que é ferido em Fontenoy, foi excessivamente curto para que ele pudesse testemunhar todo esse episódio. Devemos entender, assim, que a história começou quando ele se tornou criado do capitão, depois, portanto, do episódio dos amores com Denise e de ter terminado seu serviço com o comandante, que morreu em Malta. Quando acaba a estranha relação do capitão com seu amigo? Com a morte desse amigo, à qual se segue a do capitão, deprimido por não ter ninguém com quem se bater, segundo a versão do cocheiro fúnebre. Com uma simples separação dos dois amigos, à qual se segue, igualmente, a morte por melancolia do capitão duelista, segundo a versão de Jacques. Em qualquer das duas hipóteses, o desfecho dessa história era recente, porque o capitão acabara de morrer. Em suma, o leitor é convidado a aceitar a hipótese inverossímil de que os amigos-inimigos tinham mantido essa curiosa relação durante todo o período em que Jacques estivera separado do capitão, período no qual ele teve tempo de servir a sete patrões e de passar dez anos com seu patrão atual. As complicações são mais fantásticas ainda no caso da segunda historieta, em que o amigo do capitão se bate continuamente com outro oficial, cuja mão aquele pregara à mesa, suspeitando-o de fraude no jogo. Pois, segundo Jacques, tudo isso se passou *depois* da morte do capitão. Como, se o capitão tinha morrido há um ou dois dias apenas? Como poderia Jacques contar uma história que ainda não tinha acontecido, e da qual não fora protagonista, como na primeira historieta? Com a segunda historieta, Jacques conta, no registro do passado, uma história que poderia vir a ocorrer, dado o caráter do amigo do capitão, mas que não tinha ocorrido ainda.

Além dos anacronismos, o tempo narrado é perturbado por lacunas vertiginosas. As reminiscências do patrão se limitam no essencial ao episódio dos seus amores. As reminiscências de Jacques são mais abundantes, mas igualmente deficitárias. Por que, exatamente, ele consentiu em separar-se de Denise, cedendo tão facilmente ao desejo de Desglands de contratá-lo como valete, depois de ter decidido casar-se com ela? Por que se separou do capitão fatalista, com quem o convívio parecia tão fácil, cujas opiniões ele partilhava tão completamente? Que aventuras viveu como valete do comandante, do advogado, do conde, da marquesa, da prima da marquesa, do usurário, da amante do patrão? Que se passou durante os dez anos de convívio com o patrão atual, antes da viagem? Nenhuma resposta.

Como se não bastassem as dificuldades que partilha com a esfera do tempo da ação, a esfera do tempo narrado está sujeita a uma complicação específica, que examinarei mais adiante: a inversão das seqüências temporais.

Terceiro: além de sofrerem as interferências do tempo do narrador e de serem deformadas por distorções internas a cada esfera temporal, o tempo da ação e o tempo narrado interferem um com o outro.

O tempo narrado age sempre sobre o tempo da ação. As narrativas são partes integrantes do presente dos personagens. O ato de narrar e o de ouvir são incidentes de viagem, episódios que têm tanta materialidade como qualquer outro — cavalo que dispara, relógio roubado, embriaguês de Jacques, duelo com St. Ouin. O que acontece, por exemplo, no segundo dia? Duas coisas. Por um lado, os dois viajantes encontram o cirurgião intrometido e a moça na garupa, que cai numa posição indecente. Por outro lado, há uma narração, o segmento da história dos amores de Jacques em que ele é ferido em Fontenoy e recolhido pelos camponeses. Esse segmento do passado de Jacques se incorpora ao tempo vivido no segundo dia e co-determina seu conteúdo. O segundo dia seria diferente se Jacques não tivesse narrado nada ou tivesse relatado uma história diferente.

Inversamente, o tempo da ação age sobre o passado narrado. Isso é verdade, evidentemente, no sentido trivial de que faz parte do tempo da ação o pedido do patrão de que Jacques continue a história dos seus amores, e de que a história narrada depende muitas vezes de uma vicissitude de viagem, como a anedota dos amigos duelistas, que só foi relatada devido à passagem do coche fúnebre que aparentemente levava o cadáver de um deles, o capitão. Mas a influência do tempo da ação é mais profunda, e com freqüência afeta o próprio conteúdo do que é narrado. Assim, Jacques termina a história dos duelistas dizendo que o capitão, desesperado por se separar do amigo-inimigo, morrera de melancolia. E como sabes que ele morreu?, pergunta o patrão. "E esse caixão? E essa carruagem com brasão?", indaga Jacques. "Meu pobre capitão está morto, não tenho dúvida a respeito" (JF, 525). Em outras palavras, a narrativa é modificada pelas experiências do presente da ação. Foi esse presente que convenceu Jacques da morte do capitão; a nova informação, extraída do tempo da ação, vai alterar o conteúdo do passado que está sendo narrado. A influência do tempo da ação é tão forte que pode perturbar profundamente a estrutura das reminiscências. Por exemplo, a segunda narrativa do "ciclo dos duelistas", que tem como protagonistas o amigo do capitão e outro oficial, não seria ilógica se situasse a trama num passado mais ou menos remoto. Separado do capitão, o amigo teria prosseguido com outra pessoa a sua estranha mania. Mas Jacques situa o início dessa segunda narrativa depois da *morte* do capitão, e não depois de sua mera separação física. Ora, como o capitão tinha morrido na véspera ou antevéspera, segundo o tempo vivido, ela não poderia ter acontecido, no tempo narrado, no momento em que Jacques afirma que ela aconteceu. O presente da ação produz um impacto tão poderoso que cria uma pseudo-reminiscência, ou desorganiza de modo quase alucinatório a estrutura temporal da narrativa.

    Há momentos delirantes em que as duas temporalidades se interpenetram no mesmo momento. Não somente o passado narrado produz efeitos no presente da ação, como o tempo da ação procura alterar o passado narrado. Assim, Jacques conta ter sido assaltado por um bando de patifes, depois de ter praticado uma boa ação. O patrão se enfurece com os bandidos e quer intrometer-se no passado de Jacques, salvando-o dos seus atacantes. Ele range os dentes, seus olhos lançam faíscas, seus músculos se contraem. "Tenho a espada na mão; arremesso-me contra os ladrões e te vingo" (JF, 541). A história narrada repercute no tempo da ação, levando o patrão a assumir uma atitude de furor guerreiro; mas essa mesma atitude tem como objeto modificar o passado de Jacques, num movimento de agressão temporal pelo qual a esfera II invade a III. Em outro exemplo, o patrão conta que estava jantando num albergue com o cavaleiro de St. Ouin, que tentava atraí-lo para a mais pérfida das armadilhas. É a vez de Jacques retribuir o favor, alterando o passado do patrão. "Tirai-me logo, tirai a vós mesmos, desse albergue e da companhia desse homem" (JF, 679). De novo, a esfera III, do tempo narrado, repercute na esfera II, do tempo da ação, e esta, num movimento de retorno, reage sobre a esfera III, tentando alterar o curso dos acontecimentos narrados pelo patrão. Como vimos, algo de semelhante se passa em *Tristram Shandy*. Embora mais discretamente que em Diderot, também no livro de Sterne há uma interferência recíproca do tempo da ação e do tempo narrado pelos personagens. Assim, como já foi observado, Tristram se julga no direito de alertar Toby contra as conseqüências futuras de certas ações, como os efeitos funestos do seu *hobby-horse* e do seu interesse pela viúva Wadman. É como se ele quisesse entrar no passado de Toby, alterando-o, com vistas a produzir um futuro alternativo.

Em *Jacques o fatalista,* as duas linhas temporais acabam se confundindo. Denise pertence ao passado narrado de Jacques, mas no final ela se incorpora ao tempo da ação, no qual Jacques e o patrão partilham os favores da jovem. St. Ouin pertence ao passado narrado do patrão, mas com o episódio do duelo ele ingressa no tempo da ação, no qual o destino dos dois personagens é modificado pela morte do aventureiro. Desglands pertence ao tempo narrado tanto de Jacques como do patrão, mas no desfecho ele se instala no tempo da ação, o tempo vivido por um e outro.

O funcionamento de todas essas interferências pode ser compreendido pela análise imanente do texto.

Tomemos como exemplo o quarto dia de viagem. O dia começa quando os dois viajantes saem de Conches, onde tinham passado a noite. Percebem que tinham esquecido a bolsa e o relógio (JF, 493). Jacques deixa o patrão na estrada e volta a Conches, onde consegue recuperar os dois objetos. No regresso, acorda o patrão, que tinha adormecido, e cujo cavalo tinha sido roubado. Os dois caminham a pé (JF, 500). Toda essa seqüência pertence à esfera II. Entra agora a esfera III, o segmento da história dos amores de Jacques que termina com a conversa entre o casal e o cirurgião sobre a situação financeira do ferido (JF, 501-3). Intromete-se a esfera I, o tempo do narrador, primeiro o presente, sob a forma de uma digressão opinativa sobre os escritores sem talento, e depois o passado, a narrativa do poeta de Pondichéry (JF, 504). Recomeça a esfera II com a compra de um cavalo, que um viajante conduzia pela estrada, e que passa a ser montado por Jacques. Reaparece a esfera III, uma camada do passado de Jacques anterior à história dos seus amores, necessária para explicar por que ele tinha dinheiro para pagar o cirurgião. Eram os cinco luíses que lhe tinham sido dados pelo irmão. Com isso, vem à tona a história desse irmão e do seu companheiro de convento, o irmão Ange (JF, 506 ss.). Voltamos à esfera II com o episódio do coche fúnebre (JF, 512). Ressurge a esfera III quando Jacques narra sua negociação com o cirurgião sobre as condições de sua hospedagem (JF, 515). Volta, na esfera II, o coche fúnebre, sob escolta policial. O patrão pede a Jacques que conte sua história objetivamente, como ela de fato aconteceu. Mas Jacques é um relativista conseqüente e acha que o que chamamos verdade depende do caráter de cada um. Para ilustrar essa tese, reintroduz a es-

esfera III, contando o episódio de Orléans em que o capitão, enquanto militar, reagira com indignação ao esbofeteamento de M. le Pelletier, enquanto este, mero paisano, mais preocupado com a filantropia que com a honra, aceitara com tranqüilidade o insulto (JF, 518). Reaparece a esfera II, em que o cavalo de Jacques o leva ao lugar em que estavam erguidas as forcas. Inquieto, Jacques é convencido por seu patrão a retomar seu papel de narrador, e com isso entra novamente em cena a esfera III. Voltamos à história dos dois duelistas, parte do passado de Jacques na medida em que ele foi testemunha do episódio, que começara depois que chegou ao regimento (JF, 522 ss.). Volta a esfera II no momento em que o cavalo de Jacques dispara, separando os dois viajantes (JF, 525). Aproveitando essa separação, o narrador intervém para explicar o comportamento dos dois duelistas, reintroduzindo com isso a esfera I. Ele o faz, primeiro, oferecendo ao leitor uma parte do seu passado: a história de Gousse, ilustrando assim a tese de que o mundo é povoado por excêntricos, e que nesse sentido a excentricidade dos amigos duelistas não tinha nada de excepcional. O narrador continua a explicação, em seguida, introduzindo uma opinião presente, uma reflexão sociológica que completa a explicação psicológica que ele dera ao mobilizar seu passado a partir da narrativa de Gousse. É que os dois amigos-inimigos eram movidos por um código aristocrático de honra, código hoje em desuso, mas que tinha predominado durante séculos na Europa (JF, 529). Surge de novo a esfera II, com a descrição do acidente sofrido por Jacques ao entrar na cidade, por culpa do cavalo, que agora se sabe ter pertencido ao carrasco, o que explica a predileção do animal por cenas patibulares. O patrão vai ao encontro de Jacques e passa a noite em sua cabeceira, com o que se encerra o quarto dia da viagem (JF, 531).

É a Babel do tempo, um labirinto criado pelo narrador principal, em que ele se move com uma desenvoltura perfeitamente shandiana. Todos os ziguezagues se dão dentro de uma grande unidade do tempo vivido, um dia de viagem. Eles são todos, portanto, encapsulados pela esfera II. Em seu interior, cruzam-se as três esferas, pois a passagem contém tanto episódios pertencentes à própria esfera II, como os pertencentes ao tempo I do narrador e ao tempo III dos narradores secundários. Todos esses elementos interagem. Na passagem examinada, a esfera do tempo da ação é perturbada pela esfera do tempo narrado em cada momento em que Jacques apresenta uma camada do seu passado, desde a mais antiga, a história do irmão, até a presumivelmente mais recente, a dos amigos duelistas. A esfera do tempo narrado é por sua vez perturbada pela do tempo da ação, como acontece quando Jacques é obrigado, pelas circunstâncias da viagem, a interromper a história dos seus amores; e é perturbada, igualmente, pelo tempo do narrador, que num trecho corta a história dos amores de Jacques e em outro se articula no segmento do passado relativo aos duelistas.

Além da técnica da temporalidade cruzada, que ele levou à perfeição, Diderot usou as diversas estratégias de desorganização temporal inventadas por Sterne: a imobilização, a inversão, o retardamento e a aceleração.

A imobilização aparece implicitamente cada vez que o narrador esquece seus personagens ao introduzir uma digressão, deixando-os em estado de "animação suspensa" até que decida chamá-los à vida. Mas não falta, também, a manifestação mais pitoresca dessa estratégia, o "efeito Bela Adormecida". Assim, o narrador deixa os dois viajantes adormecidos na hospedaria do *Grand Cerf* e aproveita seu sono para contar uma história que por sua vez lhe fora contada por Gousse, sobre os amores de um intendente com uma pasteleira. "Enquanto Jacques e seu amo repousam, eu vou cumprir minha promessa de contar a história do homem da prisão" (JF, 549). É exatamente o que faz Tristram quando aproveitou o sono de Walter Shandy para prosseguir em sua narrativa. Menos zeloso que Tristram, Diderot aproveita o sono dos seus personagens não somente para trabalhar, mas também para descansar. "No dia seguinte, Jacques se levantou cedo, olhou pela janela para saber o tempo que fazia, deitou-se de novo, e nos deixou dormir, seu patrão e eu, tanto quando tivemos vontade" (JF, 552). Em outra passagem, o narrador abandona o patrão dormindo e Jacques bêbado, depois de terminada a narrativa de Madame de la Pommeraye, e esquece-se deles enquanto faz uma longa tirada feminista: "Enquanto eu disserto, o patrão de Jacques ronca como se tivesse me escutado, e Jacques, a quem as pernas lhe recusavam o serviço, cambaleia no quarto, em camisola e descalço" (JF, 607).

A estratégia da inversão, típica do autor shandiano, não aparece, em Diderot, na narrativa principal, ao contrário do que ocorre em *Tristram Shandy*. Durante a viagem, como vimos, as fronteiras temporais são fluidas, mas seqüenciais: o segundo dia vem antes do terceiro e depois do primeiro. Shandiano em sua maneira de embaralhar as pistas temporais, Diderot é convencional na esfera temporal II, dentro da qual se dá a viagem. Mas chegando à esfera III ele perde toda a inibição. Os diversos fragmentos do passado de Jacques vão sendo apresentados à medida que flui a narrativa principal, ao sabor de um incidente de viagem ou de um comentário do patrão, o que significa uma dissolução completa dos nexos cronológicos.

Esse processo pode ser ilustrado pelas reminiscências de Jacques. O começo — o episódio mais antigo, sua infância em casa do avô Jason — é contado no meio. O meio, que deveria ser a narrativa dos seus amores com Denise, é contado no princípio, no meio e no fim. O fim, que deveria ser a fase da maturidade — sua vida com o capitão — é contado no primeiro terço do livro.

Chamemos de T1 o fragmento do passado de Jacques relativo ao episódio do avô; de T2 o relativo à sua iniciação amorosa com Justine e às suas façanhas amorosas com Suzon et Marguerite; de T3 o relativo ao irmão Jean e aos cinco luíses que este lhe dera; de T4 o grande bloco dos amores com Denise, por sua vez subdividido em fragmentos consecutivos; de T5 o episódio dos duelistas; de T6 o episódio de Orléans. Temos com isso a série completa das reminiscências de Jacques, ordenada numa seqüência tão cronológica quanto possível. Ora, essa cronologia reconstruída está longe de ser a que aparece na novela.

As reminiscências de Jacques começam com o segmento T4-a da história dos seus amores com Denise. Ele se alista, é ferido em Fontenoy, é posto numa carroça com outros feridos, é recolhido por um casal de camponeses. Chegam três cirurgiões. Jacques escuta, de noite, os arrulhos amorosos do casal. É operado no dia seguinte, e o casal e os cirurgiões indagam se o ferido tem dinheiro para pagar suas despesas. Segue-se o segmento T3 das reminiscências de Jacques, sobre seu irmão Jean. Vem a seguir o segmento T4-b dos amores com Denise, no qual ele combina com o cirurgião que este o hospedará em sua casa, mediante pagamento. Vem o segmento T6, o episódio de Orléans, em que o capitão fica indignado porque o bondoso Le Pelletier não se vinga do bofetão recebido. A seguir, é o segmento T5, a história dos duelos entre o capitão e seu amigo. Depois é o segmento T4-c dos amores com Denise, em que Jacques vai para a casa do cirurgião, reembolsa com seus últimos recursos o jarro quebrado de Jeanne, é assaltado por bandidos, volta para a casa do cirurgião, e no dia seguinte é levado por um valete para o castelo de Desglands. O próximo trecho é T1, a história do avô Jason, que amordaçava o menino. Volta a narrativa dos amores com Denise: é o segmento T4-d, em que Jeanne, no castelo, manda a filha Denise visitar Jacques no quarto. Vêm a seguir, no segmento T2, a iniciação de Jacques com Justine, e sua sedução por Suzon e Marguerite. O segmento T4-e, dos amores de Jacques com Justine, nos revela que Jacques faz uma nova cirurgia, e é tratado com solicitude por Denise, por quem se apaixona e que presenteia com uma liga. As reminiscências terminam quando Jacques tenta seduzir Denise, e em que aparece o episódio, imitado de Sterne, da massagem no joelho.

Como se vê, a história dos amores com Denise é contínua. Justapostos, os pedaços partidos se encaixam, formando um mosaico bastante coerente, sem inversões cronológicas. Mas, considerado em conjunto, o feixe de episódios que a constituem está temporalmente deslocado. São reminiscências fora do lugar inscritas num sistema de reminiscências fora do lugar. A série "racional" T1, T2, T3, T4 (a, b, c, d, e), T5 e T6 é violentamente distorcida, e se transforma na série absurda T4-a, T3, T4-b, T6, T5, T4-c, T1, T4-d, T2 e T4-e. Ou seja, as várias camadas do passado se sedimentam numa geologia arbitrária, em que os estratos não se sucedem na ordem que esperávamos. É como se uma rocha do período primário aparecesse depois de outra do período quaternário, e em que vários estilhaços do período secundário — os amores de Jacques com Denise — aflorassem em todas as camadas, do primário ao quaternário.

O narrador é mestre nas duas outras estratégias temporais: o retardamento e a aceleração.

Diderot elogia o retardamento, em geral, como recurso técnico destinado a manter vivo o interesse do leitor.[9] Mas, em *Jacques o fatalista*, o retardamento é uma exigência rigorosa da estética shandiana. O papel da digressão é exatamente o de alongar a jornada, impedindo que os leitores e os viajantes cheguem logo ao fim do caminho. Sem dúvida, eles podem se impacientar com as delongas. É o que acontece com o próprio Jacques, que às vezes reclama do excesso de curvas que as perguntas incessantes do patrão impõem à narrativa dos seus amores: "Parece que o Senhor faz questão de me tirar do meu caminho. Com suas perguntas, faremos a volta ao mundo antes de atingirmos o fim dos meus amores" (JF, 507). Mas um criado shandiano e fatalista, como Jacques, não deveria reclamar contra essas idas e vindas. A linha reta, essa abominação dos shandianos, impede que tomemos conhecimento de vários detalhes e personagens que só se encontram nos desvios, o que é grave para quem professa o fatalismo: quem sabe se é num desses desvios que encontraremos o elo que nos faltava para recompor a grande cadeia causal que leva das pequenas causas (por exemplo, o pé esquerdo do brâmane) aos grandes efeitos, como o assassinato de Henrique IV?

No outro extremo, Diderot não hesita em acelerar a ação. O narrador se gaba de ter eliminado todos os detalhes supérfluos em seu relato da cena dos três cirurgiões. Que partido um outro autor não teria tirado desses três charlatães, de suas bravatas ao narrarem curas milagrosas, de sua embriaguez depois de quatro garrafas de vinho, da irresponsabilidade com que discutiam se era preciso ou não amputar a perna do paciente! Bom sujeito, o narrador não faz nada disso e omite tudo o que ele considera supérfluo. Depois de ter criticado o patrão por retardar com perguntas a história dos amores do criado, é a vez de Jacques ser criticado por retardar, por sua excessiva prolixidade, a história dos três cirurgiões. "Eu vos poupo de todas essas coisas", diz o narrador. "Jacques não usou com seu patrão a mesma reserva que eu uso convosco; não omitiu a menor circunstância, correndo o risco de adormecê-lo uma segunda vez" (JF, 486-7). Mas o ponto em que a técnica da aceleração é levada ao extremo é o final do livro. Os episódios da morte de St. Ouin, da separação dos dois viajantes, da prisão de Jacques, de sua libertação pelo bando de Mandrin, de sua chegada ao castelo de Desglands e do seu casamento com Denise cabem em três páginas.

Assim como toma liberdades com o tempo, fazendo uso do

cruzamento das esferas temporais e das diferentes técnicas shandianas — imobilização, inversão, retardamento e aceleração —, o narrador toma liberdades com o espaço. Desde as primeiras linhas ele deixa claro que não tem nenhum compromisso com o espaço geográfico. "De onde vinham eles? Para onde iam? Será que sabemos para onde vamos?" (JF, 475). Quando o leitor volta à carga, o narrador se impacienta: "E para onde iam eles? É a segunda vez que me fazes essa pergunta, e a segunda vez que respondo: que te importa?" (JF, 476). Em outro dia, os viajantes são surpreendidos por uma tempestade e se refugiam — onde? Leitor, tua curiosidade é insuportável. De que te serve saber se foi em Pontoise ou St. Germain, Notre-Dame de Lorette ou Santiago de Compostela? Se insistires, direi que entraram num castelo enorme, com a inscrição: "Não pertenço a ninguém e pertenço a todo mundo. Estáveis aqui antes de entrardes, e continuareis nele quando saírdes". Os viajantes entraram? Não, porque ou a inscrição era falsa ou eles já estavam nele antes de entrarem. Saíram? Não, porque ou a inscrição era falsa, ou ainda estavam dentro depois de saírem. Mas se minha alegoria não te agradar, amigo leitor, sugiro alojamentos alternativos: um bordel, a casa de um amigo, um convento de monges mendicantes. "Entre os diferentes abrigos possíveis... escolhe aquele que melhor convier à circunstância presente" (JF, 494). Está bem, já que insistes direi que foi numa cidade que eles passaram a noite, na cidade de Conches. Mas seria bom que o leitor não ficasse mal-acostumado com essa concessão do narrador. Pois logo depois o narrador reinstaura a lei da indeterminação espacial. Os viajantes encontram o coche fúnebre e partem... Para onde? "Mas por Deus, leitor, respondo eu, será que sabemos para onde vamos?" (JF, 512). É como na história de Esopo e seu senhor Xantipo. Xantipo deseja tomar um banho e despacha seu servo para ver se havia muita gente nas termas. Encontra uma patrulha, que lhe pergunta para onde ia, e Esopo responde que não sabia. É preso e comenta: eu não disse que não sabia para onde ia? Eu queria ir para as termas, e estou indo para a prisão (JF, 512-3). Se Diderot aconselha o leitor a não se preocupar nem com o lugar de partida nem com o de chegada, é que a viagem não se dá num espaço cartográfico, e sim num espaço subjetivo, inteiramente moldado pela personalidade do autor shandiano. É um espaço em que os personagens se movem lentamente, num caminho cheio de sinuosidades. Mas pode ser também um espaço aberto, próprio para quem precisa galopar num território sem limites. Em *Tristram Shandy*, foi o galope do viajante que fugia da morte, correndo até o fim do mundo. Em *Jacques o fatalista*, é a longa viagem que o marquês des Arcis pensa empreender para fugir de sua paixão: "Tenho vontade de entrar numa carruagem e de correr enquanto a terra me sustentar" (JF, 597).

Não há nada a observar com relação à organização gráfica de *Jacques o fatalista*. Para variar, não há linhas pontilhadas, nem rabiscos, mas um texto contínuo. A única interrupção é no final, quando o narrador diz não saber mais nada sobre seus personagens, faz uma pausa, e retoma a história oito dias depois, com base em documentos que ele considera duvidosos. Não existe sequer a divisão habitual em capítulos. Enquanto nos demais livros shandianos a idéia do tempo partido e do espaço fragmentário se refletem em marcas gráficas de descontinuidade, em *Jacques o fatalista* tudo se passa como se o narrador quisesse exprimir essa fragmentação por uma formatação visual que transmitisse a idéia oposta, a da continuidade do fluxo temporal e a da homogeneidade do espaço.

A atitude de Xavier de Maistre com relação ao tempo exterior, o tempo da história, não é muito diferente da assumida pelos filósofos da Ilustração, que a consideravam como a síntese dos "crimes e infortúnios da humanidade". Decididamente, seu horizonte histórico não é o do progresso linear em direção ao futuro, e sim o da revalorização do passado. É a atitude que transparece no sonho em que o narrador conjura o fantasma do dr. Cigna, um sábio de Turim recém-falecido, e os de Péricles, Platão, Aspásia e Hipócrates. O dr. Cigna elogia os progressos da medicina moderna e dirige-se ao narrador para exaltar as grandes realizações de Harvey, descobridor da circulação do sangue, e de Spallanzani, sobre a digestão. O narrador objeta que as grandes sombras do passado, ali presentes, certamente já sabiam de tudo isso. Não, diz Hipócrates, os mistérios da natureza são escondidos tanto dos mortos como dos vivos. Não conhecemos essas grandes conquistas, prossegue o médico ilustre, mas são elas tão importantes assim, já que não conseguiram reduzir a quantidade de mortos que atravessam diariamente o Estige, hoje tão numerosos como em meu tempo? Sorrindo, o dr. Cigna concorda. Intervém então Péricles, que estivera lendo o *Moniteur*, jornal oficial da República francesa, e se indigna com as atrocidades dos revolucionários, que não poupavam velhos, mulheres e crianças. Platão toma a palavra e pergunta se ao menos no terreno político, depois das descobertas de Locke e da invenção da imprensa, a humanidade não estaria próxima de alcançar a utopia que ele tinha imaginado. Envergonhado com a pergunta, o dr. Cigna tira a peruca, para grande susto de Aspásia, até então ocupada em ler uma revista de modas, e que achou que ele estava usando o crânio de outra pessoa. É a deixa para que Aspásia critique a moda moderna, que segundo ela esconde o corpo da mulher. Em suma, para o jovem oficial legitimista, irmão do supremo ideólogo da Contra-Revolução, Joseph de Maistre, o passado é superior ao presente em tudo, desde as modas femininas até as modas políticas. O presente é o jacobinismo, o regicídio, a destruição de todas as hierarquias naturais.

E, no entanto, essas paixões partidárias aparecem com muita discrição no livro. O livro é sorridente, e não apaixonado. Em carta-prefácio a uma nova edição de sua obra, o autor admitiu seu interesse predominante pelo passado. Em Paris, ele procurava sobretudo "os homens e coisas que não existem mais", e, em vez de percorrer o Quai Voltaire e o Panthéon (demasiadamente associados à Revolução), queria saber onde tinham morado Madame de Sévigné, Boileau e Bossuet. Mas essas preferências não se exprimiam em tiradas retóricas, e sim numa completa indiferença pela política. Ele não freqüentava certos salões, prossegue, porque, dada a ausência das mulheres, neles só se conversava sobre política, e ele nada entendia de política.

> Tenho tal inaptidão por essa ciência, que um dos homens mais pacientes que conheci se esforçou em vão por me explicar o que se deve entender por um doutrinário, pelo centro-esquerda, pelo centro, por uma coalizão, denominações novas para mim... Pois bem, não compreendi nada. O resultado em minha débil cabeça foi uma mistura confusa, um caos tão incoerente como o que se observa todos os dias na própria Câmara dos Deputados.[10]

Teriam essa recusa da história e essa rejeição do presente influenciado a estrutura temporal de *Viagem em torno do meu quarto*?

Em todo caso, elas não parecem ter impedido que o narrador fornecesse dados exatos sobre sua viagem. Não há necessidade de fazer conjecturas quanto à sua duração. Ele nos informa que a viagem durou 42 dias, nem mais nem menos. Se a viagem não foi mais curta, não dependeu dele. Ele vai além, e esclarece que a viagem se deu no Carnaval, embora ele tivesse preferido viajar na Quaresma. É um modo especialmente shandiano de dizer que fora condenado por seus superiores a 42 dias de prisão domiciliar, por ter se batido em duelo, e que só lamentava que a pena o tivesse privado de freqüentar os bailes de Carnaval em Turim.

Ao contrário da viagem de Jacques e do seu amo, a do narrador de *Viagem em torno do meu quarto* não pode ser descrita dia por dia. Podemos apenas tentar reconstituir, em grandes blocos, seu começo, seu meio e seu fim. Ela deve ter começado quando o viajante, confortavelmente sentado, foi arrastando sua poltrona pelo chão até chegar perto da parede, onde estava o retrato de Madame de Hautcastel. O sonho em que ele imaginou ter conversado com vários personagens da Antiguidade deve ter sido na última noite. No meio, vieram os emocionantes episódios da queda do viajante, quando sua poltrona é derrubada, do retrato que olha em todas as direções, e do mendigo de Chambéry. O resto são digressões.

Quanto às distorções temporais, não há sinais evidentes da técnica da temporalidade cruzada, porque as narrativas paralelas são raras e o tempo da ação é pobre em peripécias. Ela tem, além disso, uma estrutura linear e, como tal, não está sujeita à inversão. No entanto, entram em jogo as outras estratégias temporais da novela shandiana: a imobilização, o retardamento e a aceleração.

A imobilização é a grande utopia temporal de Xavier de Maistre. Quando ele está entregue a uma "doce meditação", só deseja que os instantes cessem de fluir: "As horas deslizam então sobre vós, e caem em silêncio na eternidade, sem fazer-vos sentir sua triste passagem" (VC, I, 10). Ele experimenta essa sensação de anulação do tempo quando contempla o retrato de sua amante. "Essa situação singular e imprevista fez desaparecer o tempo e o espaço para mim. Existi por um instante no passado, e rejuvenesci contra a ordem da natureza" (VC, X, 24). A imobilização se concretiza com o "efeito Bela Adormecida", inventado por Sterne. Ela aparece em dois momentos sucessivos da mesma seqüência, tendo como centro o retrato da Madame de Hautcastel.

Num primeiro momento, o narrador está sentado a sua escrivaninha e limpa o retrato de sua amante. No capítulo seguinte, ele avisa ao leitor que vai seguir adiante provisoriamente, mas que "retomará a viagem no lugar em que a interrompera no capítulo precedente. Peço-te apenas que não te esqueças de que deixei a metade de mim mesmo (isto é, a 'outra', a *bête*) segurando o retrato de Madame de Hautcastel, perto da parede, a quatro passos de minha escrivaninha" (VC, XI, 25). Ou seja, é o próprio narrador que é "congelado". Segue-se uma reminiscência, pondo em cena uma misteriosa figura feminina, Rosalie, que acena do alto de uma colina. Ele tenta afastar esse pensamento, pois do contrário não poderia continuar a descrição de sua viagem. Vem um capítulo, intitulado "A colina", composto de linhas pontilhadas, no melhor estilo shandiano. Vem outro capítulo, de três linhas, em que o narrador diz que seus esforços de afastar a imagem de Rosalie foram vãos. Segue-se outro capítulo, em que o narrador diz que adorava meditar em sua cama. E só então reaparece a cena congelada, o narrador segurando o retrato de sua dama. O feitiço é desfeito quando o patrão pede a Joannetti que volte a pendurar o retrato (VC, XV, 32).

No segundo momento, é Joannetti que fica petrificado. Ele pergunta ao amo por que o retrato parecia olhar em todas as direções, e quando recebe uma explicação científica que não tem condições de entender, fica imobilizado numa atitude de assombro, com os olhos esbugalhados e a boca entreaberta (VC, XVI, 34). Xavier de Maistre o deixa nessa posição durante algum tempo, e só depois de fazer um longo elogio de sua cadelinha, num capítulo intermediário, ele libera o honesto servidor do seu sono mágico: "Deixamos Joannetti, na atitude da estupefação, imóvel diante de mim, aguardando o fim da sublime explicação que eu tinha começado... Depois de um pequeno momento de silêncio, ele pegou o retrato e o repôs no lugar" (VC, XVIII, 39).

O narrador tem pleno domínio das técnicas shandianas do retardamento e da aceleração. Ele pode atrasar ao infinito a narrativa não apenas pela multiplicação das digressões como pela acumulação de detalhes aparentemente supérfluos. E vangloria-se disso.

> Que não me censurem por ser prolixo nos detalhes; é a maneira dos viajantes. Quando se parte para escalar o Mont-Blanc, quando se vai visitar a larga abertura do túmulo de Empédocles, não se deixa nunca de descrever exatamente as menores circunstâncias: o número das pessoas, o das mulas, a quantidade de provisões, o excelente apetite dos viajantes, tudo enfim, mesmo os passos em falso das montarias, é cuidadosamente registrado no diário, para instrução do universo sedentário. (VC, XVII, 37)

Com base nesse princípio, ele ignora o leitor, que espera impaciente o prosseguimento da viagem do autor em torno do seu quarto, e descreve nos mínimos pormenores a psicologia da cadelinha Rosine. Sua câmara pode também passar do movimento lento para o rápido, como ocorre sobretudo nos últimos dias da viagem, sobre os quais não sabemos praticamente nada senão que o narrador se converteu em sonhador.

O espaço que o narrador tem à sua disposição é descrito com uma precisão de geógrafo — ou de corretor de imóveis. Seu quarto está situado exatamente no quadragésimo quinto grau de latitude, do levante ao poente, e forma um quadrado de 36 passos de circunferência. Mas o narrador shandiano não tem grande respeito pelo espaço métrico. Como o tempo, o espaço dobra-se ao seu capricho. De tanto ir e vir, de tanto caminhar para a frente, para trás e para os lados, o narrador percorre um espaço muito maior do que está na planta. Mas o espaço é maior sobretudo porque para a "alma" o mundo inteiro cabe dentro do quarto, e este se expande, para quem tem imaginação, até atingir as proporções do universo. É por isso que não é sem tristeza que com o fim de sua punição o narrador se despede desse espaço que não tem fronteiras, o "país encantador da imaginação" (VC, XLII, 108).

Na verdade, o narrador não faz distinção entre os dois infinitos abertos à imaginação shandiana, o do tempo e o do espaço. Ele está em casa em ambos. "Desde a expedição dos argonautas até a Assembléia dos Notáveis, desde o fundo dos infernos até a última estrela fixa além da Via Láctea, até os confins do universo, até as portas do caos, eis o vasto campo em que passeio em todas as direções, e com todo o lazer; pois não me faltam nem o tempo nem o espaço..." Seu tempo é o que se estende da Antiguidade grega (os argonautas) até o presente (a Assembléia de Notáveis, que precedeu a Revolução Francesa). A história do mundo está às suas ordens. Seu espaço compreende todos os países, nos diferentes séculos. Senhor da história, ele é senhor também da geografia. Através de pintores como Rafael, do qual ele possui uma reprodução, através de poetas como Homero, Milton, Virgílio e Ossian, através de romances como *Clarissa* e *Werther*, através de todas as divagações da "alma", ele tem acesso a tudo, entre o passado e o presente. Numa alusão familiar aos leitores de Machado de Assis, o narrador conclui: "Todos os acontecimentos que se dão entre essas duas épocas, todos os países, todos os mundos que existiram entre esses dois termos, tudo isso é meu, tudo isso me pertence também, tão legitimamente quanto os navios que entravam no Pireu pertenciam a um certo ateniense" (VC, XXXVII, 83).

Xavier de Maistre imitou em parte as excentricidades gráficas de Sterne. Há um capítulo composto exclusivamente de cinco linhas pontilhadas, entre as quais aparece uma só palavra, "outeiro" (VC, XII, 27). É a maneira do narrador de evocar um fragmento do seu passado, sob a forma de uma deliciosa figura feminina em azul e rosa olhando do alto de uma colina, cujos contornos são demasiadamente impalpáveis para serem descritos de forma convencional. Há capítulos de apenas três linhas (VC, XIII, 28) e capítulos intermináveis, como o último (VC, XLII, 99), sobre o sonho com várias figuras da Antiguidade. É muito shandiana, também, a idéia de distribuir o livro em 42 capítulos, exatamente a duração da pena disciplinar recebida por Xavier de Maistre, e não menos shandiana a idéia de frustrar a expectativa do leitor de que cada dia corresponderia a um capítulo.

Almeida Garrett está aparentemente nos antípodas da posição política de Xavier de Maistre. Ele aderiu com entusiasmo à revolução liberal do Porto, em 1820. Abolida a Constituição liberal pelo movimento absolutista de Vila Francada, fugiu em 1823 para a Inglaterra, passando algum tempo na França. Morto d. João VI e outorgada aos portugueses, por d. Pedro I, uma Carta constitucional (1826), Garrett voltou a Portugal. Mas o perjúrio de d. Miguel, proclamado rei absoluto em 1828, obriga-o a exilar-se novamente na Inglaterra. Em julho de 1832, desembarca em Portugal com as tropas liberais, chefiadas por d. Pedro I, que havia abdicado do trono do Brasil. Prestou serviços aos liberais até a derrota definitiva de d. Miguel, em 1834, e permaneceu liberal até sua morte, em 1854. É difícil imaginar contraste maior com as convicções conservadoras dos irmãos Joseph e Xavier de Maistre.

E, no entanto, não encontramos em *Viagens na minha terra*

uma grande presença do liberalismo doutrinário: ao contrário. Passando pelo local onde se travou uma das batalhas de d. Pedro I, ele duvida do valor de uma vitória conquistada com tanto derramamento de sangue. "Os ganhos, se os houve para quem venceu, não balançam os padecimentos, os sacrifícios do passado e menos ainda a responsabilidade pelo futuro." É como Waterloo, que ele visitara: as vítimas tinham imolado sua vida, mas a quê? À liberdade? À realeza? "Nenhuma delas ganhou muito, nem para muito tempo, com a tal vitória" (VT, VIII, 64). O ceticismo desse liberal vai quase a ponto de dar razão às opiniões teocráticas do frei Dinis, que atacava o liberalismo, sem nenhuma ilusão quanto à legitimidade dos monarquistas. A causa monárquica, para o frade, é despótica, quando não se funda em Deus. Quanto ao liberalismo, reduz-se "a duas coisas: duvidar e destruir por princípio; adquirir e enriquecer por fim" (VT, XV, 111). Do lado tradicionalista estavam os padres, porta-vozes do obscurantismo; no outro campo estavam os barões, que enriqueceram com o confisco dos bens das ordens religiosas. Liberal e antiliberal ao mesmo tempo, o livro de Garrett é no fundo uma negação radical da política, em nome "dos verdadeiros e mais santos sentimentos da natureza, expostos e sacrificados sempre no meio das lutas bárbaras e estúpidas" (VT, XXI, 149). Por essa via, o narrador converge para o apolitismo relativo que caracteriza a maioria dos autores shandianos.

Shandiana também é a atitude negativa com relação à história. Comentando a tentativa de Duarte Nunes de Leão, no século XVI, de eliminar os elementos lendários das crônicas portuguesas antigas, diz Garrett: "Ficaram só os traços históricos, que eram muito pouca e muito incerta coisa; e cuidou que tinha arranjado uma história, tendo apenas destruído um poema" (VT, XXVI, 182). No final, o julgamento de Garrett é inapelável: "A história é uma tola. Eu não posso abrir um livro de história, que me não ria. Sobretudo as ponderações e adivinhações dos historiadores, acho-as de um cômico irresistível. O que sabem eles das causas, dos motivos, do valor e importância de todos os fatos que recontam?" (VT, XLVIII, 315-6).

Esse menosprezo pela história convencional se reflete na historicidade caprichosa de *Viagens na minha terra*.

Há vestígios da técnica da temporalidade cruzada. Ela ocorre quando o tempo da ação (esfera II) se interseciona com o passado evocado pela narrativa da "menina dos rouxinóis" (esfera III). Um encontro efetivo dá-se no final do livro, quando o narrador volta à casa do vale e ali encontra duas personagens da narrativa paralela da "menina dos rouxinóis": a avó e frei Dinis. Essas duas personagens, protagonistas de uma história paralela que se passara em 1832, entram no tempo da ação, relativa a uma viagem realizada em 1843. É o presente da ação se cruzando com o passado narrado. Além disso, nas últimas páginas o narrador declara ao frade que tinha sido camarada de Carlos. Como, se a história da menina dos rouxinóis tinha sido contada por um companheiro de viagem do narrador, o qual em nenhum momento revelara ter conhecido o herói da história? Estaria o narrador mentindo para o frade? Se estivesse dizendo a verdade, teríamos um cruzamento temporal mais complexo, porque o passado do narrador (esfera I) estaria invadindo o passado de Carlos (esfera III), fazendo do passado de Carlos uma parte do seu próprio passado.

A imobilização aparece sob sua forma mais típica — o "efeito Bela Adormecida". Em geral, é o leitor que é congelado, esperando o fim das digressões. É o que acontece quando os viajantes chegam à ponte de Asseca, onde o general Junot, invadindo Portugal, fora gravemente ferido. Nesse ponto, o narrador intercala uma série de divagações, que vão desde a etimologia da palavra Asseca até os males produzidos pela guerra, e só então se lembra de libertar o leitor do seu sono. "Benévolo e paciente leitor, [...] bem vejo que te deixei parado à minha espera no meio da ponte da Asseca. Perdoa-me, por quem és; demos de espora às mulinhas, e vamos, que são horas" (VT, IX, 73).

Quanto à inversão, ela não existe na narrativa principal. Eliminadas as interpolações, a narrativa tem um traçado coerente, descrevendo uma viagem de ida e volta de Lisboa a Santarém, iniciada com a partida para Santarém no dia 17 de julho de 1843, segunda-feira, às seis horas da manhã, e terminada com a chegada em Lisboa, alguns dias depois, às cinco horas da tarde.

Mas o narrador se vinga por ter sido tão bem-comportado na narrativa principal, embaralhando a ordem da grande narrativa paralela da "menina dos rouxinóis". Aqui a inversão faz das suas. O início, que deveria ser a história familiar de Carlos (Dinis, amante da mãe de Carlos, era o verdadeiro pai do rapaz e o assassino involuntário do marido enganado), é deslocado para o fim, e o meio, que deveria ser a conseqüência dessas tragédias (Joaninha e a avó sozinhas, depois da partida de Carlos para lutar ao lado dos liberais) é deslocado para o início.

Finalmente, o narrador maneja muito bem a técnica do retardamento, graças à multiplicidade de digressões, e a da aceleração, especialmente perceptível no final tanto da narrativa paralela (a morte de Joaninha, a demência da avó e a ascensão política de Carlos são contadas em pouquíssimas linhas), como da narrativa principal, que omite virtualmente todos os detalhes da volta do narrador a Lisboa.

Passando agora ao espaço, já deve ter ficado evidente que ele é tão subjetivo como o tempo, dentro da melhor tradição shandiana. Ele é contrátil ou extensível à vontade. O percurso entre Lisboa e Santarém é muito mais acidentado, mais cheio de peripécias e reflexões, que o caminho inverso, e nesse sentido a distância é mais longa na ida que na volta. E não se esqueçam de que, como o narrador de *Viagem em torno do meu quarto*, o de *Viagens na minha terra* tem à sua disposição, mais que o espaço cartográfico, o espaço das "regiões ideais". É o espaço aberto pela imaginação, o mesmo que costumava ser freqüentado pelos outros autores shandianos. "Com os olhos vagando por este quadro imenso e formosíssimo, a imaginação tomava-me asas e fugia pelo vago infinito das regiões ideais" (VT, XXVIII, 198). Mas há uma ligação, em *Viagens na minha terra*, entre o espaço cartográfico e o espaço das regiões ideais. Para que os contornos do país de sonho se tornem plenamente visíveis, é necessário que o sonhador esteja fincado no país real, onde essas fantasias encontram seu suporte objetivo. Por isso o narrador está convencido de que "a história, lida ou contada nos próprios sítios em que se passou, tem outra graça e outra força" (VT, XXVI, 187-8). É preciso estar em Roma para ler Tito Lívio e Tácito. Sem isso, a Roma republicana e a imperial nunca serão outra coisa que um cenário de papel pintado. O mundo de Shakespeare só adquire uma consistência plena quando se lê o bardo às margens do Avon. E a história da "menina dos rouxinóis" só é bela e pungente se contada diante da casa do vale onde viviam Joaninha e a avó, ou em Santarém, para onde elas se transportaram quando Carlos foi ferido.

Nessa interpenetração da narrativa principal com a narrativa paralela da menina dos rouxinóis, encontramos com toda clareza algo que estava apenas implícito nos outros textos shandianos: a dependência mútua do tempo e do espaço. É o que fica evidente no quadro a seguir.

NARRATIVA PRINCIPAL	NARRATIVA DA MENINA DOS ROUXINÓIS
N1	N2

a. **Casa do vale.** O narrador vê a casa do vale, entre Cartaxo e Santarém, e começa a ouvir de um dos seus companheiros a história da "Menina dos rouxinóis".

b. **Santarém.** O narrador vai para Santarém, hospedando-se em casa de um amigo. No dia seguinte, admira a paisagem do vale do Tejo e começa a visitar a cidade, chegando até a Porta do Sol, onde se faziam outrora as execuções. Talvez aqui o frei Dinis tivesse chorado seu último treno sobre as ruínas da monarquia.

c. **Santarém.** O narrador prossegue sua visita da cidade. Vê a porta por onde entrara d. Afonso Henrique. Elogia a fachada da Igreja da Graça, onde está o túmulo de Cabral. Visita a igreja onde está a hóstia do Santo Milagre. No dia seguinte, vê o colégio dos jesuítas. No convento de S. Domingos, procura o túmulo do Fausto português, o santo bruxo frei Gil, e o encontra aberto e vazio. "Quem roubou meu santo?"

d. **Casa do vale.** O narrador visita as ruínas do convento de S. Francisco, de que o frei Gil fora o guardião. Procura o túmulo de d. Fernando e o encontra aberto, profanado pela soldadesca, achando nele duas caveiras. Desgostoso, decide voltar. Passando pela casa do vale, vê a velha e o frade.

a. **Casa do vale.** A avó está sentada, fiando. Chama a neta Joaninha para desembaralhar-lhe a meada. Entra o frade, que maldiz Carlos e os liberais. Descrevem-se a vida e as opiniões políticas do frade. Três anos antes, Carlos tivera uma conversa tempestuosa com o frei, anunciando sua decisão de emigrar para juntar-se às tropas constitucionais. De tanto chorar, a avó fica cega. Numa de suas visitas periódicas, às sextas-feiras, Dinis traz uma carta de Carlos, comunicando que estava entre as tropas liberais que cercavam Lisboa. Tomada a capital, os liberais se aproximam de Santarém. Carlos reencontra Joaninha e os dois declaram seu amor. Num novo encontro, Carlos está menos expansivo, e Joaninha o acusa de amar outra mulher.

b. **Santarém.** Ferido em batalha, Carlos é transferido para Santarém e ao acordar encontra Georgina, que lhe fala de Joaninha. Entram o frade e depois a avó. Carlos ouve a verdade sobre suas origens. Foge do hospital e escreve de Évora.

c. **Santarém.** "Quem roubou o meu santo?" Cena noturna no convento das Claras. No dia seguinte, Dinis deixa Santarém e a avó; Joaninha e Georgina partem para Lisboa.

d. **Casa do vale.** O frade dá ao narrador a carta de Carlos, em que ele conta os seus amores ingleses. Joaninha morrera louca, a velha estava demente, Georgina era abadessa num convento da Inglaterra, e Carlos tinha virado barão e logo seria deputado.

A coluna da esquerda contém a narrativa principal, N1, a da direita, a história da menina dos rouxinóis, N2. A leitura vertical permite reconstituir duas narrativas completas; a horizontal mostra como as duas se encadeiam por junções lógicas, facilitando a passagem de um plano para outro. Assim, a contemplação pelo narrador da casa do vale, em N1-a, justifica a passagem para a história paralela, em N2-a. A Porta do Sol, com sua alusão a frei Dinis, no segmento N1-b, nos traz de volta, em N2-b, à narrativa paralela. A pergunta em N1-c — Quem roubou meu santo? — é respondida em N2-c — fora o frade. O encontro com o frei Dinis, em N1-d, nos leva naturalmente, em N2-d, ao desfecho da narrativa paralela.

A leitura horizontal das duas colunas mostra como o narrador levava a sério sua teoria de que era preciso evocar o passado em seu quadro próprio. Do mesmo modo que é preciso estar no cemitério Père Lachaise para entender os amores de Heloísa e Abelardo, era preciso estar no espaço adequado para evocar os amores de Carlos e Joaninha. O fragmento N1-a da narrativa principal se passa na casa do vale, e é também ali que se situa o fragmento N2-a da narrativa paralela. Os dois fragmentos seguintes da narrativa principal, N1-b e N1-c, se situam em Santarém, onde se dão também os dois próximos segmentos, N2-b e N2-c, da narrativa paralela. Finalmente, o último segmento da narrativa principal, N1-d, se passa de novo na casa do vale, e é também lá que se passa o último segmento, N2-d, da narrativa paralela.

As duas narrativas, e portanto os dois tempos (1832 e 1843), se intercomunicam em certos espaços específicos, como os antigos diziam que em certos lugares o mundo dos vivos se comunicava com o mundo subterrâneo. Esses espaços são a casa do vale e Santarém. Na casa do vale estão os dois extremos do amor e do desamor, do sonho e do despertar. E isso tanto na narrativa paralela, porque foi na casa que Joaninha descobriu seu amor por Carlos e nela que a moça morreu abandonada, como na narrativa principal, porque foi na casa que o narrador iniciou sua entrada em Santarém, ainda com ilusões sobre o que o esperava na cidade, e foi para ali que ele voltou, depois de se convencer, em Santarém, da corrupção daquele Portugal novo que ele ajudara a criar. Santarém é a cena intermediária em que se dá a tomada de consciência, em que se consuma a desilusão, em que as expectativas são traídas — traição amorosa, para Joaninha, e política, para o narrador. O narrador se desdobra na menina dos rouxinóis, identifica-se com ela no desencanto comum. O noivo infiel, que se transforma em barão, é assimilado ao Portugal infiel, que vende sua alma aos barões. Na cena do encontro entre o narrador e frei Dinis, na casa do vale, as duas linhas narrativas e as duas séries temporais confluem, e o narrador passa a ser o protagonista da história paralela, do mesmo modo que o frade e a avó passam a ser protagonistas da narrativa principal.

As distorções subjetivas do tempo e do espaço refletem-se pouco na formatação gráfica e visual do texto. E não é que o narrador não conhecesse as excentricidades de Sterne nesse terreno. "Onde a crônica se cala e a tradição não fala, antes quero uma página inteira de pontinhos, ou toda branca, ou toda preta, como na venerável história do nosso particular e respeitável amigo *Tristão Shandy*" (VT, XLI, 275). Mas a verdade é que em geral o narrador não cede a essa tentação. Bem-comportadamente, o texto é dividido em capítulos, os capítulos, sem título mas com uma sinopse minuciosa do respectivo conteúdo, têm tamanho uniforme, e não há nem desenhos, nem arabescos, nem páginas em branco ou em negro. No entanto, há linhas pontilhadas. Em geral, sua função é encerrar uma digressão do narrador, reintroduzindo o tempo da ação, e assinalar a transição de um espaço para outro. Assim, há três linhas pontilhadas entre uma reflexão que termina com uma tremenda diatribe contra a ciência — ela é uma grandíssima tola, e, como tal, presunçosa (VT, III, 26) — e a volta ao tempo da ação, que fora suspenso pela digressão. Do ponto de vista espacial, as linhas pontilhadas indicam a passagem do espaço da estrada para o espaço de uma hospedaria em Azambuja. As linhas pontilhadas seguintes representam a volta ao tempo da ação, depois que ele fora congelado por uma digressão sobre os méritos relativos das virtudes da modéstia e da inocência. E do ponto de vista espacial exprimem a passagem do espaço da estalagem para o espaço da estrada que conduz de Azambuja ao Cartaxo (VT, IV, 33). O mesmo esquema se repete ao longo do livro. As linhas pontilhadas parecem assim exprimir a idéia especificamente garrettiana da interdependência do tempo e do espaço, filtrados ambos pela subjetividade caprichosa do narrador shandiano.

A indiferença de Machado de Assis pela história e pela política é um velho lugar-comum da crítica machadiana. Bem entendido, Astrojildo Pereira não sucumbiu nunca a esse clichê.[11] Mas foi só recentemente que a linha "revisionista" começou a ganhar fôlego. Entre os pioneiros dessa nova linha está John Gledson, para quem os romances de Machado "pretendem transmitir grandes e importantes verdades históricas, de surpreendente profundidade e amplitude".[12] Modelar, em defesa dessa tese, é a análise feita por Gledson da novela *Casa velha*. São notáveis, também, os trabalhos de Roberto Schwarz, que achava que Machado podia ser considerado um escritor realista, sim, embora não no sentido de captar de modo imediato as relações sociais do Brasil do Segundo Reinado, e sim no sentido de ter compreendido melhor que qualquer outro escritor a forma histórica que dava sua especificidade à sociedade brasileira da época: o caráter "deslocado" das idéias e instituições européias importadas.[13] Em livro recente,

Sydney Chalhoub vê na obra de Machado a expressão de uma classe senhorial que subordina a sociedade inteira a seu capricho. A ênfase é mais sobre o caráter despótico da vontade senhorial que sobre a sua volubilidade. O narrador prepotente de *Memórias póstumas* seria a exata transposição dessa onipotência de classe. Ao mesmo tempo, Chalhoub mostra que a submissão por parte dos dependentes nunca é absoluta, pois bem ou mal eles resistem, pela astúcia ou pela manipulação, ao arbítrio dos que mandam. D. Plácida exemplifica essa política dos dependentes: humilhada pelos seus protetores, ela consegue manobrar na sombra em defesa dos seus interesses, comprovando sua capacidade de "encetar diálogos políticos com seus algozes e perseguir objetivos próprios no cerne mesmo do exercício da vontade senhorial".[14]

Em qualquer de suas versões, a tese que vê em Machado de Assis um observador atento da história externa e da sociedade contemporânea é claramente verdadeira e não precisa mais ser demonstrada. Mas ela penetra em *Memórias póstumas* de um modo oblíquo, no registro da denegação e da zombaria.

Como bom livro shandiano, *Memórias póstumas* começa por agredir a história, numa formulação quase idêntica à de Almeida Garrett, que a considerara uma "tola". Brás Cubas vai mais longe. Ele difama gravemente a história, pondo em dúvida seus bons costumes: ela é uma "loureira", e na melhor das hipóteses uma senhora volúvel, "a volúvel história que dá para tudo" (MP, IV, 516). É como se Brás estivesse se defendendo por antecipação do rótulo que lhe seria aplicado por Augusto Meyer[15] e por Roberto Schwarz: o de narrador "volúvel". Volúvel, eu, amigo leitor? Nada disso. Volúvel é a história, essa loureira que vê em Cláudio ora um césar delicioso, ora um simplório. Por isso ela aparece, mas fica nas bordas, sem entrar propriamente no livro, ou entra de modo depreciativo, irrisório. É o caso da história européia. Napoleão é lembrado quando estava no auge de sua glória, em 1805, mas só porque no mesmo ano Brás Cubas nascia. E é lembrado por ocasião de sua primeira queda, em 1814, mas só porque nessa ocasião o menino ganhou um espadim — "francamente, interessava-me mais o espadim do que a queda de Bonaparte" (MP, XII, 529) — e porque sua família organizou um grande banquete, em que todos os convivas, por diversas que fossem suas opiniões políticas, tinham em comum "o desejo de atolar a memória de Bonaparte no papo de um peru" (MP, XII, 529). Cavour e Bismarck servem apenas para demonstrar o caráter pernicioso das idéias fixas. E é o caso da história pátria. Há uma alusão a d. João VI e à família real, mas só como pretexto para justificar o banquete oferecido pelos Cubas, cuja intenção era lisonjear o regente por ter se livrado do seu inimigo corso. Dizendo que o cunhado Cotrim tinha "longamente contrabandeado em escravos" (MP, CXXIII, 620), Brás Cubas faz um aceno longínquo à lei Eusébio de Queirós, de 1850, que, tornando ilegal o tráfico negreiro, obrigou Cotrim a recorrer ao contrabando, mas esse aceno aparentemente só é feito para traçar o retrato psicológico de Cotrim, sentimental com os filhos e cruel com seus escravos.

Essa relação caprichosa com a história se reflete no maneirismo shandiano de transformar o tempo objetivo em tempo subjetivo. Isso é coerente com a lei do arbítrio, essencial à linhagem a que se filia Brás Cubas: déspota em tudo, Brás Cubas quer ser também senhor do tempo. Brás quer a sensação de ter o tempo sob seu controle, e por isso o transforma em coisa sua. Para não estar sujeito ao tempo cronométrico, apropria-se dele como narrador e o maneja a seu bel-prazer. O tempo da ação subordina-se ao tempo narrativo.

O tempo da ação é de facílima reconstituição em *Memórias póstumas*, porque, fiel a seus predecessores, Brás se esmera em balizá-lo com datas e fatos. O narrador nasceu no Rio de Janeiro, pouco antes da vinda da família real para o Brasil, no dia 20 de outubro de 1805. Foi batizado em 1806. Desde os cinco anos era um "menino diabo", quebrando a cabeça de escravas e cavalgando moleques domésticos. Em 1814, por ocasião da primeira queda de Napoleão, participou de um jantar de regozijo, e para vingar-se do dr. Vilaça, que o impedira de comer uma ambicionada compota, anunciou a todos que ele tinha dado um beijo em d. Eusébia, atrás da moita. Freqüenta uma escola, que o entedia e onde é condiscípulo de Quincas Borba. Em 1822, ano da Independência do Brasil, Brás tem dezessete anos e inicia sua ligação com Marcela. Ela o amou durante quinze meses e onze contos de réis, o que faz supor que a ligação terminou por volta de fevereiro de 1824. Embarca para a Europa no navio de capitão-poeta. Estuda em Coimbra e depois dos "anos da lei" bacharela-se, suponhamos que por volta de 1830. Passa alguns anos na Europa, o que nos leva, digamos, a 1834, quando volta ao Rio. Morre a mãe. Sobe para a Tijuca e tem um breve namoro com "a flor da moita", Eugênia. Reencontra Marcela, desfigurada pelas bexigas. Conhece Virgília, que o pai lhe reservara como noiva, mas a perde para Lobo Neves. Morre o pai, humilhado com a desfeita sofrida pelo filho: um Cubas! Torna-se amante da ex-noiva. Encontra, transformado em mendigo, seu companheiro de escola, Quincas Borba. Brás tem agora cerca de quarenta anos, e estamos em 1845. Aluga uma casa na Gamboa, com a cumplicidade de d. Plácida, para abrigar seus amores com Virgília. Lobo Neves é nomeado para uma presidência de província e convida Brás para acompanhá-lo como secretário. Mas Lobo Neves acaba recusando a nomeação, por medo do número 13. Brás acredita que vai ser pai, mas Virgília perde a criança. Lobo Neves chega de surpresa à casa da Gamboa e quase pega os adúlteros em flagrante. Afinal, é assinado novo decreto, com a data de 31, e Virgília parte para a província com o marido. Brás aceita com equanimidade essa partida e janta bem no hotel Pharoux. Agora com quarenta e tantos anos, decide casar-se com Nhã-Loló, mas a moça morre de febre amarela. Em 1855, aos cinqüenta anos, reencontra Virgília num baile. É eleito deputado, com ambições ministeriais, e, estimulado por Quincas Borba, faz um discurso propondo a diminuição da barretina da guarda nacional. Morrem d. Plácida, Lobo Neves, Marcela e enfim Quincas Borba, inteiramente louco. Brás tem a idéia de inventar um emplastro antimelancolia. E morre de pneumonia, aos 64 anos, às duas horas da tarde de uma sexta-feira do mês de agosto de 1869.

Como tirano, Brás sai dos seus cuidados para desmantelar, na narrativa, a linearidade do tempo da ação. A técnica da temporalidade cruzada não desempenha grande papel em *Memórias póstumas,* dada a relativa pobreza das narrativas paralelas. Mas todas as outras estratégias de desorganização temporal funcionam a pleno vapor: a imobilização, a inversão, o retardamento e a aceleração.

Ao imaginar um narrador morto, Machado de Assis ultrapassou de muito tudo o que Sterne inventou em matéria de imobilização do tempo. Tristram está continuamente ameaçado pela morte, fugindo dela em seu galope alucinado pela França, mas é enquanto vivo que ele escreve suas memórias. Ele pode sempre mudar suas opiniões, viver novas aventuras, encontrar outros personagens. Tristram é habitado pela permanente virtualidade da mudança. O narrador faz o que pode para criar para si mesmo a ilusão de controlar o tempo, mas sabe que faça o que fizer está sujeito às suas vicissitudes. Ele está vivo e, portanto, é mortal. Machado vai incomensuravelmente mais longe em sua tentativa de exorcizar o tempo: ele se instala, como narrador, num tempo além do tempo, no tempo da eternidade. É um observador imóvel, protegido de qualquer mudança possível. Brás não podia emagrecer porque as ossadas não emagrecem: "restavam os ossos, que não emagrecem nunca" (MP, XXIII, 545). O leitor tinha "pressa em envelhecer" (MP, LXXI, 583), defeito de que não se podia acusar um autor defunto, que não envelhecia nunca. É o que Brás explica pacientemente a um crítico obtuso: "O que eu quero dizer não é que esteja agora mais velho do que quando comecei o livro. A morte não envelhece" (MP, CXXXVIII, 627.) Enfim, seus estados de espírito não mudam, pois ele está além da tristeza e da alegria: "Esta é a grande vantagem da morte, que, se não deixa boca para rir, também não deixa olhos para chorar..." (MP, LXXI, 583).

Esse narrador imóvel disserta sobre a contínua mobilidade de todas as coisas, o tempo que não cessa de fluir é observado *sub specie aeternitatis*, e a morte é buscada como refúgio contra os terrores da morte. É um paradoxo que Freud compreenderia bem, pois para ele a pulsão da morte acaba coincidindo com Eros, já que em última análise a morte é repouso, fim do estado de tensão induzido pela incessante variação de todas as coisas. A idéia do tempo imóvel faz seu aparecimento mesmo entre os vivos. Mas nesse caso é uma falsa imobilidade, uma imobilidade que não liberta.

A inversão é outra estratégia shandiana usada por Machado de Assis. Ela permite ao narrador sabotar o tempo direcional, tornando-o reversível. O melhor exemplo está no artifício central do livro, o processo pelo qual Brás Cubas decide começar suas memórias por sua morte, e não por seu nascimento. Duas razões o levaram a essa decisão, diz ele. Primeiro, ele não era um autor morto, e sim um morto que escrevia livros, e portanto podia fazer o que não pôde um Chateaubriand, por exemplo, no livro cujo título Machado de Assis parodiou, *Mémoires d'outre tombe*. Segundo, o escrito ficaria mais novo, distinguindo-se nisso do Pentateuco, em que Moisés também conta sua morte, mas a põe no fim. É uma inversão mais radical que qualquer das inventadas por Sterne, mas que tem a sua lógica, uma lógica shandiana, bem entendido. Se a campa foi o segundo berço de Brás, ele nasceu no momento de sua morte, e com isso a cronologia "normal" se restaura, anulando a inversão. Essa idéia tem um ar curiosamente cristão, porque para certos pregadores sacros a verdadeira vida começa depois da morte.

O efeito de retardamento é obtido especialmente pelas digressões, tema que já abordei em outro capítulo. Lembro aqui apenas uma grande seqüência cheia de digressões, uma das poucas que poderiam gerar algum suspense no leitor — a entrada abrupta de Lobo Neves na casa de d. Plácida, com sua possível seqüela de cenas passionais e episódios de violência e até de assassinato. Esse episódio em que nada acontece se arrasta, interminável, ao longo de oito capítulos. No capítulo CII, Brás anuncia que tinha praticado uma ação abominável. No capítulo CIII, revela que a ação abominável era que tinha se atrasado uma hora num encontro com Virgília, em casa de d. Plácida. No próximo encontro, quando ele está conseguindo ser perdoado pela moça, d. Plácida anuncia que o marido enganado estava chegando. Ele chega de fato no capítulo CIV, sem conseqüências particularmente trágicas, porque Brás não sai da alcova e Virgília explica que estava apenas visitando d. Plácida. No capítulo CV, Brás aplica ao caso presente a lei da equivalência das janelas: seu gesto de querer sair da casa, enfrentando o marido e arrancando-lhe Virgília, ação prudentemente impedida por d. Plácida, era uma forma de neutralizar a humilhação que ele sentira ao ficar escondido na alcova quando Lobo Neves chegara: a alcova fora uma janela fechada, e o gesto de sair, mesmo frustrado, uma janela aberta, destinada a ventilar a consciência. No capítulo CVI, d. Plácida se oferece para ir à casa de Virgília, a fim de verificar o que houvera entre o marido e a mulher. No capítulo CVII, há um bilhete de Virgília dizendo que não tinha acontecido nada, mas que o marido suspeitava de alguma coisa. No capítulo CVIII, Brás analisa suas emoções ao ler o bilhete. No capítulo CIX, diz que releu o bilhete, antes e depois do almoço, e não se esquece de descrever o cardápio, profundamente ascético, para desaprovação de Quincas Borba.

O efeito de aceleração é também muito freqüente. No final do capítulo do delírio, a marcha dos séculos era tão rápida "que escapava a toda a compreensão; ao pé dela o relâmpago seria um século" (MP, VII, 524). A mesma velocidade caracteriza certas seqüências da narrativa. Os anos de escola são mencionados em poucas linhas: "Unamos agora os pés e demos um salto por cima da escola, a enfadonha escola, onde aprendi a ler, escrever, contar, dar cacholetas, apanhá-las, e ir fazer diabruras, ora nos morros, ora nas praias, onde quer que fosse propício a ociosos" (MP, XIII, 531). Começa a falar sobre seu colega de travessuras, Quincas Borba, mas decide dar outro pulo: "Vamos de um salto a 1822, data da nossa independência política, e do meu primeiro cativeiro pessoal" (MP, XIII, 532). Chamado de volta ao Brasil, Brás quer contar detalhes sobre sua volta, mas se contém. É preciso ser rápido. "Não alonguemos este capítulo. Às vezes, esqueço-me a escrever, e a pena vai comendo papel, com grave prejuízo meu, que sou autor" (MP, XXII, 544). Nas cenas de luto, o tempo se abrevia, miniaturiza-se. Ao descrever a morte da mãe, o narrador faz questão de dizer que o capítulo era triste, mas curto. A morte do pai é descrita mais velozmente ainda, sob a forma de notas para um capítulo que não chegou a ser escrito (MP, XLV, 562). O mesmo acontece com a morte de Nhã-Loló. Ela é anunciada num epitáfio e comentada em poucas linhas, no início do capítulo seguinte.

> O epitáfio diz tudo. Vale mais do que se lhes narrasse a moléstia de Nhã-Loló, a morte, o desespero da família, o enterro. Ficam sabendo que morreu; acrescentarei que foi por ocasião da primeira entrada da febre amarela. Não digo mais nada, a não ser que a

acompanhei até o último jazigo, e me despedi triste, mas sem lágrimas. (MP, CXXVI, 621)

E o espaço? Seguindo a tradição shandiana, Brás Cubas o percorre sem plano preconcebido, sem submetê-lo a categorias racionais. É o que acontece quando o narrador caminha, sem se dar conta disso, em direção ao hotel Pharoux. Ele é conduzido pelas pernas, como um autômato, e não pela razão. "Enquanto eu pensava naquela gente, iam-me as pernas levando, ruas abaixo, de modo que insensivelmente me achei à porta do hotel Pharoux. De costume jantava aí; mas, não tendo deliberadamente andado, nenhum merecimento da ação me cabe, e sim às pernas, que a fizeram" (MP, LXVI, 580). Mas, em geral os personagens shandianos se relacionam com o espaço através da viagem, e não de perambulações automáticas, e Brás Cubas não é nenhuma exceção. Nisso, Machado de Assis teve uma intuição certeira, ao escrever no prólogo à terceira edição que "toda essa gente viajou: Xavier de Maistre à roda do quarto, Garrett na terra dele, Sterne na terra dos outros. De Brás Cubas se pode talvez dizer que viajou à roda da vida" (MP, 512).

Mas pode-se viajar de dois modos, ou seguindo um guia Baedecker ou obedecendo a impulsos subjetivos. A viagem shandiana pertence à segunda categoria. Seu itinerário é guiado pelo capricho, pela volubilidade ou pelo interesse sentimental. Foi o caso de Tristram Shandy, que não disse uma palavra sobre as atrações de Paris, ou Yorick, e de seu *alter ego*, Yorick, em *Viagem sentimental*, que não quis saber do Louvre, do Luxemburgo ou do Palais-Royal. Do mesmo modo, Brás Cubas resolve não dizer nada sobre o que viu na Europa, depois de bacharelar-se em Coimbra. Sabemos que percorreu a península, que esteve em outros lugares da velha Europa, onde assistiu às alvoradas do romantismo, e que entre esses lugares estava Veneza, "ainda rescendente aos versos de *lord* Byron" (MP, XXII, 544). E é tudo. "Não direi cousa nenhuma. Teria de escrever um diário de viagem e não umas memórias, como estas são, nas quais só entra a substância da vida" (MP, XXIII, 544). Impossível dizer mais claramente que o espaço só interessava na medida em que era evocado, e que só entraria na narrativa de modo impressionístico, arbitrário, determinado pelo processo associativo do narrador.

É dessa natureza, em geral, o espaço que aparece em *Memórias póstumas*. Como o tempo, o espaço é desconstruído, transposto para dentro. O espaço se deforma na evocação e na narração. Torna-se subjetivo. O espaço urbano do Rio se atrofia, se desrealiza, reduzindo-se ao Rocio, onde Brás conheceu Marcela, à Tijuca, onde ele se desfez da Flor da Moita, à rua dos Ourives, onde ele reencontrou Marcela, à Gamboa, onde ele se encontrava com Virgília, e ao Catumbi, onde ele morreu. A distância entre dois pontos do espaço perde seu sentido topográfico e transforma-se numa extensão abstrata cuja única função é ilustrar estados de alma do narrador ou aspectos de sua personalidade. Assim, a travessia marítima do Rio a Lisboa se destina a ilustrar os sentimentos do narrador com a morte da mulher do capitão-poeta; seu percurso a lombo de jumento entre Coimbra e Lisboa, a ilustrar sua mesquinharia; sua viagem da Itália ao Brasil, a ilustrar sua tristeza com a morte iminente da mãe.

Esse espaço subjetivo é exatamente adequado ao egocentrismo shandiano. É o espaço do Eu, espaço monádico, auto-suficiente, perfeitamente caracterizado por Brás Cubas ao descrever a casinha da Gamboa:

> A casa resgatava-me tudo; o mundo vulgar terminaria à porta; — dali para dentro era o infinito, um mundo eterno, superior, excepcional, nosso, somente nosso, sem leis, sem instituições, sem baronesas, sem olheiros, sem escutas, — um só mundo, um só casal,

uma só vida, uma só vontade, uma só afeição — a unidade moral de todas as cousas pela exclusão das que me eram contrárias. (MP, LXVII, 581)

Mas que queria dizer Machado de Assis quando afirmou que Brás Cubas tinha viajado em torno da vida? Sem dúvida, que seu personagem não tinha mergulhado na vida em si, caso em que teria ido além do seu desejo superficial de brilho, de vaidade, de prestígio, e tinha se limitado a viajar em torno dela, movido por seu ímpeto de "acotovelar os outros, de influir, de gozar [...] de prolongar a Universidade pela vida adiante..." (MP, XX, 542). A expressão "em roda da vida" lembra a "imagem astronômica" que Brás desenvolveria no capítulo CL: "O homem executa à roda do grande mistério um movimento duplo de rotação e translação; tem os seus dias, desiguais como os de Júpiter, e deles compõe o seu ano mais ou menos longo" (MP, CL, 634). O movimento de translação de Brás Cubas em torno da vida resultou num "ano" de pouco mais de sessenta anos, com "dias" inteiramente consagrados à frivolidade. A comparação astronômica sugere um movimento circular, de volta ao ponto de partida, o que significa que a "viagem" de Brás não o levara a lugar nenhum. Tinha se agitado muito, mas de fato não saíra do lugar. Com isso, o ideal shandiano do tempo imóvel acaba convergindo para o sonho da imobilidade espacial. Essa imobilidade, por razões diferentes, é a vocação mais íntima de todos os autores shandianos, por mais que viajem, o que só faz reforçar a filiação à forma shandiana de Machado de Assis, esse homem que nunca viajou, ou quase nunca.

O hábito shandiano de refletir as anomalias espaciotemporais da narrativa na formatação gráfica do texto transparece de modo fortíssimo em *Memórias póstumas*. A alternância entre capítulos longos, como o do delírio (MP, VII, 520-4) e mínimos, como o intitulado "Inutilidade", de apenas uma linha (MP, CXXXVI,

626), corresponde ao caráter arbitrariamente elástico do espaço shandiano. Mas a principal relação é com o tempo. O capítulo LIII, que narra o primeiro beijo de Brás Cubas e Virgília, não tem título. É que não é um verdadeiro capítulo, e sim um prólogo, o prólogo dos amores adúlteros que seriam narrados depois. "Tal foi o livro daquele prólogo" (MP, LIII, 569). Como prólogo, algo situado antes do início, corresponde a um tempo zero, um tempo imóvel antes que o verdadeiro tempo comece a fluir. Esse tempo imóvel é negativo, é o prólogo de uma vida de medo e hipocrisia, de cóleras, desesperos e ciúmes. O capítulo LV, "O velho diálogo de Adão e Eva", é construído sob a forma de uma peça de teatro, em que aparecem as *dramatis personae* — Brás Cubas e Virgília —, mas em que as respectivas falas são substituídas por linhas pontilhadas, exclamações e interrogações. É a comédia universal dos sexos, comum a todas as épocas, além das variações da história, e nesse sentido o reino da intemporabilidade, mas uma intemporabilidade que nada tem de consoladora, porque é a condição para perpetuar "o legado de nossa miséria". O capítulo CXXXIX, "De como não fui ministro d'Estado", também não tem texto: é que também alude a um tempo zero, um tempo vazio, o tempo imóvel de uma ambição frívola que não se realizou (MP, CXXXIX, 627). A inversão, pela qual o narrador corrige a flecha do tempo, se materializa numa passagem em que o narrador recua, voltando para um capítulo já escrito. É o capítulo intitulado "Para intercalar no cap. CXXIX" (MP, CXXX, 623).

5. Riso e melancolia

> *A pena da galhofa e a tinta da melancolia.*
> Machado de Assis

Tristram é um melancólico, assombrado pelo fantasma da transitoriedade, do tempo que foge, da morte. Não surpreende, assim, que um dos livros mais lidos (e plagiados) por Sterne seja a *Anatomia da melancolia*, de Robert Burton. Mas o narrador insere invariavelmente essas reflexões num contexto em que elas se tornam cômicas. Regride, assim, à tradição da Antiguidade, segundo a qual o filósofo Demócrito teria dito a Hipócrates que o riso era o melhor antídoto contra a melancolia. Não há dúvida, também, de que ele absorveu a lição de Rabelais, que escreveu no prólogo de *Gargantua* que não há como o riso para espantar o luto: "Vendo o luto que vos mina e consome/ É melhor de risos que de lágrimas escrever/ Pois rir é próprio do homem".[1]

Sterne concordava sem reservas com Rabelais. Para ele, o riso era o remédio supremo contra a doença em geral. Na dedicatória a Pitt, disse que "combatia constantemente as enfermidades e outros males da vida, recorrendo à jovialidade, pois estava firmemente convencido de que cada vez que um homem sorria, e mais ainda quando ele ria, acrescentava algo ao que lhe sobrava de vida" (TS, 33). Mas o riso age em particular sobre as moléstias da mente. Ele produz leitores ideais — "à medida que trotamos para frente, ou ri comigo, ou de mim, em suma, faz qualquer coisa, desde que não percas teu bom humor" (TS, I, 6, 41) — e súditos ideais:

> Se eu pudesse, como Sancho Pança, escolher meu reino, não seria marítimo, nem um reino de negros onde eu ganhasse muito dinheiro, ó, não, seria um reino de súditos animados e risonhos. E como as paixões biliosas e as mais saturninas, criando transtornos no sangue e nos humores, exercem, como vejo, tão má influência no corpo político como no corpo social [...] acrescentaria à minha prece que Deus desse a meus súditos a graça de serem tão sábios quanto são alegres; e então eu seria o monarca mais feliz debaixo do sol, e eles o povo mais feliz. (TS, iv, 32,333)

O livro como um todo pode ser visto como uma panacéia contra a melancolia.

> Se este livro é escrito contra alguma coisa, saibam Vossas Excelências, é escrito contra a hipocondria, para, através de uma elevação e depressão mais freqüentes e mais convulsivas do diafragma, e das sacudidelas dos músculos intercostais e abdominais produzidas pelo riso, expulsar para o duodeno a bílis e os outros sucos amargos da bexiga, fígado e pâncreas dos súditos de Sua Majestade, com todas as paixões adversas que lhes são inerentes. (TS, IV, 22, 299)

Tristram Shandy põe em prática essa teoria. Cada vez que aflora o tema do declínio e da morte, o riso o torna inofensivo. Assim, dirigindo-se à sua "querida Jenny", Tristram faz graves reflexões que poderiam ter saído do Eclesiastes.

> O tempo passa rápido demais; cada letra que traço me diz com que celeridade a vida segue a minha pena; os dias e horas dessa vida, mais preciosos, querida Jenny, que os rubis em torno de teu pescoço, voam sobre nossas cabeças, para não mais voltarem, como as leves nuvens de um dia de vento... Que o Céu tenha piedade de nós dois! (TS, ix, 8, 582)

Mas essa nota elegíaca é interrompida pelo capítulo seguinte, que consta de apenas quinze palavras, bem calculadas para provocar um acesso agridoce de *fou rire*: "Agora, eu não daria um vintém para saber o que o mundo pensará dessa ejaculação!" (TS, E, IX, 9, 582).

A morte sempre se transforma em piada. Um bom exemplo é o capítulo em que Walter Shandy comenta a morte de Bobby, irmão de Tristram. A filosofia oferece muitos consolos para essas tragédias, observa Tristram, mas o problema foi que ao receber a triste notícia Walter recorreu a todos ao mesmo tempo — "ele os usava à medida que iam lhe ocorrendo" (TS, V, 3, 349) —, e o resultado foi uma terrível confusão. Walter dissertou interminavelmente sobre a morte, mas de modo tão desordenado que até a Magna Carta entrou em seu discurso. Quando conseguia dizer algo inteligível, do gênero "morrer é a grande dívida, o grande tributo devido à natureza" (TS, V, 3, 349), o tio Toby interrompia com comentários excêntricos. Para o filósofo, disse Walter, a morte é uma libertação, porque o ajuda a libertar-se de sua melancolia. "Não é melhor libertar-se das preocupações e das febres, do amor e da melancolia, e de outras crises da vida, quentes e frias, do que ser obrigado a recomeçar sempre de novo sua jornada, como um viajante doente de bílis, que chega exausto a uma hospedaria?" (TS, V, 3, 351). Sim, mas como Tristram não se esquece de registrar, ao dizer essas nobres palavras Walter tinha se esquecido inteiramente do seu filho falecido. O grande objeto da meditação melancólica, o tema *ubi sunt*, através do qual os filósofos antigos deploraram a mortalidade dos homens e dos impérios, foi conscienciosamente incluído nas reflexões de Walter: "Onde estão Tróia e Micenas, e Tebas e Delos, e Persépolis e Agrigento?" (TS, V, 3, 349). Mas o belo efeito dessa tirada foi um tanto comprometido pelo fato de que, ao se referir a uma viagem feita na Grécia, Walter se esqueceu de informar seu irmão Toby de que estava citando um contemporâneo de Cícero. Por isso Toby pensou, compreensivelmente, que a viagem tinha sido feita por Walter, e perguntou-lhe em que ano de Nosso Senhor a viagem tinha se realizado. Em nenhum ano do Nosso Senhor, respondeu Walter. Como assim? Bem, porque ela se realizou quarenta anos antes de Cristo (TS, V, 3, 350).

O horror à morte é neutralizado de modo semelhante no volume VII. A Morte bate à porta de Tristram, mas é recebida "num tom tão alegre, tão despreocupado e tão indiferente", que ela duvidou estar no endereço certo. Também pudera! Tristram, que odiava ser interrompido, estava naquele exato momento contando a seu amigo Eugenius uma piada obscena sobre a "freira que acreditava ser um crustáceo, e do monge que foi para o inferno por ter comido um molusco" (TS, VII, 1, 459).

Observamos em *Jacques o fatalista* uma preocupação semelhante de atenuar pelo riso o efeito das passagens melancólicas. Quando os viajantes encontram um coche fúnebre transportando um caixão, Jacques reconhece as armas do seu capitão e dá um grito, convencido de que seu antigo senhor tinha morrido. Nada mais trágico. Mas nesse mesmo momento ele cai do cavalo. Nada mais cômico. A melancolia é ridicularizada. Ela também é ridicularizada em outro sentido, porque foi de melancolia que morreu o capitão, e a causa dessa melancolia foi cômica. "Depois que esse militar foi privado pela morte de outro militar, seu amigo, capitão no mesmo regimento, da satisfação de bater-se em duelo pelo menos uma vez por semana, ele caíra numa melancolia tão profunda que se extinguira ao fim de alguns meses" (JF, 512). Ela é ridicularizada uma terceira vez, mais adiante, quando o narrador levanta a hipótese de que tanto choro talvez fosse supérfluo: quem sabe se em vez de conter um cadáver, o caixão não conteria mercadorias contrabandeadas, ou mulheres seqüestradas? (JF, 516). Seja como for, Jacques remonta no cavalo e os dois partem. Enquanto cavalgam, o patrão lê (ou recita) uma espécie de sermão, um discurso patético com o qual procura consolar Jacques, e que na verdade é uma colagem de lugares-comuns sobre o grande tema do melancólico, o caráter efêmero da vida humana. "Chorai sem constrangimento, porque podeis chorar sem vergonha. [...] Submetamo-nos à ordem universal quando tivermos perdido nossos amigos, como nos submeteremos quando ela quiser dispor de nós; aceitemos o decreto da sorte que os condena, sem desespero, como o aceitaremos sem resistência quando ele for pronunciado contra nós." Como se vê, é o tom de Walter Shandy, tentando consolar seu irmão e a si mesmo pela morte de Bobby. Esse quase pastiche já seria cômico em si se Diderot não tivesse tomado a precaução, para uso dos que não conheciam Sterne, de introduzir nesse discurso um final destinado a produzir o riso: "A terra que se move nesse momento se consolidará sobre o túmulo do vosso amante". Alto lá!, exclama Jacques. Esse sermão é então para consolar uma mulher? Será que o senhor está me tomando pela amante do meu capitão? Eu, que sempre fui um rapaz honesto! Com esse anticlímax, desmorona a sensação de melancolia. É exatamente o que desejava o patrão: o ridículo do texto tinha secado as lágrimas de Jacques. "Fiz o que me propus fazer. [...] Tu choravas; se eu tivesse conversado contigo sobre o objeto de tua dor [...] terias chorado mais ainda. Eu te despistei pelo ridículo de minha oração fúnebre" (JF, 513-5). Em suma, o patrão agiu na melhor tradição shandiana: usou o riso para vencer a melancolia. Ele prossegue impávido na mesma batalha, mais adiante, embora de modo menos caridoso, quando o cavalo de Jacques dispara com seu cavaleiro em direção a um morro cheio de forcas. Mais tarde o leitor descobre que esse estranho comportamento se devia ao fato de que o cavalo tinha pertencido a um carrasco. Mas a primeira reação do patrão é zombar do seu servidor, dizendo que o cavalo estava claramente inspirado, e que sua preferência por esse local sinistro era um indício profético de que Jacques morreria enforcado. O riso do remoque é mobilizado para combater a melancolia da cena. E que faz o patrão, quando vê o cavalo de Jacques disparar de novo, provavelmente em direção às forcas? Ri. "O cavalo de Jacques parte como um relâmpago, sem se afastar nem para a direita nem para a esquerda, seguindo a estrada principal. Não se viu mais Jacques; e seu amo, persuadido de que o caminho levaria às forcas, segurava suas costelas de tanto rir" (JF, 525). Agora não é mais a melancolia de Jacques que o patrão quer combater pelo riso, mas a do leitor e talvez a dele próprio. Afinal, é difícil não ficar melancólico quando se faz ou se lê a descrição de um lugar que poderia ter saído da *Ballade des pendus*, de François Villon. O *chiaroscuro* do riso e da melancolia prossegue ao longo de todo o livro. Cada passagem melancólica é seguida por outra, em geral sarcástica, cuja função é desmoralizar a primeira. Nada ilustra melhor a diferença entre o dispositivo literário shandiano e o romântico que a passagem já referida, imitada por Musset: "A primeira jura que se fizeram dois seres de carne e osso, foi junto de um rochedo que caía em poeira; eles tomaram como testemunha de sua constância o céu, que nunca é o mesmo; tudo passava neles e em torno deles, e eles acreditavam que seus corações estavam livres de vicissitudes. Ó crianças, sempre crianças!" (JF, 567). Musset não experimenta a necessidade de relativizar sua melancolia. Todas as estrofes do poema são impregnadas da mesma tristeza: tristeza genérica, provocada pela evidência de que tudo passa no mundo, e tristeza particular, porque essa mutabilidade universal atingira a vida amorosa do poeta, acabrunhado com a infidelidade de George Sand. Nada mais alheio ao autor shandiano. A passagem é melancólica, sim, mas exprime um estado de espírito efêmero, que pode e deve ser anulado pelo ridículo. Por exemplo, por que não contar, logo em seguida, um apólogo levemente obsceno, desde que seja jovial? É o que faz Jacques, com seu apólogo do facão e da bainha. O patrão aprova: "tua fábula não é muito moral, mas é alegre" (JF, 567-8).

Porém, essa utilização do riso para neutralizar a melancolia é mais prática que teórica. Em Sterne, ela faz parte de uma doutrina, herdada de autores antigos, segundo a qual, como vimos, o riso é o melhor antídoto contra a melancolia. Quando usa a alegria para combater a tristeza, Tristram está sendo coerente com seus princípios. O mesmo não acontece em *Jacques o fatalista*. Como toda gente, como eu e tu, leitor, Jacques chora e ri, e pode recorrer ao riso para combater o choro. Mas está, com isso, sendo infiel à doutrina do fatalismo, porque como desconhecemos o que está escrito no "grande rolo" do destino, nunca saberemos se o que nos acontece de bom merece de fato a alegria, nem se o que nos acontece de mau merece mesmo a tristeza. Em teoria, portanto, ele deveria ficar impassível diante de todas as situações da vida, como preconizava um precursor de Jacques, o grande filósofo do determinismo, Spinoza: nem rir nem chorar, compreender. "Meu amo, não sabemos do que nos regozijar, nem do que afligir-nos na vida. O bem traz consigo o mal, o mal traz o bem. Caminhamos na noite, abaixo do que está escrito no alto, igualmente insensatos em nosso júbilo e em nossas aflições." E, no entanto, Jacques chora e ri, sentindo-se um tolo nos dois casos. "Quando choro, acho muitas vezes que sou um tolo." E quando ris?

> Também acho que sou um tolo; entretanto, não posso me impedir nem de chorar nem de rir; é o que me dá raiva. Experimentei cem vezes... zombar de tudo... livrar-me das preocupações, não ter mais necessidade de nada... Tal sou algumas vezes; mas o diabo é que isso não dura. [...] Desisti; tomei o partido de ser como sou; e vi, pensando um pouco, que era a mesma coisa. (JF, 541)

Para um verdadeiro fatalista, este é com efeito o *nec plus ultra* da sabedoria. Se tudo já está desde sempre escrito no "grande rolo", nossa crença na liberdade está entre as coisas predeterminadas pelo destino, como predeterminada está nossa inconsistência em rir e chorar, e em contrapor o riso ao choro, mesmo sem sabermos se o que nos parece um bem ou um mal são efetivamente uma ou outra coisa.

Em Xavier de Maistre, encontramos um contraponto de tristeza e de alegria que teria sido aprovado por Sterne. A passagem das horas é triste — o tempo foge, ai de nós! —, mas é sempre possível fazer frente a essa tristeza por uma atividade capaz de dar alegria a nós mesmos e a nossos amigos, como a leitura e a poesia. "Que prazer [...] arranjar algumas rimas para alegrar nossos amigos! As horas deslizam então sobre vós, e caem em silêncio na eternidade, sem vos fazer sentir sua triste passagem" (VC, IV, 10). A alegria e a tristeza vêm juntas mesmo num objeto tão cotidiano como o leito: nele se combinam a vida e a morte, o júbilo do começo — o nascimento —, a paixão adulta e o fim de tudo. É na cama que o gênero humano representa alternadamente "farsas risíveis e tragédias espantosas" (VC, V, 12). Como em Sterne, esse contraponto filosófico se transforma em procedimento estilístico. Depois de cada passagem sombria, vem seu "antídoto" — uma passagem cômica, em geral fornecida pelo criado Joannetti. Assim, depois de uma tremenda tirada oratória sobre os banhos de sangue produzidos pela Revolução Francesa, o narrador dá um berro e ordena ao inocente servidor que feche todas as portas e janelas, para impedir a entrada dos "tigres" que cometeram essas abominações, e manda que o próprio Joannetti desapareça (VC, XXXII, 70-1).

Mas como se pode depreender por algumas dessas citações, a melancolia já está mudando de natureza. Estamos nos aproximando do *mal du siècle* romântico. Werther (VC, XX, 43; XXXVI, 80) e Ossian (VC, XXXVII, 83) deixaram suas marcas em *Viagem em torno do meu quarto*. Sem dúvida, o proto-romantismo já tinha sido prenunciado por Sterne, com sua ênfase sobre a sensibilidade — a do tio Toby, que liberta insetos, e a de Yorick, que tem pena de passarinhos engaiolados. Esse culto da sensibilidade continua no livro de Xavier de Maistre. O criado Joannetti, com sua bondade e sua simplicidade, é a transposição exata do cabo Trim, tão bom e tão simples quanto seu amo Toby. Mas sentimos que a melancolia que aflige o narrador é de outra natureza que a vivida por Sterne e Diderot. Neles, era um termo técnico da medicina. Para Sterne, leitor da *Anatomia da melancolia*, de Robert Burton, era uma afecção ligada à bílis, ao baço, aos humores. O narrador de *Jacques o fatalista* dá uma explicação curiosamente "científica" da melancolia, quando diz que ela costuma surgir com o advento da puberdade e muitas vezes predispõe para crises religiosas.

> Vem um momento em que quase todos os rapazes e moças caem na melancolia; são atormentados por uma inquietação vaga, que se difunde por tudo, e que nada acalma. Eles procuram a solidão;

choram; o silêncio dos claustros os comove; a imagem da paz que parece reinar nas casas religiosas os seduz. Tomam pela voz de Deus [...] os primeiros efeitos de um temperamento que se desenvolve: e é precisamente quando a natureza os solicita que eles adotam um gênero de vida contrário aos impulsos da natureza. (JF, 622)

Em Xavier de Maistre, a melancolia não é uma doença, mas um estado de espírito, que não deixa de ter aspectos positivos. Como Diderot, Xavier de Maistre se interessa pela emergência da melancolia na juventude, embora não a veja como um efeito colateral da puberdade, e sim como uma das bênçãos dessa "idade feliz". Entre as venturas da mocidade estão a capacidade de crer no desinteresse dos amigos, na fidelidade das mulheres, na eternidade do amor; a de contemplar a natureza em toda a sua pureza virginal — fontes, lagos, florestas; e como se não bastassem gozos tão etéreos, a de desfrutar "a melancolia (que) vem de tempos em tempos lançar sobre nós seu crepe solene, mudando nossas lágrimas em prazer" (VC, XL, 94-5).

Mas se já estamos longe da melancolia de Sterne, da qual se foge rindo, não chegamos ainda à melancolia como pose, como ostentação romanesca, dos heróis de Chateaubriand (René), ou de Byron (Manfred, Childe Harold). Xavier de Maistre tem certo pudor de mostrar sua melancolia. Daí sua adoção da forma shandiana. Ela abria espaço para a expressão de sua melancolia e punha à sua disposição um recurso para moderar seus excessos — o riso. O humor serviu para temperar sua melancolia, em vez de exibi-la aos olhos do público. Foi um véu discreto que tornou parcialmente invisível a melancolia do narrador. Mas esse pudor era o de um aristocrata, que não quer mostrar seus sentimentos diante do vulgar, e não o de um sacristão. Não precisamos concordar com Sainte-Beuve quando ele disse que Xavier de Maistre tinha "um doce humor", capaz apenas de "doces malícias".[2] Não há nada de doce nos ataques que esse oficial do rei da Sabóia sabia desferir contra as mulheres frívolas e os filósofos subversivos. Doce ou não, esse humor foi utilizado com grande competência para dissimular o substrato melancólico do livro. Essa operação de camuflagem começa com o título, forma absurda, e por conseguinte cômica, de exprimir uma experiência que nada tinha de cômica, a privação da liberdade. O resto será no mesmo diapasão: ele jura que não deixará ver no livro senão a "face risonha" de sua alma (VC, XXII, 48). A "viagem" é apresentada como uma expedição irresistivelmente alegre. Pobres ou ricos, velhos ou jovens, anacoretas que quereis renunciar ao mundo, vinde comigo! "Deixai, crede-me, essas negras idéias; perdeis um instante para o prazer sem ganhar nenhum para a sabedoria; dignai-vos acompanhar-me em minha viagem; caminharemos em pequenas etapas, rindo, ao longo do caminho, dos viajantes que viram Roma e Paris; e entregando-nos alegremente à nossa imaginação, nós a seguiremos onde quer que ela queira conduzir-nos" (VC, II, 6). O narrador vai tentando conscienciosamente cumprir suas promessas, multiplicando as peripécias divertidas: preso por ter se envolvido num duelo, ele não quer, agora, ser preso por propaganda enganosa. Faz o que pode para que o leitor ria: cai da cadeira (recurso cômico em geral infalível), conversa com seus quadros, viaja com seus livros, e até aplica o golpe baixo do humor erótico, vestindo o fantasma de Aspásia com uma túnica demasiado curta. Tudo em vão. Atrás do véu, a melancolia faz as suas caretas. Aparece quando menos se espera uma alusão a um amigo morto. Os dois eram inseparáveis, amparavam-se na paz e na guerra. Mas ai! Ele está morto, e até sua memória morreu na lembrança dos homens. Sim, a natureza é insensível, não faz diferença entre a morte de uma borboleta e a de um ser humano, e "o homem não é senão um fantasma, uma sombra, um vapor que se dissipa nos ares" (VC, XXI, 46). Mas o que é isso? Ele não tinha prometido só mostrar a face risonha de sua alma? Examinemos alguns quadros. Aí está um, representando Ugolino. Está expirando de fome, vendo os filhos lhe estenderem os braços. E eis uma negra vendida como escrava por seu antigo amante, um europeu sem coração. E tu, pobre pastora numa região alpina até agora intocada pela guerra, não vês que os soldados já avançam? "O canhão já ribomba. [...] Foge, pastora, leva teu rebanho, esconde-te nos antros mais recuados e mais selvagens: não há mais repouso nesta triste Terra" (VC, XXIII, 50). Sim, não há como não se render à evidência: "Desde algum tempo, meus capítulos terminam sempre com um tom sinistro. Em vão, quando os começo, fixo meus olhares sobre um objeto agradável — em vão embarco para a calmaria, encontro logo uma borrasca que me faz ir à deriva" (VC, XXIV, 51). Só falta agora uma meditação sobre a mortalidade dos semideuses e dos impérios — o tema *ubi sunt*, trabalhado por Walter Shandy de um modo tão patético — para que o sol negro da melancolia transpareça através do humor. E Xavier de Maistre não nos decepciona. "Onde estão hoje as ilhas de Lemnos e de Creta? Onde o famoso labirinto? Onde o rochedo que Ariadne abandonada regava com suas lágrimas? Não se vêm mais Teseus, e menos ainda Hércules; os homens e mesmo os heróis de hoje são pigmeus" (VC, XXXVII, 84).

Como as obras até agora examinadas, *Viagens na minha terra* mistura riso e seriedade. Mas essa mescla já existia num gênero bem peninsular, a sátira, que por definição contém os dois ingredientes. Apesar do cuidado com que Garrett registrou sua filiação a Sterne, os editores publicaram um prefácio em que demonstram não ter compreendido a diferença que separava o livro da sátira tradicional. O prefácio elogia "o grande e transcendente pensamento moral" de Garrett, "já quando folga e ri com as mais graves coisas da vida, já quando seriamente discute suas leviandades e pequenezas. [...] Quando o nosso autor lança mão da cortante e destruidora arma do sarcasmo [...] é sempre contra a hipocrisia, contra os sofismas e contra os hipócritas e sofistas de todas as cores que ele o fez" (VT, 1, 3). Se é verdade que o prefácio foi redigido pelo próprio Garrett, como parece, seria mais um caso, tão freqüente na história da literatura, de incompreensão de uma obra por parte do seu próprio autor. O livro não é uma sátira, é uma obra shandiana. A "seriedade", em *Viagens na minha terra*, não é, ou não é apenas, uma qualidade moral, associada a virtudes morais ou cívicas. Ela assume uma forma bem específica, a da melancolia. O riso não é uma arma a serviço dos bons sentimentos, e sim um antídoto contra a melancolia.

A melancolia do livro é a unidade indissociável de uma melancolia "pública", causada por infortúnios coletivos, e de uma melancolia "particular", causada por infortúnios privados. Se quiséssemos simplificar, poderíamos dizer que a melancolia pública predomina na narrativa principal, cujo foco é uma viagem ao presente e ao passado de Portugal, e a melancolia particular é mais sensível na narrativa paralela, que relata a história dos amores de Carlos e Joaninha. Mas, na medida em que a narrativa principal e a paralela se cruzam, tanto uma como outra contêm elementos ligados aos dois tipos de melancolia.

A melancolia pública é provocada em parte pelo espetáculo terrível da guerra — guerra estrangeira, que Portugal experimentou quando foi invadido pelas tropas de Napoleão, ou guerra civil, que ensangüentou o país durante a luta entre absolutistas e liberais. "Aos olhos do filósofo", diz Garrett, "a guerra civil e a guerra estrangeira, tudo são guerras que ele condena. [...] Estive no campo de Waterloo, sentei-me ao pé do Leão de bronze sobre aquele monte de terra amassado com o sangue de tantos mil, vi

— e eram passados vinte anos vi luzir ainda pela campina os ossos brancos das vítimas que ali se imolaram a não sei que" (VT, VIII, 64). Mas, como seria de prever, logo saímos desse ossuário para ganhar os espaços ensolarados pelo largo riso shandiano — no caso, uma digressão sobre um dramaturgo medíocre e sobre os três poetas que ilustraram o século: Napoleão, que fez sua Ilíada com a espada, Sílvio Pellico (o autor de *Minhas prisões*), com a paciência, e Rothschild, com o dinheiro (VT, IX, 68).

Porém, a forma de "melancolia pública" mais freqüente em *Viagens na minha terra* é a motivada pela consciência do declínio inexorável de Portugal. Quando o viajante entra em Santarém, cidade cheia de monumentos da história portuguesa, só encontra "tudo deserto, tudo silencioso, mudo, morto! Cuida-se entrar na grande metrópole de um povo extinto, de uma nação que foi poderosa e celebrada, mas que desapareceu da face da Terra e só deixou o monumento de suas construções gigantescas" (VT, XXVII, 190). Não admira que, depois de visitar coisas tão desoladas, o narrador evocasse negras imagens, "todas melancólicas, todas de saudade; nenhuma de esperança" (VT, XXVIII, 199). O narrador se dirige à própria cidade de Santarém, numa colossal prosopopéia:

> Santarém, Santarém! Abandonaram-te, mataram-te e agora cospem-te no cadáver. Santarém, Santarém, levanta tua cabeça. [...] Ergue-te, esqueleto colossal de nossa grandeza [...] levanta a tua foice; sacode os vermes que te poluem; esmaga os répteis que te corroem, as osgas torpes que te babam, as lagartixas peçonhentas que se passeiam atrevidas por teu sepulcro desonrado. [...] Malditas sejam as mãos que te profanaram, Santarém... que te desonraram, Portugal... que te envileceram e degradaram, nação que tudo perdeste, até os padrões da tua história... Eheu, eheu, Portugal! (VT, XXXVI, 246; XLI, 278)

Não falta, sequer, nesse grandioso painel dedicado ao tema *ubi sunt*, uma alusão à cena shakespeariana que melhor o ilustra, a de Hamlet segurando a caveira de Yorick. Chegando ao túmulo do rei d. Fernando, o narrador mete a mão por uma abertura na parede e encontra alguns ossos de vértebra e duas caveiras. "Tive, confesso, uma espécie de prazer maligno em imaginar a estúpida compridez de cara com que deviam ficar os brutais profanadores, quando achassem no túmulo do rei o que só têm os túmulos — de reis ou de mendigos —, ossos, terra, cinza, nada! Por mim, estive tentado a furtar a caveira de El-Rei dom Fernando" (VT, XLII, 282). Mas o tom está melancólico demais. Leitores experientes, sentimos que já está na hora do contraste cômico. Não seja por isso: voltemos algumas páginas atrás. "E que me importam agora as antiguidades, as ruínas e demolições, quando eu sinto demolir-me cá por dentro uma fome exasperante e destruidora, uma fonte vandálica e insaciável? Vamos a jantar" (VT, XXVIII, 197).

A melancolia "particular" está presente, em parte, na narrativa principal. É que o próprio autor dessa narrativa é melancólico. A nove anos de sua morte, Garrett chora sobre sua vida perdida, sobre suas ilusões políticas desfeitas, sobre seus amores passados, sobre seus mortos familiares. Até o liberalismo, ao qual ele dedicara sua vida, acabou revelando-se uma doutrina fraudulenta, que só aproveitava aos ricos e aos "barões". A melancolia do narrador também pode ser considerada "particular" quando ele diz, no fim da narrativa principal, que já estava se interessando mais pelo frei Dinis que por todos os túmulos e inscrições da cidade. Por isso, ao entrar no convento de São Francisco, do qual o frade fora o guardião, procura os vestígios do frade. "Mas em vão interrogo pedra a pedra, laje a laje; o eco morto da solidão responde tristemente às minhas perguntas; responde que nada sabe, que esqueceu tudo, que aqui reina a desolação e o abandono..." (VT, XLI, 276).

Tudo isso é muito triste, o que é uma condição necessária para que se possa encontrar direito de cidade num livro shandiano. Mas não é uma condição suficiente. É preciso ainda que a nota triste possa combinar-se com a cômica. Garrett providencia essa mescla multiplicando os contrastes entre as passagens melancólicas e cômicas, para que as segundas possam neutralizar as primeiras. Por exemplo, no mesmo momento em que lamenta a aridez de sua vida afetiva, ele sai de seus cuidados para deixar claro que seu sofrimento não deveria ser levado a sério. Ele se pergunta se um autor como ele, cuja vida amorosa já pertence ao passado, tem condições de contar uma história de amor como a que ele está se preparando para contar. "Como hei-de eu então, eu, que nesta grave Odisséia das minhas viagens tenho de inserir o mais interessante e misterioso episódio de amor que ainda foi contado, ou cantado; como hei-de eu fazê-lo, eu, que já não tenho que amar neste mundo senão uma saudade e uma esperança — um filho no berço e uma mulher na cova?" (VT, XI, 82-3). Numa só frase, Garrett combina a melancolia do tema *ubi sunt* — onde estão minhas afeições mortas? — com a tese estapafúrdia, e portanto cômica, de que só um escritor que esteja apaixonado no momento em que escreve pode contar uma história de amor. O cômico se reforça com um diálogo imaginário ao fim do qual as leitoras deverão decidir, por voto secreto, se ele está ou não habilitado para contar sua história.

Mas é a narrativa paralela que oferece o melhor abrigo para a melancolia particular. Enquanto a narrativa principal é melancólica por tratar de uma traição política e de um declínio nacional, a narrativa paralela é melancólica porque trata de uma infidelidade pessoal e do triste destino da pessoa traída. No entanto aqui também, por uma exigência imperiosa da estética shandiana, a nota alegre tem que se associar à melancólica.

Assim, os olhos verdes de Joaninha, verdes como esmeraldas, transmitiam "uma sensação inexplicável e indecisa, que doía e dava prazer ao mesmo tempo" (VT, XIII, 91). Comparando os olhos verdes da prima com os azuis de suas namoradas inglesas, Carlos é taxativo: "O verde é triste e alegre... [...] Joaninha, Joaninha, por que tens tu os olhos verdes?" (VT, XXIII, 165). Para o amante volúvel, seria de fato preferível outra cor. Pois os dois matizes do verde, o risonho e o triste, podem facilmente transformar-se um no outro. É o que acontece quando Joaninha percebe que Carlos amava outra mulher.

> Os raios de alegria que resplandeciam naquele semblante [...] começaram a amortecer, a apagar-se. A lúcida transparência daqueles olhos verdes turvou-se; nem a clara luz da água-marinha, nem o brilho fundo da esmeralda resplandecia já neles; tinham o lustro baço e morto, o polido mate e silicioso de uma dessas pedras sem água nem brilho, que a arte antiga engastava nos colares de suas estátuas. (VT, XXV, 178-9)

Ou tomemos a casa do vale. Ela era as duas coisas, luto e riso. Era riso porque foi nela que Carlos brincou com sua priminha, "tão viva, tão alegre, tão graciosa, que eu tinha deixado a brincar no nosso vale. [...] Ó como as saudades dele me foram alcançar no meio daquelas alinhadas e perfeitas belezas da cultura britânica!" (VT, XLVI, 306). Era riso também porque foi nela que Carlos e Joaninha, anos depois, descobriram que se amavam. E era luto porque foi nela que Carlos começou a suspeitar que seu pai fora assassinado pelo frade, o que forçou o moço a emigrar; nela que a avó e sua neta passaram anos de tristeza e solidão; nela que Joaninha, abandonada por Carlos, passou seus últimos dias. Carlos sente claramente essa síntese de luz e sombra que caracteriza o vale, esse "doce e amargo vale das minhas lágrimas e dos meus risos" (VT, XLVI, 306).

Completando a simetria entre a melancolia pública e a particular, o tema *ubi sunt* também aparece na narrativa paralela.

> Que foi feito de ti, Joaninha [pergunta o narrador], e dos teus amores? Que será feito desse homem, que ousou amar-te amando a outra? E essa outra onde está? Resignou-se ela deveras? Sepultou, com efeito, sob o gelo aparente que veste, de tríplice mas falsa armadura, o peito da mulher do Norte, todo aquele fogo intenso e íntimo, que solapadamente lhe devora o coração? (VT, XLI, 277)

Como quase todos os narradores shandianos, Brás Cubas é um melancólico. A melancolia aparece na morbidez que permeia o livro, e mesmo em seu ritmo, que o método digressivo condena à lentidão. Segundo autores antigos, o passo vagaroso e cadenciado é próprio da melancolia.

O tema fundamental do autor melancólico, a fuga do tempo, está presente em toda parte. Afinal, diz Brás Cubas, "Matamos o tempo; o tempo nos enterra" (MP, CXIX, 617). O tempo é um relógio, cujo sinistro tiquetaque parece dizer a cada movimento do pêndulo que teremos um minuto a menos a viver. "Imaginava então um velho diabo, sentado entre dous sacos, o da vida e o da morte, a tirar as moedas da vida para dá-las à morte, e a contá-las assim: 'Outra de menos...' 'Outra de menos...'" (MP, LIV, 569).

Mas no autêntico estilo shandiano também há riso. De que tipo? Vimos que os autores clássicos reconheciam dois tipos de riso, o patológico, sintoma de loucura, e o medicinal, que podia purgar o corpo e o espírito dos humores melancólicos. O primeiro aparece pouco em *Tristram Shandy*, *Jacques o fatalista*, *Viagem em torno do meu quarto* e *Viagens na minha terra*, mas desempenha um papel importante em *Memórias póstumas*. Esse tipo aparece na gargalhada de Pandora, no capítulo do delírio: "A figura soltou uma gargalhada, que produziu em torno de nós o efeito de um tufão; as plantas torceram-se e um longo gemido quebrou a mudez das cousas externas" (MP, VII, 521). E é ilustrado, no mesmo episódio, pelo riso do próprio moribundo, já semidemente: "Não sei por que lei de transtorno cerebral, fui eu que me pus a rir — de um riso descompassado e idiota" (MP, VII, 523). O outro tipo de riso, o medicinal, é o riso de Demócrito, Rabelais e em geral dos autores shandianos. Como seus predecessores, Machado cumpre conscienciosamente seu dever de suprir o leitor com tiradas cômicas, para fazê-lo rir. Mas, ao contrário de Sterne, não tem ilusões sobre os benefícios terapêuticos desse riso. Ao contrário, a função do riso parece ser a de desacreditar a idéia de que a melancolia possa de todo ser curada. É o emplastro Brás Cubas que poderia curá-la. Mas o projeto fracassou, e tinha que fracassar, porque Brás não era suficientemente sério para produzir uma verdadeira invenção. Ele era um tirano, mas era também um palhaço, como Tristram, cujo *alter ego* era o rei dos bufões, Yorick. A verdadeira vocação do palhaço tirânico era o circo. Eis como ele descreve a gênese de sua idéia fixa:

> Um dia de manhã, estando a passear na chácara, pendurou-se-me uma idéia no trapézio que eu tinha no cérebro. Uma vez pendurada, entrou a bracejar, a pernear, a fazer as mais arrojadas cabriolas de volatim, que é possível crer. [...] Essa idéia era nada menos que a invenção de um medicamento sublime, um emplastro anti-hipocondríaco, destinado a aliviar a nossa melancólica humanidade. (MP, II, 514-5)

A descrição não deixa dúvida. A invenção não era sublime, mas burlesca, simples veleidade de saltimbanco, uma idéia tão cômica que acabou matando seu inventor com uma morte ridícula, indigna de um déspota — cuja alta hierarquia exige ou o veneno ou o punhal —, mas apropriada para um mero palhaço — a pneumonia causada por uma corrente de ar.

Esse palhaço-tirano é um saturnino, regido pelo planeta da melancolia, mas também das antíteses, o que explica seus atributos contraditórios. Saturno aparece duas vezes no livro. Na primeira, Brás começa a cansar-se de Virgília e, em vez de prestar atenção nas queixas da moça, observa no chão uma mosca a arrastar uma formiga que lhe mordia o pé. Qual a importância dessa cena do ponto de vista de Saturno? (MP, CIII, 607). Na segunda vez, ele comenta o espetáculo das relações amorosas que se sucedem umas às outras, todas efêmeras, todas condenadas ao esquecimento, e decide que todo esse espetáculo fora posto em cena para divertir Saturno, que andava muito aborrecido (MP, CXXXV, 625). Sentimo-nos quase tentados a interpretar essas observações como exemplos clássicos da meditação melancólica — o tema da transitoriedade da vida, *de brevitate vitae* — quando nos damos conta de que esse tema está sendo introduzido de modo zombeteiro. O fim da ligação de Brás com Virgília é ilustrado pela luta de dois insetos, e a fugacidade da vida é um espetáculo montado para divertir um astro — para fazê-lo rir.

A última palavra cabe à melancolia. E isso não porque a morte de Brás tenha impedido a produção do emplastro antimelancolia, mas porque a idéia de fabricar esse medicamento era em si mesma uma simples pirueta de trapezista, que nunca ameaçaria realmente o reinado da melancolia. O que não impede Brás de revesti-la com os guizos de Yorick, porque se o destino do homem é a melancolia, sua dignidade está em rir, mesmo em face da morte, até a cambalhota final.

A mistura shandiana de riso e melancolia aparece desde o início. À primeira vista, os dois elementos parecem estar bem equilibrados. Afinal, o livro tinha sido escrito com "a pena da galhofa e a tinta da melancolia" (MP, 513). Mas, no prólogo da terceira edição, Machado deixa claro que o livro era mais pessimista que os seus modelos. "É taça que pode ter lavores de igual escola, mas leva outro vinho", vinho com um sabor "amargo e áspero" que não se encontrava nos demais (MP, 512).

A melancolia não somente não pode ser vencida pela alegria, mas torna-se ela própria uma fonte indireta de alegria. É claro que a melancolia pode ser para Brás o que fora para Dürer, uma fonte de sofrimento, provocado, digamos, pela contemplação de um esqueleto. Assim, a face de sua mãe morrendo era "menos um rosto do que uma caveira; a beleza passara, como um dia brilhante; restavam os ossos, que não emagrecem nunca" (MP, XXIII, 545). O período de luto foi sua primeira experiência da melancolia: "Creio que por então é que começou a desabotoar em mim a hipocondria, essa flor amarela, solitária e mórbida, de um cheiro inebriante e sutil" (MP, XXV, 546). Mas, ao mesmo tempo, Brás descobre que a melancolia podia ser prazerosa. O perfume da flor amarela era "inebriante e sutil", e por isso Brás apertava ao peito sua "dor taciturna", com uma sensação que se poderia chamar "volúpia do aborrecimento" (MP, XXV, 546). Volúpia, aliás, foi o que Pandora prometeu ao Brás moribundo: a voluptuosidade do nada.

O riso nunca está longe da morte. A morte está no próprio título do livro, mas em tom de pilhéria. Pois o livro não é póstumo por ter sido publicado após a morte do autor, como as *Memórias de além-túmulo*, de Chateaubriand, cujo título Machado parodia. É póstumo porque foi escrito por um morto, uma inversão da ordem natural das coisas que poderia ser apavorante se fosse um livro de assombração, mas que se torna cômica pela objetividade com que Brás a anuncia: "Evito contar o processo extraordinário que empreguei na composição destas *Memórias*, trabalhadas cá no outro mundo" (MP, 513). O efeito cômico vem da desproporção entre a enormidade do fato e a sobriedade da descrição.

A morte assume um aspecto apalhaçado desde a dedicatória: "Ao verme que primeiro roeu as carnes frias do meu cadáver dedico, com saudosa lembrança, estas Memórias Póstumas" (MP, 511). É o tom necrófilo de Baudelaire, com a diferença de que nem mesmo Baudelaire ousou dessacralizar a morte a esse ponto. Não é a um verme que ele dedica suas "*fleurs maladives*", mas a Téophile Gautier, "*poète impeccable, parfait magicien ès lettres françaises*". A referência a "flores mórbidas" pode provocar um arrepio, mas não o riso, porque efetivamente existem flores doentias. Pelo contrário, em Machado de Assis a dedicatória não é só macabra; é também absurda, e suscita, desde o pórtico, as duas reações que o livro como um todo quer provocar, a melancolia e o riso.

As referências à morte são freqüentes — afinal, trata-se do livro de um defunto autor —, mas a morte é sempre associada ao riso, como Hamlet segurando a caveira de um bobo. O livro cheira a sepulcro, diz Brás, traz certa "contração cadavérica". Sim, mas logo em seguida ele diz um disparate, que faz rir — o maior defeito deste livro és tu, leitor —, e compara seu estilo a algo de cômico, o andar de um bêbado. No mesmo capítulo, ele faz uma reflexão elegíaca sobre a brevidade da vida — "filhas misérrimas do meu cipreste, hás de cair" —, mas anuncia em seguida que há nessa página um "despropósito" que um bibliófilo do futuro tentará encontrar. Brás não diz onde está o despropósito — depois de alguma reflexão, descobrimos que está na árvore escolhida para o símile, pois os ciprestes não perdem suas folhas no inverno —, nem precisa fazê-lo, porque sua intenção é apenas distrair o leitor, fazendo-o abandonar o cemitério, onde crescem os ciprestes, para que ele possa morrer de rir, depois de decifrar a charada (MP, LXXI-LXXII, 583-4).

6. A taça e o vinho

É taça que pode ter lavores de igual escola, mas leva outro vinho.

Machado de Assis

Gostaria de terminar voltando à imagem da taça e do vinho, com que Machado de Assis designou ao mesmo tempo o que seu livro tinha de comum com os dos seus modelos e aquilo em que se diferenciava deles: "É taça que pode ter lavores de igual escola, mas leva outro vinho" (MP, 512).

Quanto à taça, os lavores semelhantes deixam claro que todas saíram da mesma oficina. Sua marca de origem está gravada no cristal: é uma origem shandiana. A questão é saber se esses lavores comuns se esgotam no shandismo ou se conteriam outras assinaturas, outros arabescos, que remetessem a tradições mais genéricas, das quais o shandismo fosse apenas um caso particular.

Poderia uma delas ser a tradição da sátira menipéia, gênero criado por Menipo de Gandara (século III a.C.) e que passando por Varrão, Sêneca, Luciano de Samósata, Erasmo de Rotterdam e Robert Burton, teria chegado até Sterne? Com base em estudos de Michail Bakhtin, José Guilherme Merquior[1] tinha afirmado que as *Memórias póstumas* deveriam ser enquadradas nesse gênero. Levando adiante a sugestão, Enylton José de Sá Rego[2] procurou inserir Machado de Assis nessa mesma tradição, que ele chama "luciânica", e que se caracterizava, segundo Sá Rego, (1) pela mistura de gêneros, (2) pelo uso da paródia, (3) pela extrema liberdade da imaginação, (4) pelo caráter não-moralizante e (5) pelo ponto de vista distanciado.

Seguindo a indicação de Sá Rego, poderíamos dizer que as afinidades estruturais entre Sterne, Xavier de Maistre, Almeida Garrett e Machado de Assis se deveriam ao fato de que eles teriam se filiado à mesma forma, a luciânica. Sterne seria um "descendente" de Menipo de Gadara. Xavier de Maistre e Garrett teriam também aderido à mesma tradição, pela mediação de Sterne. E finalmente veio Machado de Assis, que "adotou" a forma menipéia, em parte indo às fontes antigas (há em *Memórias póstumas* uma alusão direta à mais luciânica das obras de Sêneca, a *Apokolokyntosis*, e a presença de Luciano é muito visível em contos e crônicas), em parte através de Sterne e seus sucessores europeus.

Sá Rego não fala em forma shandiana, mas sua análise é conciliável, a rigor, com a que estou procurando desenvolver aqui. Por um lado, Sterne não pode ser considerado mero usuário tardio da tradição luciânica. Ele realmente deu início a uma nova forma romanesca. Mas, por outro lado, pode-se sustentar que em grande parte ele teria ido buscar seus materiais na tradição da sátira menipéia. Tanto em sua forma clássica quanto na renascentista, esta era um híbrido de comédia e diálogo filosófico, não tendo se aplicado ao romance pela excelente razão de que o romance somente surgiria no século XVIII. A proeza de Sterne teria sido extrair da literatura menipéia uma forma aplicável especificamente ao romance. Por esse viés, conseguiríamos tornar plausível tanto a autonomia da forma shandiana quanto seu enraizamento numa tradição mais antiga.

O problema é que a correspondência entre as características da tradição luciânica e as da forma shandiana está longe de ser perfeita. Muitas dessas características se aplicam a alguns autores, mas não a outros, e, inversamente, alguns traços fundamentais da forma shandiana só com muito artificialismo poderiam ser localizados dentro da tradição da sátira menipéia.

A primeira característica apontada por Sá Rego, a mistura de gêneros, entendida como fusão do cômico e do sério, é a que tem maior generalidade, aplicando-se bem ou mal a todos os autores. Mas mesmo aqui é preciso ter cautela, porque o "sério" da forma shandiana não é igual ao "sério" da sátira, na qual a seriedade (pelo menos no caso da sátira romana de Horácio e Juvenal) designa apenas a intenção moral de corrigir os costumes. O "sério" shandiano é a melancolia, independentemente de qualquer propósito moralizante, traço que Machado de Assis atribuiu a si próprio, e que na verdade caracteriza todos os cultores da forma shandiana.

A segunda característica, a paródia, encontra-se em *Tristram Shandy* (paródia do gênero religioso e do discurso erudito), mas não nos outros livros, a menos que consideremos paródias as passagens em que os autores imitam deliberadamente uns aos outros. Encontramos exemplos desses "plágios" — na verdade, gracejos "de família" — em Diderot (Jacques recebe uma agradável massagem no joelho, como Trim, em *Tristram Shandy*) e em *Viagem em torno do meu quarto* (alusão à "querida Jenny", em *Tristram Shandy*). Porém não há traços diretos desse tipo de paródia em *Viagens na minha terra* e em *Memórias póstumas*.

A terceira característica, a extrema liberdade da imaginação, designa a atitude do autor de libertar-se dos imperativos da verossimilhança. Só Machado de Assis atende plenamente a esse requisito, ao criar um narrador morto. Não há traços de inverossimilhança em Sterne, cujos personagens são excêntricos, mas não sobrenaturais, nem em Xavier de Maistre, que não espera que seus leitores acreditem que se possa realmente passar 42 dias "viajando" em torno do seu quarto, nem em Almeida Garrett, que relata, prosaicamente, uma verdadeira viagem entre duas cidades bem localizáveis no mapa.

A quarta característica, o caráter não-moralizante da narrativa, aplica-se a Sterne, Diderot e Machado de Assis, mas não a Xavier de Maistre e Almeida Garrett, cujos livros estão cheios de reflexões morais sobre o amor e a política.

A quinta característica, a do narrador distanciado, se aplica evidentemente ao livro de Machado de Assis, porque situando-se na perspectiva mais remota possível, a do além-túmulo, Brás Cubas pode ver os outros e a si próprio com o máximo de distância crítica. Mas não se aplica nem ao livro de Sterne, nem ao de Diderot, nem ao de Xavier de Maistre, nem ao de Almeida Garrett, porque nenhum deles assume o ponto de vista de Sírius: são seres terrenos, prisioneiros dos respectivos valores e ideologias, o que permite alguma autocrítica, mas não uma observação verdadeiramente objetiva de si mesmos e das pessoas que os cercam.

Por outro lado, certos traços essenciais do shandismo, como a hipertrofia da subjetividade, a fragmentação e as distorções espaciotemporais não cabem de modo muito confortável nas diferentes articulações do gênero luciânico.

Experimentemos, então, uma trilha diferente. Poderíamos encontrar outra grande tradição cultural cujas características correspondessem mais de perto às da forma shandiana?

Há algum tempo, arrisquei uma resposta afirmativa. Essa tradição seria a do Barroco. A forma shandiana teria uma relação com o Barroco, na conceituação que lhe deu Walter Benjamin, hipótese que permite dar conta do romance shandiano em cada uma de suas quatro características principais.³

A primeira característica da forma shandiana, a hipertrofia da subjetividade, corresponde a um dos traços mais fortes do período barroco, a soberania do sujeito. Ela impregna as novas relações sociais que emergiram da Reforma luterana e coincidem com a ascensão da burguesia, gerando o individualismo moderno. Manifesta-se na Contra-Reforma, sob a forma de uma reafirmação do centralismo papal e de uma valorização do milagre, ato de arbítrio voluntarista pelo qual Deus sobrepõe-se às leis naturais. Revela-se sobretudo na teoria do Estado e na prática governamental do Barroco. É o Absolutismo, tanto nos Estados nacionais já unificados como nos despotismos locais da Alemanha. O príncipe pode se permitir todos os caprichos, porque não está sujeito a nenhuma lei. Daí a freqüência da figura do tirano na literatura barroca. Tudo isso tem um reflexo no plano intelectual, na figura do alegorista. Seu individualismo não conhece obstáculos, porque lê o mundo segundo uma chave que ele procura diretamente nas bibliotecas, e não na autoridade de uma instituição mediadora. É um autocrata, cujo poder vem de uma investidura mais alta, a do saber obtido pela ruminação, pelo *Grübeln*. O alegorista domina o mundo através das significações, como o príncipe através do aparelho do Estado. O alegorista tem o poder de fazer qualquer coisa criada significar qualquer outra. Cada criatura, cada objeto, podem ser privados de sua vida própria pelo alegorista, tornam-se coisas mortas, vazias, que o alegorista preenche com significações arbitrárias. O príncipe reina sobre os súditos obrigando-os a agir, e o alegorista, "negro sultão no harém das coisas", reina sobre a natureza, obrigando-a a significar. Seus poderes podem violar a ordem natural do mundo, pois seu olhar é o da Medusa, que mineraliza a vida, convertendo-a em objeto de saber, sua mão é a de Midas, que alegoriza o que toca, transformando tudo em tudo.

A segunda característica shandiana, a fragmentação, é também uma lei do Barroco. Ela se manifesta em sua visão da história, vista como uma acumulação de ruínas. A ruína é o fragmento morto que sobrou do palácio, como a caveira, objeto privilegiado da contemplação alegórica, é o fragmento morto que sobrou do vivo. Nisso, a história alegórica, a serviço do fragmentário, se distingue da simbólica, que vê o mundo como totalidade luminosa, transfigurada pela luz da redenção. O culto do fragmento morto tinha um fundamento histórico. Durante a Guerra dos Trinta Anos, as cidades se transformavam realmente em ruínas, e os suplícios físicos despedaçavam os corpos. Sobre esse fundamento, o Barroco erigiu uma cultura do fragmento. Foi, em geral, o caso do seu ideal cognitivo. Ele era aditivo: acumulação de fragmentos. Cada livro pode ser visto como um fragmento, e por isso a biblioteca é o edifício barroco por excelência, abrigando um conjunto infinitamente extensível de fragmentos de saber, o que leva Benjamin a dizer que a Renascença explorava o mundo, e o Barroco, as bibliotecas. A teoria barroca da linguagem faz das palavras fragmentos autônomos. Por sua vez, as palavras são desmembradas em sílabas, que se convertem em novos fragmentos. Como anagramas, como sons onomatopaicos, as palavras passam a significar por si mesmas, fora de qualquer contexto lógico. Cortados os nexos, elas se evadem da frase, autonomizando-se. Foi o Barroco que introduziu as maiúsculas nos substantivos alemães, o que correspondia à necessidade de ostentação da época, mas dramatizava, sobretudo, o caráter autárquico de cada palavra, separada das outras por letras altas como muralhas. A estética barroca é a do fragmento. Como diz Benjamin, o que jaz em ruínas, o fragmento significativo, era a matéria mais nobre da criação literária. Pois é comum a todas as obras literárias desse período acumular incessantemente fragmentos, sem objetivo rigoroso. As cenas de crueldade da literatura barroca, cujo ponto culminante é sempre a fragmentação do cadáver, estão ligadas a essa estética. É preciso lembrar que o Barroco foi a época da dissecação, em que se supunha que o segredo do corpo vivo poderia ser revelado pelo esquartejamento do cadáver. A prática da dissecação entrou nos livros de heráldica e de emblemática. O leão é literalmente despedaçado pelos heraldistas: a cabeça, o peito e a parte dianteira significam a generosidade e a valentia, a parte traseira significa a força e a cólera. O corpo humano só pode ser aproveitado na emblemática depois de dividido em fragmentos. Mas a fragmentação entrou sobretudo na lírica e no drama. Lohenstein celebrou os sofrimentos de Cristo em estrofes ordenadas de acordo com os membros do corpo humano. O mesmo acontece com Gryphius e vários outros dramaturgos barrocos. Por isso a literatura barroca é uma literatura da montagem. Os escritores produzem fragmentos ou os extraem de outras obras, reciclando-os ou ordenando-os num novo todo. A criação é o aproveitamento desses materiais, uma *ars inveniendi* que consiste na paciente e engenhosa combinação de fragmentos. Os escritores não querem esconder essa atividade, pois se orgulham dela e querem deixar plenamente visível o princípio de composição da obra e o fato de que foram eles que juntaram os fragmentos. É o que explica, diz Benjamin, "a ostentação construtivista que, principalmente em Calderón, aparece como uma parede de alvenaria, num prédio que perdeu o reboco".

A terceira característica da forma shandiana, a subjetivação do tempo e do espaço, é coerente tanto com a idéia barroca da soberania do sujeito como com a concepção barroca da história e da política. Ao contrário da filosofia medieval da história, teleológica e transcendente, a história, para o Barroco, era radicalmente imanente. Foi um resultado paradoxal da Contra-Reforma, que, dando todo o poder à Igreja, eliminou, por isso mesmo, qualquer forma de comunicação direta com a transcendência. Conseqüentemente, a história passou a ser vista como história natural, sujeita ao acaso, e não como história humana, que se movimentava segundo um plano divino. Ela era uma sucessão de catástrofes, comparáveis a calamidades naturais, já que não eram regidas por nenhuma inteligência transcendente. Só havia uma forma de proteger o homem contra a história assim concebida: a política absolutista. A função do príncipe era promover a estabilização profana, oferecendo aos súditos um refúgio de intemporalidade contra as investidas da história. A política era uma estratégia de imobilização do tempo, implementada pelo sujeito onipotente do Barroco, o soberano. Como essa soberania era territorial, ele era também senhor do espaço, e não somente do tempo. Mesmo para pessoas de menor hierarquia, o espaço podia ser vencido: era o papel das viagens. Atribuía-se ao melancólico, sujeito barroco por excelência, uma estranha propensão para "longas viagens"; daí o mar no horizonte da *Melencholia*, de Dürer, e também o exotismo dos dramas de Lohenstein, a tendência da época às descrições de viagem.

Finalmente, não podia ser mais barroca a quarta característica da forma shandiana: a mistura de melancolia e riso. A melancolia é a doença do Barroco. É a doença da época como um todo, porque, mais que nenhum outro, esse período foi o cenário da violência, do sofrimento físico, do luto. A melancolia é a doença do príncipe, porque mais que os homens comuns ele está sujeito à morte súbita, na guerra ou no atentado, e, portanto, mais que os outros, simboliza a miséria da condição humana, a mortalidade da criatura. É também a doença do alegorista, porque a meditação alegórica é própria do enlutado. É a doença, em geral, do homem da Reforma, entregue exclusivamente à fé, sem nenhuma possibilidade de justificação pelas obras, sem nenhuma garantia de salvação. Mas não é apenas a história que provoca a melancolia. Esta é explicada fisiologicamente. O melancólico, segundo a teoria dos humores, tem uma predominância excessiva da bílis negra, a *bílis innaturalis* ou *atra*, em constraste com a *bílis naturalis* ou *candida*. O melancólico é invejoso, triste, avaro, ganancioso, desleal, medroso e de cor terrosa. Outra explicação vem da astrologia. O melancólico é regido pelo planeta Saturno. Saturno é um planeta seco e pesado, e por isso predispõe para o utilitarismo, para o ganho, para o cultivo do solo, para a vida sedentária. Mas Saturno é também o planeta mais elevado, e por isso pode produzir homens contemplativos, alheios a qualquer atividade terrena. É, portanto, o planeta das antíteses, como é de resto o caso do personagem mitológico que deu seu nome ao astro, por um lado o senhor da Idade de Ouro, e por outro um deus triste, destronado e humilhado. De todas essas concepções da melancolia, só a baseada na fisiologia dos humores oferece alguma esperança para o enfermo. Desde a Antiguidade, o riso foi visto como antídoto contra o excesso de bílis negra. Há uma carta apócrifa de Hipócrates (vide capítulo anterior), na qual o célebre médico conta ter sido chamado pelos habitantes de Abdera para examinar o filósofo Demócrito, que parecia ter enlouquecido, pois ria-se de tudo. Hipócrates encontra Demócrito sentado debaixo de uma árvore, com vários animais esquartejados ao redor, e rindo muito. O filósofo explicou que estava dissecando os animais na esperança de encontrar a localização anatômica da bílis, a fim de curar a melancolia. Enquanto isso não acontecia, o riso lhe parecia o melhor remédio para curar a melancolia, e a loucura dela resultante, e por isso ele próprio, para premunir-se, ria sem cessar. Mas nessa anedota o papel do riso é ambíguo. Hipócrates acaba concordando em que o riso é um remédio contra a melancolia e a loucura. Mas, para os habitantes de Abdera, a relação era inversa. O riso não era um medicamento, e sim um sintoma de loucura. Essa dupla visão do riso, em que ele aparece como um princípio sadio, capaz de combater a disposição melancólica, e como algo ameaçador, se manteve no Barroco. Por um lado, a alegria e o riso são vistos como positivos, necessários para temperar a tristeza e as lágrimas. A alegria e a tristeza nasceram de Adão e Eva. Nunca houve ninguém tão triste como Adão, nem tão alegre quanto Eva. O riso de Eva se impõe para contrabalançar, no homem normal, a tristeza de Adão, produzindo o equilíbrio da alma. Há um diálogo de Filidor em que esse lado positivo da alegria se manifesta do modo mais violento, como uma verdadeira guerra entre dois humores inimigos. A Alegria não busca a conciliação, mas a destruição do adversário. "Quem é essa marmota", pergunta a Alegria, "deitada ao lado desse galho ressequido? Seus olhos vermelhos lampejam como um cometa ensangüentado, irradiando destruição e terror. [...] Reconheço-te agora, Melancolia, inimiga dos meus prazeres, gerada nas mandíbulas do Tártaro, pelo cão tricéfalo." Mas, por outro lado, o riso tem uma característica inquietante. É o que se verifica no teatro, quando o *Trauerspiel*, evocando o luto, é infiltrado pelo *Lustspiel*, que se destina a evocar o riso. O riso passa agora a funcionar principalmente em sua dimensão ameaçadora. O cômico deixa de ser o antídoto do luto. Pelo contrário, ele se torna o lado interno do luto. O príncipe representa o luto. Seu conselheiro desleal, o intrigante, é cômico, mas também terrível. Ele funde os dois afetos. Inspira horror e riso, como acontece com um personagem que cai, horrorizando o adulto e fazendo rir a criança. Ele inspira o luto porque é agente da fatalidade, na medida em que conspira e atenta contra a vida do príncipe. E é um personagem cômico, pois descende do antigo palhaço do *Lustspiel*. Mas até isso reforça, de outro ângulo, o lado demoníaco do intrigante, já que o palhaço não é apenas cômico, pois guarda traços do diabo, no espetáculo popular. "Se o luto do príncipe e a alegria do conselheiro se aproximam tanto, é porque, em última análise, as duas emoções representam as duas províncias do império de Satã. E o luto [...] aparece de repente, em todo o seu desamparo, como algo de não totalmente sem esperança, em comparação com a alegria cruel atrás da qual transparece, sem qualquer distorção, a alegria do demônio."[4]

Para que a hipótese da relação do shandismo com o Barroco seja mais que uma ficção heurística, resta explicar como se teria dado o encontro das duas configurações. A explicação não é difícil. Embora o Barroco tivesse atingido seu auge no século XVII, seus principais representantes literários continuavam influentes na época de Sterne. O próprio Sterne foi um leitor incansável de autores barrocos, como Rabelais, Montaigne e Shakespeare. Cervantes foi seu autor de cabeceira.[5] Outro de seus autores favoritos foi o mais barroco dos escritores ingleses, Robert Burton (1577-1640).

A obra principal de Burton foi *Anatomia da melancolia*. Era um tratado destinado a explorar as causas e os efeitos da melancolia, dividido em três partes: a primeira descrevia os vários tipos de melancolia, a segunda propunha vários tratamentos, e a terceira analisava a melancolia amorosa e a religiosa. O forte do livro é a erudição monumental, com milhares de citações da Bíblia e dos clássicos. Burton foi a grande leitura de Sterne. O livro foi para ele uma inesgotável mina de citações, que ele "pilhava" sem cerimônia, em geral omitindo a fonte. Caracteristicamente, predominaram os empréstimos relativos ao grande tema do Barroco, a morte. As alusões à morte dos impérios (nosso velho conhecido, o topos *ubi sunt*) na grande tirada de Walter Shandy sobre o fim de Tróia, Micenas, Tebas, Delos, Persépolis, e à morte dos indivíduos, que Walter Shandy aborda através de uma enumeração dos vários consolos oferecidos pela retórica a propósito do falecimento de parentes e amigos, saíram diretamente do capítulo 5, secção 3, parte II, de *Anatomia da melancolia*. Mas Burton era barroco pela forma, e não somente pelos temas, e também ela deixou sua marca em Sterne. Comentando o texto de Burton a propósito do fim dos impérios, observa um dos maiores conhecedores de Sterne:

> Note-se a preocupação exaustiva da passagem de Burton, a progressão aplicada de uma retórica grandiloqüente que não procede por encadeamento de idéias, mas por acumulações justapostas (o que é o próprio signo de um estilo barroco, já anticiceroniano, apesar das aparências) a gravidade pesadíssima do parágrafo [...] enfim, as citações latinas inseridas ingenuamente [...] a fim de dar à escrita e ao pensamento todo o peso da autoridade clássica.[6]

Estilo "aditivo", progressão lenta, ostentação: estamos em pleno Barroco. Menos a gravidade, são as características estilísticas de Sterne.

Com isso, pareceria que encontramos um fundamento histórico para a hipótese do caráter barroco do shandismo. Sterne teria construído uma nova forma romanesca a partir de certas categorias genéricas do Barroco, e seus sucessores teriam se apropriado dela, preenchendo-a com diferentes conteúdos, segundo circunstâncias variáveis de personalidade, tempo e lugar.

Teríamos chegado ao fim do caminho? O crítico tem a impressão, em todo caso, de haver adquirido uma chave para a compreensão da forma shandiana. Ele vê agora com novos olhos a prepotência do narrador, assimilado seja ao príncipe, que impõe sua vontade aos súditos, seja ao alegorista, que impõe significações a seu bel-prazer; a digressividade, que resulta numa fragmentação infinita da narrativa, comparável ao desmembramento anatômico do cadáver; a domesticação do tempo, que o narrador efetua, entre outras estratégias, pela imobilização do fluxo, comparável ao gesto absolutista de arrancar da história, concebida como história natural, um refúgio intemporal de felicidade profana; o remanejamento do espaço, que o narrador pode aumentar ou diminuir conforme sua imaginação, do mesmo modo que o príncipe aumentava ou diminuía seu reino graças a guerras bem ou malsucedidas, e que o narrador pode percorrer, como o homem barroco em geral, pelas viagens incessantes; e a mescla de melancolia, doença do príncipe e do narrador, e de riso, visto seja como antídoto contra a melancolia, seja como zombaria dirigida contra aqueles que crêem na possibilidade de destronar a melancolia.

Mas quando, armado com sua vistosa hipótese de trabalho, o crítico vai reler os autores shandianos, começa a ter algumas dúvidas. Será que narradores tão irônicos, tão cheios de autocrítica, tão dispostos a rir de si próprios, podem mesmo ser comparados a tiranos barrocos? Podemos levar a sério a periculosidade de tiranos que exercem seu despotismo de modo tão infantil — sendo impolidos com o leitor, fingindo que seu reino é infinito, fragmentando frases, negando a realidade do tempo, achando, histericamente, que podem desafiar a lei da morte? Não estaríamos, no máximo, diante de Narcisos que transformam o mundo em reflexo especular de si mesmos?[7] Ou será que não teríamos que reabilitar a categoria da paródia, que rejeitamos enquanto indício do caráter "luciânico" da forma shandiana, aplicando-a agora para explicar a relação ambivalente dessa forma com o Barroco? Não poderíamos, nesse sentido, ver atrás das aparências barrocas uma mimese sarcástica do Barroco, e na aparente exaltação do autoritarismo uma crítica ao autoritarismo, realizada pela paródia de uma época e de uma mentalidade que proclamavam a soberania absoluta do príncipe? E será que essa paródia não teria começado com o próprio Sterne, patriarca da família shandiana?

Vimos que Sterne usa Burton. Sim, mas é em parte para rir-se dele, debochando da pesadíssima bagagem de erudição do autor da *Anatomia da melancolia*. Ao fazê-lo, ele imita um procedimento do próprio Burton. Este assinara seu livro com o nome de Demócrito Júnior. O pseudônimo era uma alusão ao famoso episódio, já citado, em que Demócrito, buscando a cura da melancolia, ria incessantemente. Burton pôs-se na posição de Demócrito, reagindo contra a loucura dos homens através do riso. O que Sterne fez foi seguir o mesmo caminho, rindo de tudo, inclusive de Demócrito Júnior. Era um riso medicinal, antimelancólico, como no Barroco, mas que não poupava o próprio Barroco.

Se quisermos evitar o termo "paródia", digamos que o shandismo é uma apropriação irônica do Barroco. Apropriação, porque não se pode negar a altíssima correlação entre as estruturas do Barroco e as várias articulações da forma shandiana. Mas apropriação irônica, porque o narrador shandiano só dá a impressão de ser um tirano barroco para melhor poder ridicularizá-lo. É no registro da ironia que desfilam, nos livros shandianos, as diferentes figuras da soberania barroca: subjetividade arrogante e voluntariosa; indiferença prepotente com relação à narrativa linear e imposição de um ritmo digressivo que ignora todas as regras da poética; recusa, igualmente caprichosa, do tempo linear e do espaço métrico, e veleidade de subordiná-los à lei do arbítrio; e rebeldia, enfim, não mais contra os limites impostos à autonomia do sujeito, mas contra os limites que vêm da nossa condição mortal: através da dialética do riso e da melancolia, é a própria morte que está sendo desafiada.

Espero que o caráter altamente especulativo dessa hipótese não "contamine" a hipótese principal, esta sim perfeitamente documentada: a que postula a autonomia e a especificidade da forma shandiana, independentemente de quaisquer tradições literárias preexistentes.

Vamos agora à segunda parte da imagem de Machado de Assis: admitida a semelhança das taças, de onde vem a diferença dos vinhos?

Há duas respostas para isso, uma psicológica — os vinhos são diferentes porque a personalidade dos autores difere — e outra sociológica — os vinhos são diferentes porque são diferentes as relações sociais dentro das quais eles foram produzidos.

Machado de Assis deu uma explicação psicológica. A diferença estava no contraste entre o pessimismo e a amargura que prevaleciam em seu romance, e o caráter "risonho" dos modelos europeus. Obviamente, o procedimento dicotômico de colocar num campo *Memórias póstumas* e no outro todos os demais livros, em bloco, sem diferenciações internas, não é o mais indicado para a captação de verdadeiras diferenças. Acresce que a dicotomização é factualmente incorreta, como vimos, porque a dialética riso-melancolia está presente em todos os livros shandianos, e não apenas em *Memórias póstumas*. Se corrigirmos esse mal-entendido, podemos adquirir critérios mais seguros para distinguir os diferentes autores. A polarização otimismo-pessimismo deixa de ser ingênua. Partindo do princípio de que as duas atitudes existem em todos os autores, podemos distinguir entre aqueles em que predomina a atitude otimista, como Xavier de Maistre, e aqueles em que a primazia cabe à atitude pessimista, como Almeida Garrett. Além disso, se não é mais lícito dizer que o livro de Machado é melancólico e o dos seus "modelos" é risonho, podemos mostrar que a dialética riso-melancolia funciona de modo diferente em cada autor. Assim, se nos concentrarmos somente em Sterne e Machado, podemos dizer que para Tristram Shandy a alegria podia expulsar a tristeza, enquanto para Brás Cubas a principal função do riso era zombar de todos os esforços para curar a melancolia. Os dois autores partilhavam a atitude clássica do melancólico de deplorar a fugacidade das coisas e aspiravam à imobilização do tempo. Mas as respectivas estratégias de imobilização eram diferentes. Tristram "congelava" o tempo, enquanto Brás Cubas se retirava de modo permanente da esfera da mudança. Em contraste com seu ancestral mais otimista, Brás acreditava que somente a morte podia libertar o homem do fluxo do tempo.

A segunda resposta, sociológica, é defendida sobretudo por Roberto Schwarz. Para ele, Brás Cubas diferia de seu homólogo inglês porque encarnava uma classe dominante cínica, que idealizava a modernidade mas devia sua existência ao trabalho escravo, enquanto Tristram Shandy encarnava o individualismo de uma burguesia democrática e modernizadora.

> Machado não inventou a técnica do narrador volúvel, de que entretanto se apropriou com discernimento propriamente genial, a que se prende a complexidade dos romances da segunda fase. Uma intuição decisiva lhe disse que o humorismo autocomplacente de Sterne se podia adaptar ao universo da dominação de classe brasileira. [...] A predileção inglesa pelos caracteres peculiares e pelo *whim*, ligada à eclosão da cultura democrática naquele país, serviria para expressar a posição excêntrica — se é possível dizer assim — de nossa elite, vinculada ao padrão burguês moderno, mas em divergência escandalosa com ele no plano das relações sociológicas. Na Europa, a valorização literária do capricho estivera ligada às Luzes e à luta pela "autonomia e atividade espontânea dos sentimentos". Trazida para cá, ela permitiu o *close up* de uma liberdade nada esclarecida, [...] aquela em que um indivíduo, sobretudo de classe alta, arbitrariamente decide se vai considerar o próximo em termos de igualdade civil ou segundo a gama de relações legadas pela colônia, ou ainda uma coisa sob as aparências da outra.[8]

A tese de Schwarz, em suma, é que em Sterne a subjetividade caprichosa do narrador exprimia um impulso de autonomia autêntica, ligada a processos sociais de democratização que estavam efetivamente ocorrendo na Inglaterra, enquanto em Machado de Assis ela exprimia apenas o arbítrio de uma classe senhorial cuja prática se baseava em relações sociais arcaicas e cuja teoria era composta por idéias modernas, de caráter iluminista e liberal, que contradiziam diretamente aquelas relações. Não havia discrepância entre as idéias excêntricas de Tristram e Walter Shandy e as estruturas sociais de um país que abria cada vez mais espaço para a autonomia individual. Mas havia uma assimetria estrutural entre as idéias "modernas" de Brás Cubas e Quincas Borba e uma sociedade baseada na escravidão. Por isso essas idéias importadas eram sociologicamente deslocadas, constituíam "idéias fora do lugar".

Uma leitura atenta dos vários livros shandianos não confirma a tese de uma diferença qualitativa entre o capricho europeu, traduzindo um impulso de liberdade, e o brasileiro, que exprimiria uma atitude de despotismo de classe. Se essa diferença fosse real, a forma volúvel em Machado seria cínica, perversa, autoritária, ao passo que em seus modelos seria livre e generosa; ali auroral, aqui tenebrosa; ali o *jest*, aqui a chalaça; ali a bonomia, aqui a arrogância etc. Ora, o exame cuidadoso que fizemos dos diferentes textos mostra que todos eles, e não somente o do autor brasileiro, se caracterizam pela presença constante do narrador, por sua intervenção ininterrupta na narrativa, por sua onisciência escarninha, por sua onipotência tirânica sobre as pessoas, sobre o tempo e sobre o espaço. E penso que em todos esse autoritarismo de fachada oculta um genuíno impulso crítico. Isso é verdade inclusive no mais conservador dos nossos autores, Xavier de Maistre, cujo livro põe em cena um narrador caprichoso, como todos da linhagem shandiana, mas que desmoraliza a autoridade desse narrador com um episódio ridículo, quando sua cadeira vira no chão. Em geral, o autoritarismo dos narradores é enfatizado apenas para mostrar o caráter irrisório de sua autoridade. Sua jurisdição ora se limita a um domínio rural, como no livro de Sterne, ora a um quarto, como no livro de Xavier de Maistre, ora a um trecho de poucos quilômetros entre duas cidades, como no livro de Garrett, ora a uma casinha destinada a abrigar amores adúlteros, como no livro de Machado de Assis. Sua magistratura soberana consiste no poder de decidir se na hierarquia das virtudes a palma cabe à modéstia ou à inocência, como em Garrett, ou de pronunciar-se sobre o tamanho da barretina da guarda nacional, como em Machado de Assis.

Creio que só há um modo de compreender, do ponto de vista sociológico, a diversidade dos "vinhos" — o estudo empírico, caso por caso, dos solos históricos e socioeconômicos em que cresceram os diferentes vinhedos. Se aceitarmos a hipótese de que a forma shandiana descreve e critica (ironicamente) estruturas subjetivas dominadas pelo autoritarismo ou pelo capricho, temos que distinguir três tipos de narrador: (1) o narrador fictício, como Tristram Shandy e Brás Cubas, atrás do qual existe a personalidade dos autores — Sterne e Machado de Assis; (2) o narrador "autêntico", que se confunde com o autor, e em princípio conta suas próprias histórias, como Xavier de Maistre e Almeida Garrett; e (3) o narrador-autor, que, mesmo intervindo na narrativa, em princípio conta a história de terceiros, como é o caso de Diderot.

Nos três tipos manifestam-se as características caprichosas da subjetividade shandiana.

Mas é só no primeiro que podemos localizar claramente, atrás do narrador, um tipo social específico. E isso porque o autor construiu o narrador fictício de modo que ele pudesse ilustrar precisamente aquele tipo social. Seria talvez, no caso de *Tristram Shandy*, o tipo do "*gentleman-farmer*" inglês, que se julgava autorizado a emitir todas as opiniões por sua posição social e por ter estudado em Oxford ou Cambridge. Não nos esqueçamos de que o título completo do livro era *The Life and Opinions of Tristram Shandy, Gentleman*. Era esse "*gentleman*", na Inglaterra altamente hierarquizada de George II e George III, que tinha o direito de ser tão excêntrico quanto lhe desse na fantasia. Já Brás Cubas é o figurão típico do Segundo Reinado, representante de uma classe que combinava os benefícios da abjeção com o prestígio de uma modernidade ornamental, e que como bem observou Roberto Schwarz, dirigia si mesmo, na primeira pessoa, as acusações que um romance realista poria na terceira pessoa. Por tudo isso, Brás é o representante ideal típico do autoritarismo shandiano.

Quanto ao segundo tipo, além de encarnar o autoritarismo em seu próprio estilo narrativo, o narrador tematiza e critica a prepotência, na medida em que a investe em outras personagens. Xavier de Maistre critica a ditadura jacobina, e os "ursos" e "tigres" filosóficos que ajudaram a preparar sua tirania. Almeida Garrett tematiza e critica o autoritarismo teocrático dos frades e a autoridade usurpada dos "barões".

Quanto ao terceiro tipo, além de ser ele próprio autoritário, Diderot multiplica os exemplos de personagens caprichosos, excêntricos (Gousse, o capitão duelista) e prepotentes, como o patrão, que não se priva do prazer ocasional de surrar Jacques.

Não posso prosseguir no rastreamento dos contrastes entre as várias realizações da forma shandiana, porque isso iria além do tema deste livro, dedicado mais à unidade da forma que à diferenciação dos conteúdos. Mas, qualquer que seja a natureza dessas diferenças, espero que o conceito de forma shandiana ajude a alcançar um melhor conhecimento tanto de Machado de Assis como da linhagem intelectual a que ele se filiou.

Notas

1. A FORMA SHANDIANA (pp. 15-31)

1. Laurence Sterne, *A Sentimental Journey*, Londres, Everyman's Library, 1947, p. 119.
2. Henri Fluchère, *Laurence Sterne*, Paris, Gallimard, 1961, pp. 351 e 381.
3. Eugênio Gomes, *Espelho contra espelho*, São Paulo, Instituto Progresso Editorial, 1949.
4. Helen Cauldwell, *Machado de Assis*, Berkeley/Los Angeles, University of California Press, 1970.
5. Marta de Senna, *O olhar oblíquo do bruxo*, Rio de Janeiro, Nova Fronteira, 1998.
6. Diderot, "Supplément au Voyage de Bougainville". In: *Oeuvres*, Paris, Gallimard, 1951, p. 998.
7. Machado de Assis, "Papéis avulsos". In: *Obra completa*, Rio de Janeiro, Nova Aguilar, 1985, p. 252, vl. I.
8. Ibid., "Várias histórias", p. 476, vl. II.
9. A citação completa, que só consegui localizar graças a uma informação que me foi dada pessoalmente por José Guilherme Merquior, é: "Mon ami, faisons toujours des contes. [...] Tandis qu'on fait um conte, on est gai; on ne songe à rien de fâcheux. Le temps se passe [...] et le conte de la vie s'achève, sans qu'on s'en aperçoive". "Salon de 1767". In: *Œuvres de Diderot*, Paris, A. Belin, 1818, p. 472, vl. IV.

10. Machado de Assis, "Viagem à roda de mim mesmo". In: *Obra completa...*, p. 1056, vl. II.

11. Ibid., p. 1057.

12. Charles Lamb, *Essais choisis*, trad. de Louis Dépret., ed. de G. Charpentier, 1880.

3. DIGRESSIVIDADE E FRAGMENTAÇÃO (pp. 58-117)

1. Jonathan Swift, "A Digression in Praise of Digressions". In: *A Tale of a Tub*, Oxford, OUP, 1999, p. 69.

4. SUBJETIVAÇÃO DO TEMPO E DO ESPAÇO (pp. 118-99)

1. O caráter "cinematográfico" de *Tristram Shandy* só ficou plenamente evidente quando Michael Winterbottom produziu um filme inspirado no livro (*A Cock and Bull Story*, BBC, 2006). Verificou-se então que muitas técnicas que até então pareciam exclusivas da linguagem do cinema (*flahsbacks, freezing*, câmara lenta, câmara acelerada) tinham sido utilizadas por Sterne para construir seu romance. De certo modo Winterbottom limitou-se a pôr na tela o filme virtual que já existia em estado latente nas páginas de *Tristram Shandy*.

2. Laurence Sterne, *A Sentimental Journey*, Londres, Everyman's Library, 1947, p. 89.

3. Sigmund Freud, "Zur Psychopathologie des Alltagsleben". In: *Gesammelte Werke*, p. 89, v. IV.

4. Diderot, "Rêve de d'Alembert". In: *Œuvres*, Paris, Gallimard, 1951, p. 894.

5. "Oui, les premiers baisers, oui, les premiers serments/ Que deux êtres mortels échangèrent sur terre/ Ce fut au pied d'un arbre éfeuillé par les vents/ Sur un roc en poussière./ Ils prirent à témoin de leur joie éphémère/ Un ciel toujours voilé qui change à tout moment,/ Et des astres sans nom que leur propre lumière/ Dévore incessamment." Alfred de Musset, "Souvenir". In: *Poésies*, Paris, Hachette, 1949, p. 285, t. I.

6. Voltaire, "Dialogue entre un Brahmane et un jésuite sur la nécessité et l'enchaînement des choses". In: *Mélanges*, Paris, Gallimard, 1961, pp. 311 ss.

7. Arthur M. Wilson, *Diderot – sa vie et son œuvre*, Paris, Laffont et Ramsay, 1985, p. 298.

8. Ibid., p. 558.
9. Yvon Belaval, "Prefácio" a *Jacques le fataliste*, edição Folio. Paris, Gallimard, 1973, p. 21.
10. Xavier de Maistre, "Lettre à M. Charpentier". In: *Œuvres complètes*, Paris, Garnier, s.d., p. XI.
11. Astrojildo Pereira, "Machado de Assis, romancista do Segundo Reinado". In: *Interpretações*. Rio de Janeiro, Casa do Estudante do Brasil, 1944.
12. John Gledson, *Machado de Assis: ficção e história*, Rio de Janeiro, Paz e Terra, 1986, p. 17.
13. Roberto Schwarz, *Ao vencedor as batatas*, São Paulo, Duas Cidades, 1977; *Um mestre na periferia do capitalismo*, São Paulo, Duas Cidades, 1990.
14. Sidney Chalhoub, *Machado de Assis historiador*, São Paulo, Companhia das Letras, 2003, p. 83.
15. Augusto Meyer, *Machado de Assis*, Rio de Janeiro, Simões, 1952, pp. 93-4.

5. RISO E MELANCOLIA (pp. 200-21)

1. "Voyant le dueil qui vous mine et consomme/ Mieux est de ris que de larmes escripre/ Pour ce que rire est le propre de l'homme."
2. Sainte-Beuve, "Introduction" a VC. In: Xavier de Maistre, *Œuvres complètes*, Paris, Garnier, s.d., X, XI.

6. A TAÇA E O VINHO (pp. 222-40)

1. Para Merquior, Brás Cubas é representante moderno do gênero cômico-fantástico, que o grande crítico equipara à literatura menipéia. Machado teria elaborado uma combinação muito original da menipéia com a perspectiva "autobiográfica" de Sterne, cujo humorismo sentimental ele teria substituído pela paródia, pelo rictus satírico, pela dessacralização. José Guilherme Merquior, *De Anchieta a Euclides* (Rio de Janeiro, Livraria José Olympio Editora, 1967, p. 167 e ss.
2. Enylton José de Sá Rego, *O calundu e a panacéia – Machado de Assis, a sátira menipéia e a tradição luciânica*, Rio de Janeiro, Forense Universitária, 1989.
3. Sergio Paulo Rouanet, "Machado de Assis e a estética da fragmentação", *Revista Brasileira*, abr.-maio-jun., 1985.

4. Walter Benjamin, *Origem do drama barroco alemão*, trad. de Sergio Paulo Rouanet, São Paulo, Brasiliense, 1984.

5. Muitas das características da forma shandiana estão em d. Quixote (a hipertrofia da subjetividade do herói, que se crê o mais famoso dos cavaleiros andantes; a subjetivação do tempo (d. Quixote vive a hora passada na gruta de Montesinos como se fossem três dias); o retardamento da ação através de inúmeras narrativas paralelas; a mistura de riso (os disparates de Sancho) e melancolia (morte do herói) etc. Há belos exemplos do que chamei "efeito Bela Adormecida". No final do capítulo XIII da segunda parte, o narrador deixa Sancho e outro escudeiro adormecidos ("donde los dejaremos por ahora") e só os desperta no meio do capítulo seguinte, quando os amos precisam deles ("y los hallaron roncando y en la misma forma que estaban cuando les salteó el sueño"). Miguel de Cervantes Saavedra, *El ingenioso fidalgo don Quijote de la Mancha*, Madri, Aguilar, 1961, pp. 1117 e 1121.

6. Henri Fluchère, *Laurence Sterne*, Paris, Gallimard, 1961, p. 376.

7. José Paulo Paes, "A armadilha de Narciso". In: *Gregos & baianos*. São Paulo, Brasiliense, 1985, pp. 37-48.

8. Roberto Schwarz, *Um mestre na periferia do capitalismo*, São Paulo, Duas Cidades, 1990, pp. 200-1.

Agradecimentos

É impossível agradecer a todas as pessoas que me auxiliaram na elaboração deste livro. Começando com as mais próximas, vem em primeiro lugar minha interlocutora de todas as horas e de todos os dias, minha mulher Barbara, a mais assídua das "alunas" que assistiram ao seminário que dei em Oxford, entre fevereiro e maio de 2004, sobre a relação entre Machado de Assis e os autores shandianos. No mesmo plano de proximidade afetiva, vem em seguida minha filha Adriana, cujos conhecimentos de língua e literatura inglesa muito me ajudaram na preparação das aulas e conferências. Foi num carro dirigido por Adriana e seu marido Iggy que fizemos uma "viagem sentimental" a Shandy Hall, casa do fundador da dinastia shandiana, Laurence Sterne, na cidade de Coxwold. Minha gratidão especial vai para Leslie Bethel, diretor do Centro de Estudos Brasileiros, de Oxford, e para Tom Earle, professor da Universidade de Oxford, que souberam transformar minha estadia na cidade numa experiência intelectualmente memorável e humanamente enriquecedora. Não posso deixar também de registrar meu agradecimento a Alberto da Costa e Silva, então presidente da Academia Brasileira de Letras, que se lembrou do meu nome para ser o primeiro titular da cátedra Machado de Assis, criada com a participação da ABL, do Centro de Estudos Brasileiros e do Departamento de Português da Universidade de Oxford. Enfim, nunca poderei pagar a dívida que contraí com Eduardo Portella, cujos conselhos e críticas nunca me faltaram e que teve a bondade de escrever para este livro um esplêndido prefácio. Do mesmo modo, é impossível pôr em palavras o que devo ao professor Alfredo Bosi, que me convidou para expor minhas idéias a seus alunos da USP e aos leitores da revista *Estudos Avançados* (em cujo número 51 publiquei "Tempo e espaço na forma shandiana"). Só lamento não ter podido utilizar a mais recente obra de Bosi, *O enigma do olhar*, que chegou às livrarias depois que eu já tinha entregue os originais deste livro. Finalmente, uma palavra final de gratidão à equipe da Companhia das Letras, desde Luiz Schwarcz, que teve a lucidez de vetar o título absurdo que eu tinha originalmente escolhido, *Lavores de igual escola*, e extensiva a todos os seus colaboradores, e antes de mais nada a Heloisa Jahn, que não poupou esforços para que todo esse trabalho coletivo chegasse a um final feliz.

Índice onomástico

Abrantes, duquesa de (*Viagens na minha terra*), 99
Adão, 46, 97, 201, 233
Addison, Joseph, 32, 46, 96
Afonso Henriques, d. (rei), 93
Agathe (*Jacques o fatalista*), 75, 152, 161
Alighieri, Dante, 95
Alleman, Beda, 14
Almeida Garrett (João Baptista da Silva Leitão), 10, 19-35, 48, 93-102, 108, 114, 182-3, 191, 198, 213-4, 216-7, 225, 227, 238, 241-2; *Viagens na minha terra*, 10-1, 14, 19, 23, 25, 27, 31, 33-4, 46, 48, 50, 93, 102, 182-3, 186, 213-4, 219, 226
Anônimo: *Lazarillo de Tormes*, 132
Arcis, marquês de (*Jacques o fatalista*), 75-9, 81-2, 151-2, 157, 160-1, 175
Aristóteles, 106, 109
Aspásia, 43, 176, 212
Aubertot, sr. (*Jacques o fatalista*), 153

Bacon, Francis, 46, 97
Bakhtin, Michail, 225
Barthes, Roland, 107
Baudelaire, Charles-Pierre, 71, 223
Benjamin, Walter, 107, 227-30
Bentinho (*Dom Casmurro*), 28
Bigre (*Jacques o fatalista*), 74, 152
Billy, André, 9
Bismarck, Otto von, 109, 192
Bobby (*A vida e as opiniões de Tristram Shandy*), 204, 206
Boileau, Nicolas, 125, 177
Bossuet, Jacques, 177
Brás Cubas (*Memórias póstumas de Brás Cubas*), 23-5, 28-30, 34-5, 50-2, 55-6, 58, 103-4, 108, 112-8, 191-201, 219, 220-3, 227-42
Burton, Robert, 11, 12, 15, 202, 210, 225, 234-5, 237; *Anatomia da melancolia*, 12, 202, 210, 234-5, 237
Byron, *lord*, 199, 211

Camões, Luís Vaz de, 95
Carlos (*Viagens na minha terra*), 20, 93, 99-101, 114, 184-5, 189, 214, 218
Cauldwell, Helen, 23
Cavour, conde de, 109, 192
Cervantes Saavedra, Miguel de, 14, 29, 35, 64, 94, 234; *Dom Quixote de la Mancha*, 132
Chalhoub, Sydney, 191
Chambéry, mendigo de (*Viagem em torno do meu quarto*), 178
Chateaubriand, François-René de, 195, 211, 222; *Mémoires d'outre tombe*, 195
Cícero, 35, 64, 205
Cigna, dr., 176
Cláudio, 191
Cotrim (*Memórias póstumas de Brás Cubas*), 104, 114, 118, 192

D. Quixote (*Dom Quixote de La Mancha*), 46, 96
D'Aisnon, Mlle. (*Jacques o fatalista*), 75
D'Assas, cavaleiro de (*Viagem em torno do meu quarto*), 86
Dêmades, 46, 96
Demócrito, 202, 220, 232, 237
Denise (*Jacques o fatalista*), 73, 114, 143, 147, 152-3, 157, 162, 166, 170-3
Desglands (*Jacques o fatalista*), 73, 77, 151, 157, 163
Diderot, Denis, 9, 11, 14-5, 18-24, 34, 38, 42, 67-70, 76-84, 140-51, 157, 159, 161, 166, 169-75, 206, 241; *Jacques o fatalista*, 9, 11, 18, 21, 23-4, 32-4, 38, 40, 42, 44, 67, 70, 72, 99, 113, 141, 144-5, 166, 172, 175, 205, 208, 210, 219; *O sobrinho de Rameau*, 42-3; *Sonho de d'Alembert*, 140; *Suplemento à viagem de Bougainville*, 24
Dinis, frei (*Viagens na minha terra*), 99-101, 183-5, 188-9, 216
Dulaurens, Henri-Joseph: *O compadre Mathieu*, 70
Dumas, Alexandre, 94
Dürer, A., 222, 231

Empédocles, 180
Epicuro, 109
Ernulphus, bispo, 62
Esopo, 174
Eugène Sue (*Viagens na minha terra*), 94
Eugênia (*Memórias póstumas de Brás Cubas*), 50, 103, 119, 193
Eugenius (*A vida e as opiniões de Tristram Shandy*), 61, 205
Eusébia, d. (*Memórias Póstumas de Brás Cubas*), 103, 193
Eva, 201, 233

Fernando, el-rei dom, 46, 97, 216
Fielding, Henry, 32, 35
Filidor, 233
Fluchère, Henri: *Laurence Sterne: de l'homme à l'oeuvre*, 13
Frederico II (da Prússia), 144-5
Freud, Sigmund, 90, 138, 195
Funchal, marquês do (*Viagens na minha terra*), 98
Furetière, Antoine, 35

Gandara, Menipo de, 224
Gautier, Théophile, 223
George II, 242
George III, 242
Georgina (*Viagens na minha terra*), 100-1

Gil, frei (*Viagens na minha terra*), 101
Gledson, John, 190
Goethe, Johann Wolfgang von, 19, 94, 128, 132
Goldoni, Carlo, 79, 154
Gomes, Eugênio, 23
Gousse (*Jacques o fatalista*), 72, 76, 88, 98, 150, 155-9, 168-9, 242
Grimm, 19, 23, 128, 145; *Correspondência literária*, 18
Gryphius, Andreas, 230

Harpagão (*Memórias póstumas de Brás Cubas*), 116
Harvey, William, 176
Hautcastel *ver* Madame de Hautcastel
Hegel, Georg Wilhelm Friedrich, 42
Helvétius, Claude-Adrien, 143
Henrique IV, 143, 146, 173
Henriqueta (*Viagem à roda de mim mesmo*), 27
Hércules, 213
Hicks, Christopher, 9
Hipócrates, 176, 202, 232
Holbach, barão de, 143
Homero, 43, 86, 181
Horácio, 50, 226, 36, 125, 141
Hudson (*Jacques o fatalista*), 40, 77, 157
Hugo, Victor, 94

Jacques (*Jacques o fatalista*), 14-5, 19, 21-2, 24, 38-40, 43, 67-9, 73-4, 77-8, 80-2, 86-8, 99, 114, 141-55, 158, 160-73, 178, 205-8, 226, 242
Jason (*Jacques o fatalista*), 74, 152, 170-1
Jean (*Jacques o fatalista*), 74, 171
Jeanne (*Jacques o fatalista*), 171

Jenny (*A vida e as opiniões de Tristram Shandy*), 22, 61, 121, 140-1, 204, 226
Jenny (*Viagem em torno do meu quarto*), 22, 45
Joaninha (*Viagens na minha terra*), 20, 93, 99-101, 185, 188-9, 214, 217-19
Joannetti (*Viagem em torno do meu quarto*), 19, 22, 45, 85-6, 92, 179, 210
João VI, d. (de Portugal), 182, 192
Julia (*Viagens na minha terra*), 101
Junot, general, 93, 184
Justine (*Jacques o fatalista*), 152, 171-2
Juvenal, 226

La Fontaine, Jean de, 115
Lafitte, 97
Lamartine, Alphonse de: *O temps, suspend ton vol*, 128
Lamb, Charles, 31-2; *Ensaios de Elia*, 31
Laura (*Viagens na minha terra*), 101
Lazarillo de Tormes ver Anônimo, *Lazarillo de Tormes*
Le Fever (*A vida e as opiniões de Tristram Shandy*), 65, 126
Le Pelletier (*Jacques o fatalista*), 153, 168, 171
Leão, Duarte Nunes de, 183
Lobo Neves (*Memórias póstumas de Brás Cubas*), 53, 103-4, 108, 114, 118, 193, 196
Locke, John, 12, 35, 64, 66, 125, 176; *Ensaio sobre o entendimento humano*, 125
Lohenstein, Daniel Casper von, 230-1
Luciano de Samósata, 224-5
Ludgero Barata (*Memórias Póstumas de Brás Cubas*), 103, 112
Luís XIII (da França), 145

Macedo Soares, 27
Machado de Assis, Joaquim Maria, 9, 11, 13, 15, 20-32, 50, 107, 181, 190, 194-200, 223-27, 238-42; *Dom Casmurro*, 28; *Memórias póstumas de Brás Cubas*, 9, 11, 20, 24, 26-33, 103, 105, 108, 117, 119, 191-2, 194, 199-200, 219, 225-6, 238; *Papéis avulsos*, 24; *Quincas Borba*, 105, 113; *Várias histórias*, 24; *Viagem à roda de mim mesmo*, 26
Madame de Hautcastel (*Viagem em torno do meu quarto*), 85-6, 89, 91, 178-9
Madame de la Pommeraye (*Jacques o fatalista*), 19, 68, 71, 75, 77, 79-80, 82-3, 141, 151, 170
Maistre, Joseph de, 176
Maistre, Xavier de, 11, 14, 17-33, 43, 46-7, 86-94, 108, 175-82, 198, 209-13, 225, 227, 238, 240, 242; *Expedição noturna em torno do meu quarto*, 19; *Viagem em torno do meu quarto*, 10-1, 19, 22-3, 25, 27, 33, 84, 177, 186, 210, 219, 226
Marcela (*Memórias Póstumas de Brás Cubas*), 51, 57, 103-4, 119, 193-4, 199
Marguerite (*Jacques o fatalista*), 74, 149, 152, 171
Maria Teresa (da Áustria), 144-5
Merquior, José Guilherme, 225
Meyer, Augusto, 191
Miguel, d., 182
Milton, John, 86, 97, 181
Moisés, 30, 103, 195
Molière (Jean-Baptiste Poquelin), 116
Montaigne, Michel Eyquem de, 14, 35, 64, 234
Montesquieu (Charles-Louis de Secondat), 35, 64
Musset, Alfred de, 80, 141, 207-8

Napoleão Bonaparte, 97, 103, 147, 191, 193, 214-5
Nhã-Loló (*Memórias póstumas de Brás Cubas*), 26, 53, 104-6, 114, 194, 197
Nicole, cadela (*Jacques o fatalista*), 78-9
Noé, 123

Obadiah (*A vida e as opiniões de Tristram Shandy*), 37, 124, 126
Ossian, 86, 181, 210

Pascal, Blaise, 26, 44, 46, 109, 118
Passos, Manuel da Silva, 93
Paulo (*Viagens na minha terra*), 99
Pedro I, d., 93, 182-3
Pellico, Silvio, 97, 215
Pereira, Astrojildo, 190
Péricles, 176
Plácida, d. (*Memórias póstumas de Brás Cubas*), 24, 51, 56-7, 104, 115, 117-8, 191-4, 196
Platão, 176
Pombal, marquês de, 98
Pommeraye *ver* Madame de la Pommeraye
Pondichéry, poeta de (*Jacques o fatalista*), 157-8, 167
Prévost, 39; *Cleveland*, 39
Prudêncio (*Memórias póstumas de Brás Cubas*), 50, 53, 116

Quincas Borba (*Memórias póstumas de Brás Cubas*), 25-6, 51, 112-9, 193-4, 197, 240
Quintiliano, 35, 64

Rabelais, François (Alcofribas Nasier), 14-5, 29, 70, 202, 220, 234; *Gargantua*, 70; *Pantagruel*, 70

Rafael Sanzio, 86, 90, 181
Richard (*Jacques o fatalista*), 161
Richardson, Samuel, 86
Richelieu, duque de, 147
Romualdo (*Memórias póstumas de Brás Cubas*), 116
Rosalie (*Viagem em torno do meu quarto*), 92, 179
Rosine, cadela (*Viagem em torno do meu quarto*), 19, 85-6, 180
Rothschild, barão de, 97, 215
Rotterdam, Erasmo de, 224

Sá Rego, Enylton José de, 225-6
Sabina (*Memórias póstumas de Brás Cubas*), 104, 114
Sainte-Beuve, Charles Augustin, 10, 211
Sancho Pança (*Dom Quixote de La Mancha*), 46, 96, 102, 203
Sand, George, 208
Saxe, Maurice de, 144, 147
Scarron, Paul, 35
Schiller, Friedrich, 19
Schwarz, Roberto, 190-1, 239, 242
Sêneca, 224; *Apokolokyntosis*, 225
Senna, Marta, 23
Sévigné, Madame de, 177
Shakespeare, William, 46, 96-7, 186, 234; Hamlet, 216, 223
Shandy, família, 64
Slawkenbergius (*A vida e as opiniões de Tristram Shandy*), 64, 139
Slop, dr. (*A vida e as opiniões de Tristram Shandy*), 17-8, 37, 124
Sócrates, 130
Spallanzani, 176
Spinoza, Bento de, 208
St. Ouin, cavaleiro de (*Jacques o fatalista*), 75, 150, 152, 157, 160-1, 164, 166, 173
Sterne, família, 11
Sterne, Laurence, 9, 11-3, 15, 17-8, 20-2, 28-34, 37-8, 60-2, 65, 67-9, 78, 83, 86-8, 93, 105, 107, 121, 127, 133-6, 138, 140, 149, 166, 169, 172, 178, 182, 189, 194-5, 198, 202, 206-13, 220, 224-7, 234-41; *A Sentimental Journey*, 132-3; *A vida e as opiniões de Tristram Shandy, cavalheiro*, 9, 11, 17, 21-2, 27-8, 33, 42, 60-2, 67, 70, 72-4, 77-8, 83, 99, 113, 121, 126, 132, 138, 142, 166, 170, 175, 189, 203, 219, 226, 241; *The Sermons of Mr. Yorick*, 62; *Uma viagem sentimental*, 18, 21, 23, 198
Stross, Wilhelm, 138
Suetônio, 69
Suzon (*Jacques o fatalista*), 74, 149, 152, 154, 171
Swift, Jonathan, 32, 60; *Tale of the Tub*, 60

Tácito, 97, 186
Tamerlão (*Memórias póstumas de Brás Cubas*), 116
Tavares, José Pereira, 10
Teseu, 213
Tibério, 69
Tito Lívio, 46, 97, 186
Toby, tio (*A vida e as opiniões de Tristram Shandy*), 18, 21, 23, 42, 61, 64-6, 88, 99, 114, 121-40, 166, 204-5, 210
Tolstói, Leon Nikolaievitch, 147
Trim (*A vida e as opiniões de Tristram Shandy*), 18, 21, 23, 42, 61, 64, 69, 73-4, 122-7, 129, 131, 210, 226
Tristram Shandy (*A vida e as opiniões de Tristram Shandy*), 12, 17, 22-3, 28, 34-5, 198, 238, 241

Ugolino (*Viagem em torno do meu quarto*), 86, 213

Varrão, 224
Vasconcelos, padre (*Viagens na minha terra*), 49
Vespasiano, 112, 118
Viegas (*Memórias póstumas de Brás Cubas*), 116
Vilaça, dr. (*Memórias Póstumas de Brás Cubas*), 103, 193
Villon, François, 141; *Ballade des pendus*, 207
Virgília (*Memórias póstumas de Brás Cubas*), 24, 28, 51-2, 54, 57, 103-19, 193, 196, 199, 201, 221
Virgílio, 181
Virgínia (*Viagens na minha terra*), 99

Voltaire (François-Marie Arouet), 35, 64, 81, 88, 113, 143, 146

Wadman, viúva (*A vida e as opiniões de Tristram Shandy*), 18, 37, 65, 122, 126-7, 137-8, 166
Walter Shandy (*A vida e as opiniões de Tristram Shandy*), 17-8, 35, 61, 64-6, 124-5, 128-9, 134-5, 139, 170, 204, 206, 213, 234, 240
Wilhelm Meister (*Os anos de aprendiz de Wilhelm Meister*), 132
Wilson, Arthur M., 160

Xantipo, 174

Yorick (*A vida e as opiniões de Tristram Shandy*), 18, 23, 62, 69, 131, 133, 139, 198, 210, 216, 220, 221

ESTA OBRA FOI COMPOSTA EM MINION PELO ESTÚDIO O.L.M. E IMPRESSA EM OFSETE PELA GEOGRÁFICA SOBRE PAPEL PÓLEN SOFT DA SUZANO PAPEL E CELULOSE PARA A EDITORA SCHWARCZ EM MARÇO DE 2007